Татьяна Толстая

Татьяна Толстая

Легкие миры

РЕДАКЦИЯ
ЕЛЕНЫ ШУБИНОЙ

Москва
Издательство АСТ

УДК 821.161.1-32
ББК 84(2Рос=Рус)6-44
Т52

Оформление переплета и макет –
Студия Артемия Лебедева

Толстая, Татьяна Никитична.

Т52   Легкие миры / Татьяна Толстая. — Москва : Издательство АСТ : Редакция Елены Шубиной, 2018. — 477 [3] с. — (Проза Татьяны Толстой).

ISBN 978-5-17-085088-4

В книгу Татьяны Толстой «Легкие миры» вошли новые повести, рассказы и эссе, написанные в последние годы. Повесть, давшая название сборнику, была удостоена Премии Ивана Петровича Белкина (2013).

«В новой прозе Татьяна Толстая совершила революцию: перешла от третьего лица к первому. Сливаясь и расходясь с автором, рассказчица плетет кружевные истории своей жизни, в том числе — про любовь, как Бунин». *(Александр Генис)*

УДК 821.161.1-32
ББК 84(2Рос=Рус)6-44

ISBN 978-5-17-085088-4

Содержание

Легкие миры

На малом огне

У нас была большая семья: семеро детей, папа, мама, няня Груша, кухарка Марфа, и все мы жили в одной квартире — в Ленинграде, на набережной реки Карповки. Квартира была особенная, двухэтажная. Верхний этаж был одной огромной комнатой, разделенной мебелью на спальню, папин кабинет, черную комнату для печатания фотографий и гостиную с роялем, кроме того, там спали младшие дети. На нижнем этаже жили все остальные.

Я спала в детской, дальней комнате вместе с сестрой Шурой и няней Грушей, кухарка Марфа — в особой комнатке для прислуги, остальные — кто где. Одна из комнат считалась столовой, но и там всегда кто-то спал.

С точки зрения простого советского человека мы были зажравшиеся.

Вот интересно, кстати: дом был построен по проекту архитекторов Фомина и Левинсона в 1931—1935 годах для работников Ленсовета (тут-то их и начали сразу сажать, работников этих). И — пожалуйста, проектируется комната для прислуги. Только что, можно сказать, каких-то десять лет назад, коммуняки считали, что в доме кухонь вообще быть не должно. Дом политкаторжан на Каменноостровском, с чудным видом на Неву, прямо на Летний сад, так и построен — без кухонь. Советский человек не опустится до такого мещанства, как стояние у плиты. Долой рабский труд, освободим женщину, да здравствуют фабрики-кухни, зразы свекольные, тефтели морковные, человек ест, чтобы жить, а не живет, чтобы есть.

Ну так это простой человек, ему есть не надо, а вот начальству очень даже надо, а поскольку он, начальник, день и ночь работает на благо народа, то ему полагается прислуга, встроенная, так сказать, прямо в кухонный процесс. Для прислуги — стыдливо именуемой «домашней работницей» — и спроектировали комнатку при кухне.

Говорили, что наша квартира предназначалась для самого товарища Кирова, но он не успел в нее въехать, так как 1 декабря 1934 года был, как известно, по приказу товарища Сталина убит — конкурентов надо убирать, поляну зачищать, — и тем же выстрелом был убит и второй заяц: в злодейском покушении были обвинены дворяне дробь интеллигенция, и тут же начались массовые высылки. Говорят, высылали прямо по справочнику «Весь Петроград» последнего дореволюционного выпуска; всех, кто что-то собой представлял, сразу же и выдворяли.

Дом был отличный; издали он был похож на развернутый плакат, опирающийся на две широкие тумбы, чуть сутулый, с впалой грудью, — от этого верхние углы его были острыми, четкими, и в этом читалась некая лихость; весь второй этаж был обнесен стеклянной стеной, выходившей на балкон, опоясывающий здание, с пятидесятых годов там был детский сад, а уж как задумывали Фомин и Левинсон — не знаю. Может, им грезилась какая оранжерея, где умученная круглосуточными трудами исполнительная власть могла бы отдыхать под пальмами и араукариями. В одной ноге дома предполагалась прачечная, но, по слухам, она так и не заработала, а за всегда запертой дверью в тридцатые годы сидел чекист и следил в глазок: кто входит, кто выходит. Оттуда хорошо просматривался почти весь двор. Перед домом был изящный фонтан в виде черного квадрата, раза два за свою жизнь я видала, как он работал. На большее коммунальное хозяйство не замахивалось, надо было ловить врагов и расстреливать их. У дома были висячие наружные лестницы, длинные, леденящие попу каменные скамьи, особые, приподнятые над землей террасы, засеянные газоном и украшенные шиповником, цветник во дворе, множество высоких решеток с римским узором в виде перечеркнутого квадрата, какая-то асимметричная каменная веранда, ведущая к теннисному корту (тоже никогда не работавшему). На одной из террас стояла вообще никому не понятная вещь — каменный куб на ножках, и на одной его грани — барельеф плотного, без шеи футболиста, который вот сейчас ударит по мячу. Конструктивизм. У двух квартир — нашей и еще одной в соседнем подъезде — были вторые этажи, выходившие на просторный солярий, обрамленный каменным желобом-ящиком для цветов.

Кирова застрелили, и прекрасная эта квартира досталась другому, сменив нескольких хозяев. В ней жил, в частности, артист Юрьев. На нашей лестнице, на втором этаже, также жила сестра Мейерхольда, и говорят, что, когда в ночь ареста Мейерхольд навестил Юрьева и спускался с пятого этажа к сестре, тут его и повязали.

Уж не знаю, почему Киров стремился переехать в эту квартиру. Наверно, новенькая, с иголочки, двухэтажная, с видом на реку, она манила его. Но, по-моему, та, в которой он жил на Каменноостровском проспекте в доме Бенуа (там теперь его музей), ничуть не хуже. (В свое время она принадлежала какому-то адвокату, но ее экспроприировали.) В этот музей никто не ходит, а зря. Там чудные вещи. Там американский холодильник «Дженерал электрик», прототип нашего «Севера», но только до сих пор прекрасно работающий, необыкновенной красоты и функциональности, толстый такой, с закругленными углами, похожий на сугроб; там красный компактный томик Марксова «Капитала», подаренный Кирычу на днюху любящей супругой, которой он так охотно и обильно изменял; там на полу шкура белого медведя — кто его убил, не сообщают; там книга исполинских размеров: отчет работниц какой-то обувной фабрики, все ложь и очковтирательство, галоши они там будто какие-то... А сам-то Кирыч вечерами катался на финских коньках в финской шапке — клеил баб, белье носил не пролетарское, а иностранное, добротное — все это в музее любовно выставлено, шкафы и кресла у него были не советские, а удобные и красивые, царского времени, и вообще, несмотря на фальшивые потуги работников музея (изумленных посетителем-одиночкой, коим была я) как-то воспеть беспардонного бабника и сибарита, каковым был дорвавшийся до сладкой жизни «мальчик из Уржума», — весь музей, каждый его экспонат вопиет о том, что надо не революцию делать, а строить буржуазное общество, и что уж Кирыч-то буржуазными утехами упивался вовсю.

Мы же в нашу карповскую квартиру переехали в 1951 году, папе она досталась как многодетному отцу, причем никто не ожидал такого щедрого подарка судьбы — семья наша жила до того в том же доме в маленькой квартирке, а за эту, большую, насмерть дрались какие-то два немаловажных начальничка. И, как это иногда случается, сработал принцип «не доставайся же ты никому» — в этот момент очень удачно родилась я, и исполком (или кто там этим ведал) воспользовался случаем и не стал создавать себе врага и выбирать из двух зол, а отдал жилплощадь многодетным, ведь дети у нас — это святое, и камень никто не бросит. По родительским рассказам, папа пришел в исполком просить об улучшении жилищных условий как раз в тот момент, когда председатель сидел, обхватив голову руками в ужасе от нерешаемой задачи: кому из двух важняков отдать квартиру. Услышав папу, он крикнул: «Вас бог послал! Скорее бегите туда и вносите чемоданы!» Тогда существовало несколько дикое правило: кто первый занял жилплощадь, тому она и принадлежит.

Вот так мне, новорожденному младенцу, досталось то, что не досталось Сергею Миронычу Кострикову, партийный псевдоним Киров, а смельчаки-антисоветчики говорили, что фамилию эту надо читать задом наперед, и тогда получится Ворик.

И уже в начале двухтысячных, когда у меня была своя собственная квартира и я ходила по антикварным магазинам, приискивая, чем бы украсить еще пустое и гулкое жилье, мне на глаза попался и неизвестно чем приглянулся бюст Кирова. Вероятно, тем, что он стоил пятьдесят долларов, а его убийца Сталин, например, — триста. Ну-с, ворики нам милей, чем кровопийцы, а раз они еще и дешевле, то я купила белую безглазую голову Сергея Мироныча и отнесла его на Карповку, где пересиживала тяготы ремонта. И только войдя с ним в квартиру, я поняла, что это он попросился на ручки — попался на глаза, прикинулся малоценным, выбрал и время, и повод, и того единственного человека в многомиллионном городе — меня, — способного отнести его в то единственное место, которое его сейчас интересовало и которое он никогда не видел: обещанную, чаемую, новенькую лямпампусечную квартирку — с чуланом, антресолями, солярием, комнатой для прислуги, окнами на реку и на закат.

И мне стало жалко Сергея Мироныча, рост метр пятьдесят с кепкой, и я понесла его по комнатам, показывая и рассказывая. Видишь, Сергей Мироныч?

16

Это столовая, тут всегда сыро и никогда не бывает солнца. Потолок тут течет и обваливается с конца войны, ЖЭК уверяет, что трубы сгнили и ничего тут не поделаешь и что все чертежи потеряны, ты им веришь, правда? Зато тут балкон. И два встроенных шкафа с антресолями. В шкафу ящики с промасленными деталями от папиного мотоцикла, лежат с сорок восьмого года. Жанр — «очень хорошие, пусть лежат». На антресолях старые «Огоньки», пятидесятых годов, до которых ты не дожил. Там такая же дрянь, как и в тридцатые и сороковые, но более вегетарианская. Там в одном номере замечательные «пословицы русского народа», которые придумала у себя в кабинете какая-то коммунистическая сволочь вроде тебя, Сергей Мироныч. «Чан Кайши на Формозе — как блоха на морозе», «Лондон и Вашингтон дуют в один тон», «В Москве живет наш дед — Верховный Совет», «От ленинской науки крепнут разум и руки», «В колхоз пришел — кафтан нашел».

Как тебе? По сердцу русский фольклор? То-то. Пошли дальше. Это — чулан. Обои в нем лиловые в белую хризантемку, их так и не меняли, держатся с 1935 года. Там живет собака Ясса, боксер. Она ест овсянку, и ничего. А когда ее взяли щенком, она была приучена хозяйкой есть клубнику и взбитые сливки. Вроде тебя, Мироныч! Но ее живо отучили. Правда, ее лет сорок уже нет на свете. А для меня она всегда тут.

Вот кухня. Тут есть замечательная вещь — холодный шкаф. Это такой пролом в толстой кирпичной стене, со стороны кухни он закрывается деревянными дверцами, а со стороны улицы стоит решетка. И там продукты хранятся свежими. Потому что в 1935 году ни у кого, кроме тебя, холодильников не было, пролетарий хренов. Понял? Пойдем дальше?

Так обошла я с ним всю квартиру, все ему показала и рассказала и отнесла в свое новое жилье. Он там стоит теперь на подзеркальнике большого буфета, на нем черные очки и женский кокошник в стиле «рюсс», чтобы помнил.

* * *

...лалы и смарагды. Лалы представлялись такими гладенькими, облизанными, а смарагды — душными, насморочными и в то же время игольчатыми, оскольчатыми, как битое бутылочное стекло. Еще были сапфиры — эти были непостижимо пышными, синими, как морская глубь, — можно подумать, что я видела морскую глубь, нет, конечно, не видела, жиденький Финский залив с белой детской водичкой морем не считался. Морская глубь должна была быть волнующей, темно-синей, мягко-бархатной и прозрачной, чтобы было видно, как на дне, на сундуке с лалами и смарагдами, сидит Садко. Морская глубь должна была располагаться в Индийском океане, более того, вода там и на поверхности должна была быть такой же таинственной, как в глубине. Зачерпнешь ее эмалированным, за руп тридцать, ковшиком — а она цвета индиго.

Размером лалы воображались как красные виноградины, смарагды как черно-зеленая ежевика. Однажды в Эрмитаже мама показала мне драгоценную брошку императрицы Екатерины Второй — на мой глаз, ерундовую, с мелкими фитюлечными камушками. Разве ж это драгоценность? Я доверяла книжкам, где художники щедро, не скупясь, набивали сундуки толстыми брильянтами, от которых поленьями шли светлые сокровищные лучи, освещавшие всю избу. У детского воображения византийский размах.

К таинственным вещам, располагавшимся где-то в мире, за пределами нашей квартиры, но все же доступным внутреннему взору, относились также: море-океан — с кем вы, гости, торг ведете и куда теперь плывете; злато-серебро, мыслившееся узорными тарелками и малофункциональными супницами; яхонты — нечто вроде янтарных желудей.

Удивительные предметы можно было найти и прямо тут, в квартире: брат, например, владел железной коробкой с пятаками, и все взрослые, у которых в кармане образовывался пятак, должны были сдать его брату; среди этих пятаков попадались, как говорили, очень редкие — немыслимо давнего года выпуска. Могущество брата вызывало уважение.

У сестры в коробочке, в ватке хранилось стеклянное яичко из авантюрина, словно бы набитое темномандариновыми искрами.

Что уж говорить о маме! У нее было ожерелье-ошейник из тонкой серебряной, скрученной жгутом стружки и другое — в виде золотой шейной косынки на кнопке-застежке.

А у меня волшебностей не было, мне дарили книжки, лошадь-качалку, крепко пахнущую лаком, немецкий кукольный набор, в который входили два близнеца, няня, швабра и ночной горшок, — чудные штучки, но не волшебные; игра «Детский доктор», игра «Юный химик» — все не то. Вообще-то я остро хотела, чтобы у меня был раб, маленький дружелюбный человечек размером с карандаш, который жил бы у меня в кармане и выполнял мои поручения, а я бы кормила его маленькими бутербродиками. Мне говорили, что таких не бывает, но я уже знала, что взрослые привирают. И вообще они сторонятся мира морей, плывучих островов, говорящих птиц или заколдованных людей, а при этом сами же настойчиво дарят книжки, где про все это написано и нарисовано, — посреди Индийского синего океана индийской синей ночью вздувается стеклянная волна, и на этой волне, как на диване с подушками, разлеглась и колышется морская красавица: кокошник как у дамы треф — бисер да хрусталь, — очи до висков, талия, индийские винтовые штаны, а пальцы перебирают струны ви́ны, да-с, вины. Звездочка, примечание: вина — индийский струнный инструмент.

Каждый день спозаранку в морозном и сыром ленинградском мраке раздавался низкий, долгий рев: ы-ы-ы-ы-ы! Сердце сжималось и скручивалось от этого звука. Что это, няня? Няня говорила, что это заводской гудок, что он созывает людей на работу, будит тех, у кого нет будильника, — чтоб поживее пошевеливались, вылезали из теплых кроваток и брели по сугробам, сквозь железный мрак в тусклые цеха, где крутятся и лязгают станки, где стены покрашены зеленой краской, а окна загорожены черными решетками, не убежишь... Надо людям вставать, а что поделаешь, золотко, надо работать, помилуй, Господи, нас грешных! Тяжкий нянин вздох, тоскливый заводской вой — я твердо решила, что ни за что, ни за что не буду рабочим, не буду вставать и идти во тьму, брести в черной толпе, волочить низкие тележки на громыхающих колесиках. Не буду, и все. Не хочу!

В жизни и без того предстояло немало неприятных событий и тяжелых испытаний. Скажем, если упадешь в колодец и птица Симург возьмется вынести тебя на поверхность — а это три дня пути, — надо запасать баранину, чтобы кидать этой птице в пасть каждый раз, что она оборачивается. И когда баранина кончится, придется отрезать и скормить ей кусок собственного бедра, не то птица ослабеет и упадет. Ужас! Я готовила себя к этому сценарию, но дух мой был слаб, и я тихо боялась.

Еще одна вычитанная мной трудность — как отобрать мак от проса, притом что на помощь дружественных муравьев я рассчитывать не могла, потому что не любила их и часто давила сандаликами. Мак был в булочке и набивался в зубы. А просо клевали глупые и неговорящие волнистые попугайчики, голубой и зеленый, жившие у наших знакомых. Хозяин попугайчиков, Игорь Андреевич, сделал на банке надпись:

Просо здесь. Крупа такая.
Лучший корм для попугая.

Если я дотрагивалась пальцем до прутьев клетки, Игорь Андреевич резко кричал: «Не трогай птицу!» Я боялась его. Я понимала, что их он любит, а меня нет. Просо насыпалось в розовую целлулоидную ванночку и всегда было закакано — и голубой попугай какал, и зеленый не отставал. И вот это-то просо надо было отделить от мака.

Также предстояло идти на дуэль. Почему-то я знала, что мне в будущем надо будет быть писателем. Я не хотела, не знала как, внутренне уклонялась и вообще. Но как будто кто-то велел. А писателей вызывают на дуэль и застреливают. Папа возил нас — для подтверждения — на место дуэли Пушкина, где стоит скромный и печальный обелиск. (Раньше там колыхались лирические лиственницы, теперь, конечно, склады стройматериалов, продажа ламината, бензоколонка и прочая обычная мерзость.) Я уважала и печалилась. Я спрашивала взрослых: «А если на дуэль вызывают, обязательно надо идти?» «Обязательно», — с удовольствием отвечали взрослые, не догадываясь, что я вопрошаю о своей роковой кончине. «А если человек не хочет?» — «Ну мало ли что не хочет, это вопрос чести».

Мои родители знали по три иностранных языка, причем мама — с детства, потому что так было принято и так ее учили; отец ее, а мой дед, поэт-переводчик Михаил Лозинский, знал шесть языков, среди них — персидский, что в моих глазах делало его небожителем: ведь он практически имел волшебный доступ в мир, где тихо сияли лалы и смарагды и из глубоких колодцев нижнего мира, мощно и медленно махая крылами, подымалась обожравшаяся люля-кебабом птица Симург.

Папа же до восемнадцати лет языков не знал, так как его родители, говорил он, все время повторяли: человек должен знать языки, человек должен знать языки, — но ничего для этого не предпринимали. Литературно-богемная обстановка, в которой папа вырос, возымела на него ожидаемое воздействие: он не захотел для себя шумных застолий с пьяными актерами, возненавидел цыганское пение и ушел в иные сферы, а именно поступил на физфак, где и встретил маму, оказавшуюся там по чистому легкомыслию. Дело в том, что ей нравился какой-то учитель физкультуры, который преподавал свой предмет не только в маминой школе, но и в университете, вот она туда и поступила. Боюсь, что факультет мама выбрала ошибочно, по созвучию с физкультурой, так как к изучению физики она была решительно не готова, боялась лампочек, а про электрические шнуры и говорить не приходится. Так она и проучилась до конца, ничего не поняв и не запомнив, как она сама со смехом рассказывала, зато там она встретила папу и полюбила его, в отличие от шнуров и розеток, на всю жизнь. На шестьдесят следующих лет.

«А клемм ты тоже боялась?» — с любовью спрашивал ее уже старый папа.

Своим учителем в жизни папа считал Михаила Александровича Бонч-Бруевича, гения инженерной мысли. Папа говорил нам, что человеку редко удается на своем веку встретить гения: талантов много, но гений — это нечто совсем иное. Михаил Александрович имел устройство головы, схожее, наверно, с тем безвестным бритоголовым инженером, жившим пять тысяч лет назад, что придумал египетские пирамиды со всей их сложной начинкой и внутренней конфигурацией. У пирамид, как известно, нет ни эволюционных предшественников, ни чертежей, они сразу явились безымянному гению и предстали во всей своей полноте его внутреннему взору — такой виртуальный прозрачный трехмерный чертеж с уже осуществленными расчетами; гарантия прочности — навек.

Михаил Александрович обладал этой же способностью: изобретать работающие, эргономичные приборы прямо в голове. Когда они представали ему в его воображении во всех деталях и подробностях, он наносил готовые чертежи на бумагу и шел в патентное бюро. Там их отрывали с руками, они были уникальны. Михаил Александрович не очень любил изобретать мелочовку, это было слишком просто, он обдумывал какие-то более фундаментальные вещи. Но есть-то надо было, и его жена Шушечка периодически напоминала: «Миша, опять пора за квартиру платить. Изобрети что-нибудь». Тогда Бонч запирался на ночь в своем кабинете, с чаем и папиросами, и к утру выходил с готовым проектом, каковой и продавал в бюро патентов, и тогда можно было купить мясо, и коренья для супа, и велосипед, и хороший костюм в полосочку. Помимо этого, у него была куча идей, которые ему и продавать-то было лень, — так, мелочь булочная. Мозг его работал как целый институт.

Папа дружил с сыном Бонча, Алексеем, часто бывал в их квартире и, соответственно, обедал с ними. Однажды за столом, когда ели суп, он рассказал, что вот, сегодня в газете прочитал про конкурс: требуется в трехмесячный, что ли, срок представить проект какого-то хитрого, водоизмерительного, что ли, доселе не изобретенного прибора. Вот как бы вы подошли к этому решению, Михаил Александрович? — спросил молодой папа. «Дальше, — рассказывал он, — произошло то, что я никогда не забуду: я увидел работу мысли со стороны. Бонч в этот миг зачерпывал суп, куриный бульон, как помню, с рисом. Он застыл, как бы окаменел; ложка его, наполовину поднесенная ко рту, замерла на полпути; рот, приоткрытый для этого супа, так и остался приоткрытым и обмяк; глаза выпучились, и взгляд словно бы исчез из них, обратившись куда-то внутрь, мышцы лица расслабились и обвисли, и лицо, такое умное и энергичное, стало словно бы маской идиота. Все, что составляет внешнее выражение лица, исчезло, ушло внутрь, в мысль. Я смотрел как завороженный... Бонч не шевелился. Так прошло минуты полторы. Потом он ожил, лицо его вернулось на место, взгляд включился, он донес остывшую ложку до рта и сказал: записывай. И я на салфетке записал схему, которую он мне продиктовал, и это была самая простая, эффективная, экономная и остроумная схема из всех, которые я потом видел. Но он не стал ни патентовать ее, ни в конкурсе участвовать. Для него это была мелочь, семечки».

А в 1934 году папа был молодой, языков не знал, а мама знала, и на ней было синее платье и красные бусы. Она шла по длинному, бесконечно длинному коридору главного здания университета, и солнце било во все его бессчетные окна и слепило глаза. Неизвестно, что бы из этого вышло, но тут товарищ Сталин убил товарища Кирова руками товарища Николаева, и дворян, как направивших злодейскую руку врага, стали высылать. Мамину семью тоже. Лозинские уже имели небольшой опыт отсидки: бабушка Татьяна Борисовна в начале двадцатых просидела в тюрьме два месяца, дед Михаил Леонидович «присаживался» дважды. Один раз ему вменили то, что он был сопредседателем Цеха поэтов — что за организация? Должно быть, контрреволюционная. «На чьей стороне вы будете, когда нападет враг?» — дознавался чекист. «Надеюсь, что на Петроградской», — отвечал дед. Тогда такие шутки еще проходили, за легкие каламбуры зубов не выбивали. Но 1934 год был не чета двадцатым, да и анамнез у Лозинских был нехороший: у бабушки в 1929 году на равелине Петропавловской крепости был расстрелян брат Саша, у деда мать и брат Гриша бежали за границу: камыши, лодка, надежный проводник, укравший оба чемодана со всем, что в них было. (Золотые часы, на которые думали прожить первое время. У кого-то они и сейчас тикают. Что сделается за восемьдесят лет с хорошими золотыми часами?)

Маминым крестным отцом был поэт Гумилев, вот тоже, кстати, расстрелянный; контра, и в Африку ездил, и, если посмотреть сквозь правильные классовые очки, фактически направивший, а хоть бы и из могилы, руку товарища Николаева.

Лозинские собирали чемоданы, вязали узлы, а папе пришло в голову вот что. Если он женится на маме, то она станет членом другой семьи, и тогда ее не вышлют, и она сможет доучиться и постигнуть тайны электромагнитного излучения. Так он и сделал. Ему было семнадцать. Они зарегистрировались в загсе, пожали друг другу руки и разошлись, маме нужно было домой, она была девушка из порядочной семьи, и ей даже помадой не разрешали пользоваться, потому что это легкомысленно и совершенно не нужно.

Толстые были вполне себе богатые, а Лозинские — не очень-то. Бедными они не были — бабушка работала музейным экскурсоводом, дед много переводил, — но заработанные деньги бабушка отсылала обездоленным, сосланным, осиротевшим, овдовевшим, лишенным прав. Она посылала либо небольшие суммы денег, либо продуктовые посылки — туда, где и на деньги ничего купить было нельзя. Копченую колбасу, этот вечный советский жезл надежды. Сгущенку. Крупу-муку.

Когда Ленин умирал,
Сталину наказывал:
Хлеба людям не давай,
Мяса — не показывай.

Так припевал народ, а бабушка любила народ и служила ему чем могла — нестяжательством, милосердием, жертвенностью. Дочь крещеного одесского еврея Бориса Шапиро, ставшего прозрачным Борисом Михайловичем Шапировым (и, конечно, проклятого за это всеми своими родственниками), врача, дослужившегося до высокого генеральского чина и получившего личное дворянство, бабушка была христианнейшей из христиан и самаритяннейшей из самаритян. Литературные вкусы у нее — на мой взгляд — были неправильные: она обожала Некрасова и Чернышевского, одного — за озвученный им вой и стон русского народа, другого — за романтическую веру в то, что можно все поделить поровну и жить дружно, притом что человеку так мало надобно, одного зонтика на семерых вполне достаточно. (Особенно в нашем вечно солнечном Петербурге с его знойной осенью и буйно цветущей весной.) Она считала, что человек ничем не должен владеть, у него не должно быть никакого имущества. Когда после революции их семейная дача в Райволе оказалась на финской территории и появилась возможность ее продать, бабушка отказалась от своей доли в пользу брата Александра. Александр был сибаритом, тратил валюту в Торгсине, любил поесть. Потрясенная бабушка говорила: «Саша ест сливочное масло!»

Нельзя было есть сливочное масло, пока народ стонал и перераспределял зонтики; чекисты тоже так считали, поэтому, когда Александр спустил всю валюту, его просто расстреляли: взять с него было уже нечего.

Деду Михаилу Леонидовичу, как я понимаю, не очень были симпатичны идеи обмеления житниц и равенства в нищете, но он не мог, или не хотел, или не решался — кто теперь скажет? — остановить руку дающую. Свою благотворительность бабушка никак не афишировала. Только после ее смерти мама узнала об истинном масштабе этого сокрушительного самопожертвования.

Тридцати шести семьям помогала бабушка на протяжении трех десятилетий. Еще раз: тридцати шести. Там, где нельзя было урезать у своей семьи без ущерба для существования, она урезала у себя. Кажется, всю жизнь она проходила в одном и том же скучном синем платье; когда платье ветшало, оно заменялось таким же. Нет, не всю жизнь. До революции она носила красивые, модные вещи — черный бархат, прозрачные рукава с вышивкой, черепаховые гребни, — я же сама находила их, раскапывая сундуки в чулане. Что случилось с ней, когда это случилось, почему случилось, как она стала святой — я уже никогда не узнаю.

После бабушкиной смерти маме стали приходить робкие письма из далеких ссылок, из-за Полярного круга. Вот Татьяна Борисовна посылала нам ежемесячно столько-то рублей, мы выживали. Дочь без ног, работы нет, муж погиб. Что нам делать? И мама — семеро детей, няня Груша, кухарка Марфа, Софья Исааковна — музыка, Маляка — гуляние, Елизавета Соломоновна — французский, Галина Валерьяновна — английский, это для каждого, плюс Цецилия Альбертовна — математика для тупых (это я, привет!), собака Ясса — гав-гав, два раза в неделю табунок папиных аспирантов — суп, второе, — мама спокойно и стойко взяла еще и этот крест на себя, и понесла, и продолжила выплаты и посылки, никому не сказав, никому не пожаловавшись, все такая же спокойная, приветливая и загадочная, какой мы ее знали.

И я никогда бы ни о чем этом не узнала, если бы кто-то из несчастных, уже в семидесятые годы, не добрался до Москвы и не оказался в свойстве с ближайшей маминой подругой, а та приступила к маме с расспросами и все выведала и рассказала мне — под большим секретом, потрясенная, как и все всегда были потрясены, маминой таинственной солнечной личностью.

Раз уж я забежала вперед, то я скажу, что еще у нас — чтобы довершить картину нашей зажравшести — была машина «Волга» и дача с верандами и цветными стеклами; весь табор летом перемещался на дачу, и хотя учительницы музыки и языков с нами не ездили, зато у нас проживала хромая тетя Леля, сама знавшая три языка, лысая старуха Клавдия Алексеевна, выводившая на прогулку малышей, и семья папиного аспиранта Толи — жена и двое детишек, потому что им нужен был свежий воздух и почему бы им у нас не пожить. Так что за стол меньше пятнадцати человек не садилось, и маму я всегда вижу стоящую у плиты, или волочащую на пару с Марфой котел с прокипяченным в нем бельем, или пропалывающую грядки с пионами, лилиями и клубникой, или штопающую, или вяжущую носки, и лицо ее — лик Мадонны, а руки ее, пальцы — искривлены тяжкой работой, ногти сбиты и костяшки распухли, и она стесняется своих рук. И никогда, никогда она не достает из комода и не надевает ни серебряного ожерелья, ни золотой шейной косынки.

Но и нам их поносить не разрешает.

* * *

Фиктивный брак вскорости перерос в настоящий, в марте даже сыграли свадьбу, и новых родственников Алексея Толстого, уже почти пропавших в пермской, или уфимской, или саратовской, или оренбургской, или томской глуши, с неудовольствием оставили в покое (за них ходатайствовал Горький). Кстати, чекисты разгадали папин план (ну, стукачей-то вокруг всегда хватало). Недавно издали дневник Любови Васильевны Шапориной, театральной художницы, матери папиного приятеля Васи. Она пишет, что Вася собрался жениться на своей подруге Наташе и местный (детскосельский) чекист кричал, что ишь, манеру взяли: на высылаемых жениться! Думают, раз Никита Толстой это проделал, так и им можно! Вася все-таки женился.

У мамы с папой родилось семеро детей, вернее, родилось-то восемь: у брата Миши был близнец

Алеша. Это был 1940 год, оба были маленькими, слабыми, лекарств в России не было. Какие там лекарства, с едой было плохо — ну, для богатых еда была, с очередями была, если, например, послать домработницу с вечера в очередь (в «хвост», как тогда говорили), то к утру, к открытию лавки, можно было достать керосину...

Дети стали худеть, умирать, Мишу в последний момент спасло какое-то лекарство, привезенное Алексеем Толстым из-за границы, — кажется, синтомицин, редкость по тем временам, ведь еще и пенициллин не был изобретен. Он уже был таким прозрачным, что однажды провалился в щель между кроватью и стеной, как карандаш. Алешу спасти не удалось: у него оказалось врожденное сужение пищевода, то, что можно было исправить десятиминутной операцией, но идиоты врачи лечили его от чего-то другого. Мальчик умер просто от голода. Ему было полтора месяца.

Бабушка Наталья Васильевна Крандиевская посвятила ему стихи.

> Упадут перегородочки,
> Свет забрезжится впотьмах,
> Уплывет он в узкой лодочке
> С медным крестиком в руках.
> Будет все как полагается:
> Там, на холмике сыром,
> Может, кто-то разрыдается,
> Кто-то вспомнит о былом.

И уедут все трамваями
В мир привычной суеты...
Так ушедших забываем мы.
Так его забудешь ты?

Я всегда воспринимала это «ты» как тыкнутое прямо в меня, хотя в тот момент до моего рождения оставалось больше десяти лет. Но с детства знала эти бабушкины стихи и говорила себе: а я не забуду.

Но я не знаю, где этот холмик.

* * *

В 1985 году, 10 марта, у родителей была золотая свадьба. Мы со старшей сестрой, Катей, решили сочинить и поставить пьесу про это. Так и сделали. Среди нас, семерых детей, легко нашлись четверо, внешне похожие на пару родителей Толстых и пару родителей Лозинских. Музыку написали сын сестры Наташи Коля Ивановский (ему было девять лет) и Катин сын Саша Прохоров (ему было пятнадцать). В питерском Доме писателей (в том, который в девяностые сожгли) был банкет, а перед банкетом мы сыграли пьесу для сотни приглашенных. Вот я сейчас приведу текст этой пьесы так, как он был нами написан. Особо доверчивых предупреждаю, что разыгрываемые события — вымышлены, исторически недостоверны и являются плодом нашей фантазии.

Накануне,
или Свои люди — сочтемся

Действующие лица
и исполнители:

Наталья Васильевна Крандиевская —
Ольга Толстая

Татьяна Борисовна Шапирова —
Александра Толстая

Михаил Леонидович Лозинский —
Михаил Толстой

Алексей Николаевич Толстой —
Иван Толстой

Сцена первая

Детское Село. 1935 год. Алексей Николаевич,
обвязав голову полотенцем, печатает на машинке.
Входит Наталья Васильевна.

НАТАЛЬЯ ВАСИЛЬЕВНА

Прерви свой труд, дружочек, на мгновенье:
Волнующее сообщенье.

АЛЕКСЕЙ НИКОЛАЕВИЧ (*рассеянно*)

Царь Петр... Пятая картина...
Князь Меншиков стреляет в Буратино...

НАТАЛЬЯ ВАСИЛЬЕВНА

Наш сын, ты знаешь, старший наш, Никита...

АЛЕКСЕЙ НИКОЛАЕВИЧ

Хаджет Лаше... Отменный волокита...

НАТАЛЬЯ ВАСИЛЬЕВНА

Решил жениться! Сделал предложенье!!!

АЛЕКСЕЙ НИКОЛАЕВИЧ

Все члены приведя свои в движенье...
Минхерц Лефорт...
влезает в спальню к Софье...
Дружок, подай еще кофейник кофе!

НАТАЛЬЯ ВАСИЛЬЕВНА

Кому б ты думал? Можешь догадаться?

Отрывок этот должен мне удаться!
А если так?.. Мальвина с Артемоном
Ведут борьбу за власть над русским троном,
А в это время страшный Карабас...

НАТАЛЬЯ ВАСИЛЬЕВНА

Наш сын!!! Ни-ки-та!!! Женится! Сейчас!

АЛЕКСЕЙ НИКОЛАЕВИЧ *(осознав)*

Как женится?.. Скандал на весь Пасси!

НАТАЛЬЯ ВАСИЛЬЕВНА

Да мы в России, Господи спаси!!!

АЛЕКСЕЙ НИКОЛАЕВИЧ

Ну да?! С каких же пор?

НАТАЛЬЯ ВАСИЛЬЕВНА

Второй десяток лет.
Вчера с Качаловым вы пили или нет?

АЛЕКСЕЙ НИКОЛАЕВИЧ

Да, верно, встретились... Там был какой-то
Джим...
Домой едва вернулся недвижим,
И вот теперь отказывают ноги...
А кстати, запасла ли ты миноги?
Эх, хороша с горчицею змея!..

НАТАЛЬЯ ВАСИЛЬЕВНА

Нам угрожает новая семья!
Наш сын — студент, а девочка раздета!

АЛЕКСЕЙ НИКОЛАЕВИЧ

Уже?.. А кто она?

НАТАЛЬЯ ВАСИЛЬЕВНА

Дочь крупного поэта!
Пока в скитаниях твоих болталась лира,
Плодились тут Лозинские с Шапиро!
Пока ты путался в волосьях Карабаса,
Вскормили тут невесту экстра-класса!

АЛЕКСЕЙ НИКОЛАЕВИЧ

В голодном Петрограде?

НАТАЛЬЯ ВАСИЛЬЕВНА

Да, не спорь!
Она живет на рю дю Красных Зорь.
Такую редко встретишь красоту...

АЛЕКСЕЙ НИКОЛАЕВИЧ

Боку д'аржан?

НАТАЛЬЯ ВАСИЛЬЕВНА

Дружочек, па дю ту!

Сцена вторая

МИХАИЛ ЛЕОНИДОВИЧ

Земную жизнь пройдя до половины,
На сердце ныне тяжкий груз держу.
Родная дочь сказала так невинно:
«Отец, прости. Я замуж выхожу».
О, как родителю стареющему страшен
И терн венца, и траты брачных брашен!

Младым радеть о продолженьи рода.
Пускай цветут. Меня же, старика,
Всем одарила мудрая природа,
За исключеньем брюк и пиджака.
И вот сижу, раздет и неукрашен,
А долг издательству доселе не погашен.

ТАТЬЯНА БОРИСОВНА

Нет позора прослыть небогатыми:
В исторически трудный момент
Не костюмами и не халатами
Украшается интеллигент.
Стыдно хвастать одеждами модными:
Подтянувши потуже живот,
Топчет землю ступнями холодными
Терпеливый наш русский народ.

Топчет он по полям, по дорогам,
Топчет он под овином, под стогом,
Под телегой, ночуя в степи...

МИХАИЛ ЛЕОНИДОВИЧ
Ах, Танюша, оставь, ради бога,
Как натопчет народ у порога,
Ты сама же велишь подмести!

Но жребий брошен. Новое семейство
К себе призвало в гости, чтобы там
Рядить в парчу чинимое злодейство,
Курить крикливой фальши фимиам.
Страшусь в предвиденьи, что буду ошарашен
Трескучим фарсом шантажей и шашен.

ТАТЬЯНА БОРИСОВНА
Отказавшись от счастия личного,
По острогам раздав башмаки,
Не найду я ботинка приличного,
А твои для меня велики.
Но, во славу толстовской традиции,
Слившись всею душой с мужиком,
Я, отбросив пустые амбиции,
На смотрины пойду босиком.

Как народ — по полям, по дорогам,
Как народ — под овином, под стогом,
Под телегой, ночуя в степи...

Ах, Танюша, оставь, ради бога,
Посмотри — талый снег у порога,
Надевай что ни есть, не глупи.
Наш путь далек. Во тьме снегов лицейских
Мерцает нам зловещий огонек.
И ждущим нас мучителен намек,
Что жаждем мы пиров эпикурейских.
Чтоб там не выдать аппетиты наши,
Червя заморим чашей простокваши.

ТАТЬЯНА БОРИСОВНА

Всё расхищено, предано, продано,
Простокваша — у вдов и сирот.
Разве можно обидеть голодного?
Воет с голоду русский народ.

Воет он по полям, по дорогам,
Воет он под овином, под стогом,
Под телегой, ночуя в степи...

МИХАИЛ ЛЕОНИДОВИЧ

Ах, Танюша, оставь, ради бога,
Нам самим два шага до острога,
Дай мне посох. Идем. И терпи.

Сцена третья

Детское Село.

Зачем богемский ставишь ты хрусталь?

Мой друг, посуда — важная деталь.
С каким лицом гостей встречали мы бы,
Когда б не наши вилочки для рыбы?
Ты помнишь случай у мадам Гучковой?
Мы собрались. Хрусталь блестит в столовой.
Все ждут Керенского. Он входит наконец.
Вдруг, видим... нет салфеточных колец!
Прислуга — в обморок, хозяин — пулю в лоб,
Где стол был яств — теперь дубовый гроб,
Хозяйка — в монастырь, а дети — по приютам...
Вот как пренебрегать домашним-то уютом!

А помнишь, Маяковский ел ногами?

Ну, то был русский вечер с пирогами.
Кисель, овес, чуть-чуть клопов в буфете...
Мы принимали футуриста Маринетти.
В то время были все убеждены,
Что истинный мужик сморкается в блины.
Есенин объяснил, что это враки —
Простой народ в цилиндре ходит и во фраке.

АЛЕКСЕЙ НИКОЛАЕВИЧ

Какое вкусное *repas!*
А где вино? Же не вуа па!

НАТАЛЬЯ ВАСИЛЬЕВНА

Вон там, в шкафу, недалеко
Стоит бутылочка «Клико».

АЛЕКСЕЙ НИКОЛАЕВИЧ

Твои Лозинские, боюс-с,
Предпочитают водку рюсс.

НАТАЛЬЯ ВАСИЛЬЕВНА

Un peu икры, *un peu* маслинки,
Тут ананасов две корзинки,
Сюда балык и холодец...

АЛЕКСЕЙ НИКОЛАЕВИЧ

Пойдет под водочку, подлец!

НАТАЛЬЯ ВАСИЛЬЕВНА

Пожалуй, вот и всё для пира...
Да где ж Лозинские с Шапиро?

АЛЕКСЕЙ НИКОЛАЕВИЧ

Идут! Босые...

НАТАЛЬЯ ВАСИЛЬЕВНА

Задержи!
Ну где фруктовые ножи?!

НАТАЛЬЯ ВАСИЛЬЕВНА

Мадам, бонжур, месье, бонжур,
Я просто слов не нахожу!

АЛЕКСЕЙ НИКОЛАЕВИЧ

Бонжур, месье, бонжур, мадам,
Позвольте, тапочки подам!

ТАТЬЯНА БОРИСОВНА

Одеты мы не по погоде...

МИХАИЛ ЛЕОНИДОВИЧ

Решили ближе быть к природе...

НАТАЛЬЯ ВАСИЛЬЕВНА

Комм хорошо! Приятно комм!
Мы тоже будем босиком!

АЛЕКСЕЙ НИКОЛАЕВИЧ

Напомни, Туся, чтоб с утра
Я эту сцену внес в «Петра».

НАТАЛЬЯ ВАСИЛЬЕВНА

Прошу садиться, господа,
Вот вы — сюда... а я — сюда...
Алеша, стул пододвигай!

АЛЕКСЕЙ НИКОЛАЕВИЧ

Что там сгорело?

НАТАЛЬЯ ВАСИЛЬЕВНА

Расстегай!!!

Н.В. выбегает и возвращается.

АЛЕКСЕЙ НИКОЛАЕВИЧ

С чего начнем? Телячий бок,
Жюльен, солененький грибок,
Вот устрицы. Прошу вас кушать.

ТАТЬЯНА БОРИСОВНА

Мне хлеба корочку, посуше.

АЛЕКСЕЙ НИКОЛАЕВИЧ

Бокал «Клико»?

ТАТЬЯНА БОРИСОВНА

Сырую воду.
Что вредно русскому народу,
То вредно мне.

МИХАИЛ ЛЕОНИДОВИЧ

Народ любя,
Я в жертву принесу себя.

ТАТЬЯНА БОРИСОВНА

Когда так жертвовать легко,
Тогда и мне бокал «Клико».

АЛЕКСЕЙ НИКОЛАЕВИЧ

Прошу... Прошу... И вам — прошу...
Минутку! Сцену запишу.

НАТАЛЬЯ ВАСИЛЬЕВНА

Скрывать не будем: свел нас вместе
Наш общий интерес к невесте.
Не откажите нам помочь
И опишите вашу дочь.

МИХАИЛ ЛЕОНИДОВИЧ

«Прекрасной дочерью своей
Гордился старый Кочубей,
Сошедший с плахи в ров могильный.
Будь он свидетель наших дней,
Он умер бы еще страшней —
От корчей зависти бессильной».

НАТАЛЬЯ ВАСИЛЬЕВНА

Сэ мервеййё, сэ трэ жоли!
Как быстро рифмы вы нашли!

АЛЕКСЕЙ НИКОЛАЕВИЧ

Ох, эти рифмы, эти рифмы,
Когда избавимся от них мы?

НАТАЛЬЯ ВАСИЛЬЕВНА

Мы не смогли бы вам в стихе
Так рассказать о женихе.

МИХАИЛ ЛЕОНИДОВИЧ

Скажите в прозе, я привык.
Какой изучен им язык?

АЛЕКСЕЙ НИКОЛАЕВИЧ

Какой язык? С хренком, с горошком,
Чтоб было каперсов немножко,
С изюмом, в тесте, заливной,
Телячий, птичий и свиной.
Что ж, мы поесть не дураки —
Нам все знакомы языки!
А вы предпочитаете какой?

МИХАИЛ ЛЕОНИДОВИЧ

К обеду, в общем, Дантов неплохой,
С утра — покрепче — Вега, Лопе де,
А к вечеру — персидский на воде.

АЛЕКСЕЙ НИКОЛАЕВИЧ

Ты слышишь, Туся? Это, брат, гурман!
В чужой за словом не пойдет карман!
Ответ-то прост, да мысль зело хитра.
Как жаль, что не внести ее в «Петра».

Шарман, шарман! Сэ трэ жоли!
И много вы перевели?

Он переводит день и ночь —
В итоге проворонил дочь.

Скажу вам, милая кума, —
Есть от чего сойти с ума.
Наш сын Никуся дорог нам,
Но возмутительно упрям.
Ему дал Бог быть дипломатом,
А он на нас не то чтоб матом,
Но сильно сердится, крича,
И пропадает у Бонча.

Кто этот Бонч и чем он славен?

Он в физике Эйнштейну равен,
Умен, красив, как древний грек.
О, Бонч чудесный человек!
Я породниться с ним бы рада,
Да вот беда — тут дочку надо!

ALEKSEJ NIKOLAEVICH

Никуся пусть родит девчонку —
Жену бончовскому внучонку.

МИХАИЛ ЛЕОНИДОВИЧ

Хватили! Через сорок лет!
Не доживем...

ТАТЬЯНА БОРИСОВНА

Боюсь, что нет...

АЛЕКСЕЙ НИКОЛАЕВИЧ

Ну что об этом говорить...
Еще бутылочку открыть?

НАТАЛЬЯ ВАСИЛЬЕВНА

Давай! А эту охладим.

МИХАИЛ ЛЕОНИДОВИЧ

Ребята! Хорошо сидим!

АЛЕКСЕЙ НИКОЛАЕВИЧ

За что мы пьем?

ТАТЬЯНА БОРИСОВНА

За молодых!
Дожить им до волос седых,
Добраться до высот в науке,
Объездить мир...

А если внуки?

Зачем же дети? В наше время
Иметь детей — большое бремя.

Хлопот с ребенком полон рот:
Когда не спит, то он орет.

Утащит нужные бумаги,
Чтобы чертить на них зигзаги.

Он на обоях не спеша
Освоит смысл карандаша.

Прости-прощай обои наши!
А вымазанный в манной каше
Проворный липкий кулачок?

Прошу, возьмите балычок.

А вот печальная картина:
Болезни — корь и скарлатина.

МИХАИЛ ЛЕОНИДОВИЧ

А Дантов «Ад», разъятый в клочья?

АЛЕКСЕЙ НИКОЛАЕВИЧ

А детский крик и днем и ночью?

ТАТЬЯНА БОРИСОВНА

А ставить клизму малышу?

НАТАЛЬЯ ВАСИЛЬЕВНА

Икорки, очень вас прошу!

АЛЕКСЕЙ НИКОЛАЕВИЧ

Потом ученье, тупость, слезы...

НАТАЛЬЯ ВАСИЛЬЕВНА

Гамаши, снятые в морозы...

МИХАИЛ ЛЕОНИДОВИЧ

А драки, шишки, синяки?

НАТАЛЬЯ ВАСИЛЬЕВНА

Лягушки, черви, пауки?

АЛЕКСЕЙ НИКОЛАЕВИЧ

Вот это описанье сочно.
В «Петра» я это вставлю точно.
Но не хватает грабежей
Для сцен стрелецких мятежей.

МИХАИЛ ЛЕОНИДОВИЧ

Уверен я — придет и это.
Еще нельзя ли винегрета?

НАТАЛЬЯ ВАСИЛЬЕВНА

А есть ли больше наказанье,
Чем половое созреванье?
Женитьбы, ссоры и измены,
Дележ вещей, квартир обмены,
Разъезд, развод и новый брак.

ВСЕ ВМЕСТЕ:

Нет, дети — это полный мрак!!!

Гаснет свет.

НАТАЛЬЯ ВАСИЛЬЕВНА

В чем дело?

АЛЕКСЕЙ НИКОЛАЕВИЧ

Погасили свет.

ТАТЬЯНА БОРИСОВНА

Погаснет жизнь, когда потомства нет.

НАТАЛЬЯ ВАСИЛЬЕВНА

Нет, нет, постойте, я так не хочу!

МИХАИЛ ЛЕОНИДОВИЧ

Тогда зажгите первую свечу...

Дети выходят один за другим, со свечой в руках.

1-Я СВЕЧА. КАТЯ

Пусть первый огонек, во тьме зажженный,
Горячим пламенем рассеет мрак бездонный,
И, освещая цепь грядущих дней,
Дает начало череде огней.

2-Я СВЕЧА. МИША

Из тьмы родясь, ярка и горяча,
Пусть за двоих горит моя свеча.

3-Я СВЕЧА. НАТАША

Дул черный вихрь, сметая всё и вся,
Но третий свет из мрака занялся.

4-Я СВЕЧА. ТАНЯ

Подходит время моего огня.
Теперь свечу зажгите для меня.

5-Я СВЕЧА. ШУРА

И я вослед из мрака к вам лечу —
Теперь зажгите и мою свечу.

6-Я СВЕЧА. ОЛЯ

Быть может, я смогу вам пригодиться —
Позвольте и моей свече родиться.

За братом брат и за сестрой сестра
Зажгли огонь от одного костра.
Свеча седьмая завершает круг.

ВНУКИ *(выходят со своими свечами)*
Но сколько их зажжет за внуком внук!

Пауза. Свечи горят.

АЛЕКСЕЙ НИКОЛАЕВИЧ
Постойте, постойте: как странно...
Мне видится, будто во сне,
И свадьба, и зал ресторана
В какой-то далекой весне...

НАТАЛЬЯ ВАСИЛЬЕВНА
И кто-то витает незримо,
Прорвавшись из мрака и тьмы,
Из тучи, из облака дыма...
И кажется мне — это мы...

МИХАИЛ ЛЕОНИДОВИЧ
И свет озаряет потемки —
Я знаю, что в свадебный час
Далекие наши потомки
Из прошлого вызвали нас.

Мы в плоти и памяти вашей —
Горячей, греховной, святой.

ВСЕ ВМЕСТЕ:

Живите, Никита с Наташей,
Цветите, любимые наши,
Поднимем заздравные чаши
За ваш юбилей золотой!

Да, мы с Катькой это всё придумали и разыграли, и — да, Дом писателей сгорел, подожженный питерскими бандитами, делившими имущество и площади. Сожгли начисто — со всей библиотекой, со всеми интерьерами, с голубыми гостиными и белыми залами, с гардеробом и рестораном, с буфетом, где члену Союза писателей, а то и несоюзному завсегдатаю можно было заказать котлету «Творческая» и, набравшись коньячку, так уютно ужраться в хлам, а потом, на заносимой снегом набережной, нетвердой рукой, промахиваясь, ловить ручку двери терпеливого такси: «Шеф!.. До Гражданки!..» — да, ничего этого больше нет, а с другой стороны посмотреть — глаза скосить в сторону — никуда и ничего не пропало, всё тут, и дом, и зал, в котором мы их всех воскресили, и воссоединили, и помянули, и омолодили, и вывернули время наизнанку, чтобы прошлое стало настоящим, а настоящее показалось далеким будущим. На малом огне, на огне памяти ничего не сгорает, не полыхает, не гибнет, не пропадает навсегда.

Про отца

Отец взял манеру приходить в заячьей ушанке, в черном драповом пальто, под верхней пуговицей угадывается драный и колючий шарф в красную клетку. А может быть, и нет никакого шарфа. Тогда, значит, шелковая, еще довоенная рубаха, голубая в белую полоску. Они тогда так забавно шили: сзади, там, где лопатки, большая складка, для простора в размахе рук. Рубашка на спине надувалась парусом, и на стройность наплевать.

Я эту рубашку недавно нашла; разбирала старые чемоданы, еще из тех, что тяжелые сами по себе, без вещей, и по углам у них кожаные накладки. Там были прекрасные вещи, просто прекрасные: там были брюки из чудесного твида, явно заграничного происхождения, с широкими обшлагами. Цвет в целом словно бы сероватый, но твид такая вещь: если всматриваться близко, если поднести к глазам, то видишь и серый, и зеленую нитку, и красную крапку, и еще песочное что-то мелькнет, и скрип уключины, и маслянистый блеск тяжелой воды в Темзе, и жидкий, пляшущий отблеск фонаря на волне, и звук плеска, и сырой воздух, и шелковая плесень на бревнах.

Брюки кусачей шерсти, легкий томительный запах нафталинового шарика. Сейчас бы моль не посмотрела на эти глупости, съела бы брюки и шариком закусила; наглая пошла моль, напористая, и глаза у нее жесткие и внимательные. А в те годы, когда брюки закладывались в чемодан, а чемодан запихивался на антресоль, проживала другая моль, белая, основательная, со старинными манерами, с самоуважением, я полагаю, с тревогой о здоровье потомства: туда не ходите, там нафталин!.. Пойдемте в другой чемодан!

Брюки, стало быть; потом кальсоны, — уморительная вещь! На завязочках, на тесемочках! Спереди — еще и три пуговки — честное слово — костяные, потрескавшиеся, обломанные. Детский пиджачок, плохо сшитый, с хлястиком на спине, тоже из твида, попроще. Чья-то красная шерстяная юбка-восьмиклинка. И рубашки, одна голубая в полоску, другая кофейная в полоску же.

Я полюбила голубую, хотя кофейная была ничуть не хуже. Но я полюбила голубую, небесную, вот поэтому, наверно, он в ней приходит. Но точно я все равно не знаю, я ни разу ее не видела: он не снимает пальто. А пальто он приноровился надевать драповое, с грубым ворсом, такое, какое он носил перед смертью, и заячья ушанка тоже из его последних лет.

Ему, наверно, лет тридцать пять, в сумерках сна не разглядеть возраста, но эта послевоенная худоба и общая ободранность, эта небрежность и беспечность, или, как он сам сказал бы, ноншалантность, эти очки в круглой оправе, очки, — первое, наверно, что я увидела на его любопытствующем лице, когда меня принесли из роддома, увидела и полюбила навсегда — вроде бы это признак того, что ему тридцать пять. Он младше моих детей.

Они-то знали его уже старым, с вечно больной поясницей, с обвисшей кожей лица и остатками седых волос, — как он это в себе ненавидел! Вглядывался в зеркало, побрившись и пригладив мокрой щеткой волосы, с досадой махал рукой: а!.. смотреть противно!.. и шел себе, царь царей, большой такой и тяжелый, пить кофе, а потом — на улицу, может, в университет читать лекцию, может, просто пройтись, в ужасной заячьей шапке, но с тростью.

Они знали его старым, они думали: дедушка; а я помню его молодым, быстрым, шумным; помню смеющимся над праздничным столом с бокалом красного вина, среди молодых смеющихся друзей. Помню, как он приходил посидеть у моей кровати перед сном и рассказывал про то, как устроен мир. Про орбиты электрона. Про волны и частицы. Про скорость света. Про то, что быстрее света лететь нельзя: у тела есть масса, и масса эта растет вместе со скоростью, до бесконечности. Телу нельзя, а свету можно.

Мне было лет десять, и я спрашивала: но из чего сделан мир? Из чего он сделан? Как будто можно было ответить на этот вопрос. Отец говорил мне про гравитацию, про энергию, про теорию относительности, про искривление пространства, про силы и поля, но это все было не то. Из чего он сделан, этот мир?

Он терпеливо вздыхал.

— Ну хорошо, если я скажу, что он сделан из меди — это как, годится? Из капустного сока? Тоже нет? Вот смотри: существует электромагнитное поле... Ты что, спишь?..

Я помню его веселым, конечно, смеющимся, но помню и гневным, несправедливым, мрачным; он боялся смерти, и мысль о ее неизбежности приводила его в дурное, раздраженное состояние духа, как если бы это была казнь и назначена была уже на завтра, и, конечно, никаких апелляций. Я уже была взрослой, я умела говорить, и я говорила ему, что смерти нет, что есть завеса, и за этой завесой — другой свет, сложный и прекрасный, а потом еще один, а потом еще; там дороги, там реки, там крылья, там шумящие на ветру деревья; там весна и белые цветы; я была там, я знаю, я обещаю. Он и спорил, и не верил, и хотел слушать еще и еще. Он говорил: к сожалению, я знаю, как устроен мир. Там нет места тому, про что ты говоришь. И я отвечала ему тем, что запомнила с детства: телу нельзя, а свету можно.

За месяц до смерти он решил поверить. Немного смущаясь — ведь глупости всё это — он сказал мне, что поскольку он, видимо, умрет раньше меня, то пришлет мне оттуда весть. Особый знак. Специальное слово. Расскажет, как там.

Никогда он меня не обманывал, никогда. Не обманул и на этот раз.

Во сне он приходит молодым, он приходит в драном драповом пальто, в заячьей ушанке, в одежде из будущих, еще не наступивших, предсмертных лет. По-видимому, ему все равно. Под пальто — шарф в красную клетку, но может быть, и нет. Или голубая, моя любимая рубашка. У него худое треугольное лицо доходяги из военных лет, круглые очки. Кажется, подошвы его не касаются пола, он словно бы висит в воздухе, словно бы покачивается, но я не уверена: там темно и плохо видно. Он смотрит внимательно и дружелюбно, я знаю этот взгляд, я узнаю его в живущих людях, узнаю и в снящихся, на этот взгляд я отзовусь всегда, встану и пойду ему навстречу.

Он что-то хочет сказать, но не говорит, что-то объяснить, но не объясняет. Мне кажется, ему смешно. Может быть, оказалось, что мир и правда сделан из меди и капустного сока, сложен в чемодан с накладными уголками и пересыпан нафталиновыми шариками, и это ничему не мешает — ни алмазному свету миллиардов звезд, ни кривому пространству, ни неподвижному времени, ни плеску волн, ни дорогам, ни любви.

За проезд!

И она взлетела в воздух,
чтобы полетать кругом, как обычно,
и увидела летящего ифрита,
который ее приветствовал,
и спросила его: «Откуда ты летишь?»
— «Оттуда», — ответил ифрит.

«Тысяча и одна ночь»

Одичать: покинуть и Питер, и Москву — кому что выпало на долю, — купить еще крепкую избу в брошенной деревне близ Бологого, около Окуловки; копейки, сущие копейки, но печь разваливается, а печники умерли; кровля просела, а плотники запили; колодец пересох, а землекопы наточили лопаты и ушли в бандиты; а может, обойдется, а может, как-нибудь.

Войти в сыроватую, сильно пахнущую прежним хозяином избу: остатки заскорузлого зипуна на гвозде в сенцах, тряпки, одинокий резиновый сапог сорок большого размера, треснувший поперек. С внезапно обострившейся хозяйственной жадностью, с кулацкой сметкой, всплывшей из древних глубин сознания, осмотреть и ощупать брошенное добро: может, пригодится еще, а вот если нарезать на лоскуты, порубить на какие-нибудь ремни. Если затыкать что-нибудь там. — Не пригодится.

Привезти из города — Москвы ли, Питера ли — веселящие вещи: свечи, водку, консервы в непременном томате, как далекий, полустертый привет от прежней жизни, пыльного юга, Джанкоя, Херсона; пуховую подушку. Электричества тут нет, оборвали — значит, ни телевизора, ничего такого, но ведь от них и бежим.

Осень, небо обметано крупными созвездиями, они лежат прямо на печной трубе, на дереве, раскинувшем ветви над дровяным сарайчиком. Кажется, это липа, но зачем нам, городским, это знать, не ложки же из нее будем резать? Не порубим же на поленья? Кто-то пролетел, заслоняя крылом звезды, кто-то хрустнул веткой в лесу, страшно, пойдем в дом.

Ждать зимы, чтобы уснули медведи; впрочем, волки не спят, наоборот, оскалясь, ждут городских дураков, деревенские-то съедены. Вилы, дреколье, топор. А еще можно разбрасывать горящую паклю с саней... Но какие сани? Кто их потащит? Лошади стоят в Зоологическом музее, на втором этаже, смотрят карими стеклянными глазами, и моль ест их гривы.

Деревни в снегах: Дремуха, Бабошино, Кафтинский Городок. Есть ли там люди? Где-то там, верстах в пяти, должен быть сосед: всю жизнь торговал какой-то рухлядью, ходил по краю, бил и был бит, устал; тоже купил избу о трех горницах, мечтая пить чай под липой, а пчелы чтоб жужжали, а если люди заявятся, то у него есть ружье с патронами. Бар-Григино, Отдыхалово, Дорищи, Корытница, Наволок, Малые Гусины.

Приходит зима, а мы обмазали печку глиной и уже не очень боимся угара, а мы припрятали зипун и сапог, и держим дрова в сенях, и нашли озеро, и пробили прорубь, и жарим картошку на дровяной плите, и едим ее прямо со сковородки. Мы не снимаем валенки, мы протоптали тропинки туда и сюда, вечером мы читаем при свечке, примотав отвалившуюся дужку очков синей изолентой, газеты бесконечной давности, журнал «Садовод» 1948 года. Яблоня «Китайка золотая ранняя». Вишня «Надежда Крупская». Актинидия «Клара Цеткин». Мы покрикиваем: «Береги тепло!», моемся редко, поливаем на руки из ковшика. Мы различаем шорохи: вот это мышь, это сова, это просто ветка хрустнула от мороза, а это далекий трубный клик проносящегося без остановок поезда. Одичали, вот славно. Еще немного, ну?

Иногда мы выходим из ночных снегов к железной дороге посмотреть, как несется на бешеной скорости смертельная лента огня: скоростной поезд либо туда, либо сюда — а потом снова туда. А потом снова сюда. Мы его ненавидим. Он набит людьми, как чурчхела орехами. Этим людям что-то надо, они куда-то стремятся, они чего-то хотят. Они перемещаются в пространстве. Это отвратительно. Ничего не надо хотеть. Из своей тьмы мы бросаем в поезд камнем и иногда попадаем. Потом нюхаем шпалы и уходим, на четвереньках, бесшумно. Мы хорошо ориентируемся в темноте. Мы знаем, как пахнет север и как — восток.

* * *

Вздрогнешь и очнешься от вечерних сновидений наяву, когда в окно «Сапсана», почти прямо тебе в морду, влетает немаленький булыжник; закаленное стекло звездчато трескается, но держится; хорошая работа, знали, чего ждать, к чему готовиться. Жизнь напомнила, что между точкой А и точкой Б — снега, звери, древние звезды, печной дым, восемь сторон вечности, часы без стрелок. Если бы я была там, в сугробах, там, где красное недолгое солнце падает в елки и все исчезает, всякая красота тонет в ночи и тьме, — то у меня, наверно, тоже чесались бы руки швырнуть камень в быстрого сияющего червя. Может быть, в злобе, может быть, в раздражении... но нет, ведь и злоба, и раздражение — городские слова, городские понятия, рождающиеся там, где толкотня, очереди, тщеславие, нетерпение, соревнование, цель и конец пути. Нет, тут другое чувство, одновременно мутное и тонкое: а вот тебе! бдыщь! а не езди! Может быть, это охотничий инстинкт, зовущий броситься на мелькнувшее, на сверкнувшее, на убегающее. Собака, щёлкнув зубами, ловит муху; зачем? — а нечего тут. Мальчик давит жука сандалией: тебе не жалко его? — ничуть.

По эту сторону треснувшей, но уцелевшей преграды, отделяющей день от ночи, — лоскут цивилизации, квартал города на колесах — которого? — Москвы, переливающейся в Питер, или Питера, перетекающего в Москву? Это богатый квартал, серебристый и сытый, тут есть вешалка для шуб, тут легко отдадут полтораста рублей за бутерброд, шестьдесят целковых за стакан чая. Крестьянин не едет на «Сапсане», житель маленьких городков — Раменок или Колтушей — выбирает тусклые плацкарты лязгающих, долго ползущих составов, привозящие их в дымную срань раннеутренней платформы Петербург-Навалочная или, наоборот, Москва-Сортировочная.

Едут тихие чиновники, удивительные люди, владеющие искусством струиться и обтекать, но никогда ничего не говорить прямо: если скажет чиновник что-нибудь прямо, то игре конец, чиновнику кирдык, кощеева игла сломана и переходит к другому владельцу. Слова его зыбки и неопределенны, он не любит ни вопросов, ни фактов, ни жесткой логики, ни точности; ответы его лежат в особом, вероятностном пространстве: спроси, например, чиновника: когда? — ответом его будет: «своевременно или несколько позже».

Едут бизнесмены; крупного бизнеса тут нет, он улетел на самолете, а мелкий здесь, заказал коньяку и говорит в мобильник громко, чтобы все знали, какой он деловой, и строгий, и умный, и весь на подъеме: «я еще помозгую, а ты дожимай вопрос». Впрочем, кто чуть покрупней, порой сидит в бизнес-классе, и тогда его так распирает, что в радиусе трех метров находиться невозможно: кто еще не знает, как он отдохнул в своем доме в Испании, как нырял на Филиппинах или катался на лыжах в Австрии, — узнает принудительно.

В шестой вагон — там всегда билетная касса — приходит из бизнес-класса возмущенная дама в белых кружевных сапогах пожаловаться, что и в бизнесе, и в экономе крутят одно и то же кино. Вот дура-то!

> Вот дуры едут в первом классе,
> Не думая о смертном часе.
> Когда настанет смертный час,
> На что вам будет первый класс?
>
> *Георгий Иванов*

Кто попроще — спортсмен или офисный сиделец, — тот весело торчит в буфете все четыре часа, а потом записывает в «Книгу отзывов»: «Спасибо! Комфортно провели расстояние!»

Еду я. Если сидеть тихой мышью и слушать чужие разговоры, можно узнать много удивительного. Вот сын-садист, лет сорока. В Бологом он начинает названивать матери: «Я скоро буду. Поставь чайник. Я сказал: поставь чайник! Я буду усталым. Да, проехали Бологое. Ну и что? При чем тут остынет?.. Ничего не остынет! Я, кажется, ясно сказал: пойди и поставь чайник!!! Ты доведешь меня! Ты желаешь мне зла!» На том конце разговора, оправдываясь, трепыхается несчастная, затурканная мать, очевидно, уже немолодая, покорная, но все еще слабо подергивающаяся.

Проходит по коридору растерянный кудрявый жулик, карточный шулер, должно быть, новичок в этих краях, попавший в скоростной поезд по ошибке: «А вот в картишки. Кто компанию составит? А вот в картишки. В картишки». Менеджеры среднего звена, оторвавшись от ноутбуков, где они увлеченно рубили виртуальным мечом головы виртуальным чудовищам уже на шестнадцатом уровне, изумленно поднимают глаза: откуда ты, чудо лесное? Таких домотканых мозгов уже не носят, это тебе не южное направление.

Тут же, что-то припомнив, веселый лысый дядька рассказывает своей смешливой спутнице старый советский анекдот: «А вот едет автобус. Вваливается пьянчуга. Такой уже хорошо принявший, но еще с координацией... Садится, расстилает газетку, достает нарезанное сало, лучок, огурчик соленый — все смотрят на него с изумлением. Из-за пазухи вынимает чекушку, стакашок, откупоривает это дело, наливает... Тут кондукторша, которая, конечно, потеряла дар речи от такой наглости, все-таки приходит в себя и кричит: "Что это такое? Это... это что это такое?! Гражданин! А за проезд?!" И мужичок так поднимает стакан, знаете, приветственно, улыбается ей, и — "Ну! За проезд!"»

Нижний Перелесок. Кривое Колено. Мужилово. Малое Бабье. Большое Бабье.

Едут он и она, негромкими голосами терзая друг друга.

— Я тебя спрашиваю: кто тебе звонил? Кто он?

— Скотина. Ты залез в мой мобильник.

— Да, я залез в твой мобильник. Ты мне скажешь, кто он, иначе все кончено.

— Оставь меня в покое. С кем хочу, с тем и говорю.

— Мы должны развестись.

— Да ради бога. Брось меня.

— Я тебя последний раз спрашиваю: кто тебе звонил?

— Никто.

— Врешь.

— Вру.

— Я тебя убью.

— Давай убивай.

— Ты скажешь мне, кто тебе звонил?

— Оставь меня в покое. Я свободный человек.

— Ты не свободный человек, а моя жена.

— Ну так разведись.

— Не разведусь, пока ты не ответишь: кто он?

— Я тебе ничего не должна.

— Я тебя убью. Ты этого хочешь?

— Я хочу тишины и покоя.

— Тогда скажи, кто тебе звонил, и мы немедленно разведемся, и будет тебе покой.

— Я ничего тебе говорить не обязана.

— Ты дрянь. Ты гадина.

— Брось меня и найди другую.

Что-то не так в их разговоре, напряженном, медленном, мучительном. Что-то не то с интонацией. Я оборачиваюсь, чтобы украдкой посмотреть на них: ну конечно. Молодые и прекрасные, они полулежат на неудобных сапсановских креслах обнявшись, переплетя руки, переплетя ноги, глаза в глаза. Боже, какая любовь! Запертые в волшебной капсуле, куда никому нет хода, они упиваются звуками голосов друг друга. Благословенны будьте!

Уезжа. Льзи. Влички. Добрая Вода.

* * *

Лица недавно разбуженных,
Наспех поевшие рты —
Жизнь на платформах завьюженных
Вынырнет из темноты.
Без ямщиков, колокольчиков,
Бьющих о землю копыт,
С грузом обманутых дольщиков
Русская тройка летит.
Судьбы твои закольцованы
Словно иные круги,

К дальнему взгляды прикованы,
Ближнему вечно враги.
То заметет, то распутица,
Эй, отзовись, кто живой!
Следом история пустится
В скорбный обход путевой.
Долго славянки прощание,
Но с нетерпением ты
Вдаль унесешь обещание
Вынырнуть из темноты.

Александра Толстая

Барская Вишерка, Пустая Вишерка. Нижние Гоголицы, Верхние Гоголицы. Вялое Веретье.

Есть философия ночи, и Федор Иваныч Тютчев —
адепт ее. Ночь он понимает как истинную основу
бытия, настоящую реальность. День — это лишь
«блистательный златотканый покров», накинутый
на страшную бездну, на хаос, на первозданное, ужасное, древнее, беспредельное, бесформенное и безы-
мянное, но родное:

О! страшных песен сих не пой
Про древний хаос, про родимый!
Как жадно мир души ночной
Внимает повести любимой!
Из смертной рвется он груди,
Он с беспредельным жаждет слиться!..
О! бурь заснувших не буди —
Под ними хаос шевелится!..

Тютчевский ветер воет «понятным сердцу языком», и если он выть не перестанет, то хаос зашевелится, в человеке проснется зверь и захочет уйти жить в занесенные снегом леса, пробираться на четырех ногах через бурелом, бродить вокруг брошенного человеческого жилья, разорять что-нибудь и перегрызать что-нибудь, мало ли. Пойдемте, Федор Иваныч, одичаем вместе, мне тоже хочется слиться с беспредельным, глухо жаловаться, завывать от непонятных чувств, бросать камнем в озаренные окна, за которыми угадываются дневные звери: вот их шубы, вот их разговоры, вот их рычание, ату их. Я знаю, что вы чувствовали, о чем думали, Федор Иваныч, когда в шатком вагоне, в купе, озаренном огарком свечи, слушали мучительный перестук колес, всматривались в темные окна, за которыми шевелилась бездонная русская мгла, которая, казалось, никогда не кончится, никогда не кончится, никогда не кончится — да она и не кончилась.

Родиться в Сортировочной, умереть на Навалочной, меж ними бездна, звезд полна, стозевна и лаяй; меж ними нечто живое и темное; ведь хаос — это тоже жизнь, это то, откуда она родится, то, куда она проваливается.

Глядки. Топорок. Стекляницы. Ужин. Яблонька. Березка. Рассвет. Тупики. Язвище. Кто такие, отзовись!

Воронья Гора, ау! Великий Куст! Отзовись, кто живой! Не дает ответа.

Жизнь не дает ответа, Федор Иваныч, разве что иногда врежет здоровенной такой каменюгой из тьмы в лоб вопрошающему; одинаковый булыжник прилетит и в эконом-класс, и в бизнес-класс, без предпочтений. Или — хотите? — давайте будем цивилизованными и возвышенными, давайте считать, что это как метеорит. Небесный гость, этсетера. Давайте думать, что это не хаос откликается на наш тоскующий зов, а его противоположность, космос: пространство организованное. Такое, где златые небесные тела ходят по своим златым орбитам, и слышна музыка сфер, словно невидимая рука перебирает струны арфы в деревне Язвище. Давайте?

Русский наш мир, Федор Иваныч, выглядит так: большая тьма, в ней две светящиеся точки: Москва и Петербург. Сбоку где-то, конечно, Европа, но она почти уже не считается. Это в ваше время она была Европой, а сейчас черт-те что, и спасения нет. И дальше во все стороны тоже тьма, и она растет и пухнет. А русская жизнь — это путешествие из Петербурга в Москву, или из Москвы в Петербург, смотря с какой стороны смотреть. Два худо-бедно озаренных блюдечка, два пятнышка света, две платформы, где можно вынырнуть из темноты — отдышаться до следующего погружения.

«Садись же сзади на коня моего и говори всю правду: куда тебе нужно ехать? — Хоть бы в Арзерум поспеть нынче, — отвечал Ашик. — Закрой же глаза. — Он закрыл. — Теперь открой. Смотрит Ашик: перед ним белеют стены и блещут минареты Арзерума».

М. Лермонтов, «Ашик-Кериб»

* * *

На рубеже девяностых, когда старый златотканый покров был сдернут, а новый еще не соткался, плавание через Море Мрака было уделом самых отчаянных. Ночные поезда — сама идея безумного ночного путешествия через тьму — вошли в наши саги и эдды. Герой покидает освещенную платформу, на всякий случай прощаясь с семьей и друзьями. Герой везет с собой мешок злата — обычно в форме пачки долларов, ведь кредитных карточек еще нет в природе, да и злато, как и положено, имеет вполне криминальное происхождение. Герой опоясывается крепким поясом, в который это злато зашито, герой облачается в неприметные лохмотья, герой прячет сокровища в двойной подошве сапог и в этих сапогах спит, как беженец, как бездомный. Ветер задувает последний слабый фонарь на Навалочной, на последнем бастионе на краю бездны. Все. Теперь каждый сам за себя.

Проводник — кто он? Защитник или предатель? После полуночи, когда откричится последний петух и разверзнутся хляби, на перегоне между Любанью и Малой Вишерой откроет ли он мою дверь треугольным ключом, впустит ли убийцу? Как это будет? Дунет ли он на меня отравленным порошком через трубочку? Напустит ли усыпляющий газ? Отпилит ли мне ноги вместе с драгоценными сапогами? Вышвырнет ли мое бесчувственное тело в пустынные волчьи поля, когда вагоны накренятся на единственном на всю дорогу и необъяснимом повороте? О чем ты воешь, ветр ночной? О чем так сетуешь безумно?.. Сюйска. Глутно. Острые Клетки. И бездна нам обнажена с своими страхами и мглами, и нет преград меж ей и нами — вот отчего нам ночь страшна!

Герой достает из портфеля волшебный прибор: блокиратор. Это особый замок из твердой красной пластмассы — коробочка размером с сигаретную пачку, с пружиной. Его набрасывают одновременно на ручку двери и на металлическую щеколду, тогда они становятся единым целым, и щеколду невозможно повернуть из коридора треугольным ключом. Вообще-то блокиратор должен быть в каждом купе, но если его украли предыдущие герои, то вы беспомощны и уязвимы и остается только молиться; так что наш герой возит блокиратор с собой.

Ночь идет долго, ведь в темноте нет времени. Герою нужно выйти в туалет или покурить, как быть? Открыть дверь в коридор, где, может быть, уже ждут его с ножами, топорами, дубинами и пистолетами проводник и впущенные проводником злодеи? Или злодеи — это его соседи по купе, заранее залегшие под дезинфицированные простыни и, затаясь, ждущие своего часа? Герой колеблется... но природа требует своего, и он снимает блокиратор и, страшась, шагает в тусклый коридор.

Теперь пугаются соседи по купе: кто был этот, вышедший? Посланник сил зла? Подсадная утка? Он подслушивал и выведывал? Зачем он ушел вместе с блокиратором? Чтобы привести сюда убийц, верно?

От подушек тяжело веет дихлофосом: морили вшей. Душно и холодно одновременно. Шаги в коридоре. Тащат что-то громоздкое. Вагон содрогается и тормозит. Это конец, да?..

Нет. Пронесло. Это Бологое. Это белеют стены и блещут минареты Бологого.

* * *

От Окуловки в сторону километров десять; да кто их считал, эти километры? Идешь себе и идешь по колдобинам, по выбоинам, некошеная трава выше головы, одинокая сосна на пригорке, разливанные озера иван-чая. Полдень печет голову, остановишься — замучают слепни и мухи; что же они делали и кого мучали, пока мы не приехали? В обход озера, через полянки с летними маслятами, через ромашки — в деревню, заросшую так, что крыш с дороги не видно. Баба Валя, восьмидесятилетняя старуха, голая по пояс, в ватных штанах и резиновых сапогах, косит траву с молодой мужицкой силой. Мужчин голая баба Валя давно не стесняется, чего их стесняться: она тут всех их родила, пьянь такую. Всех и похоронила.

С ноющим скрипом едет по глубоким колеям автолавка. Она привезла липкие карамельки и китайские джинсы. Становится посреди дороги, выставляет и вывешивает товар; никто не купит, но продавцу все равно.

Баба Лиза, прикрыв глаза от солнца, всматривается: кого это бог послал? А, городские. Скоро тут будут жить одни городские.

Инвалид Егорыч — последний мужик, но, несмотря на это, никакой ценности для баб не представляющий, заходит спросить про новости большой политики. Как там Китай? Китай очень неплохо, но мы не хотим расстраивать Егорыча и — с полагающимися дипломатическими экивоками — даем понять, что дни Китая, в сущности, сочтены.

Войти в прохладную избу, все еще пахнущую сеном и молоком, хотя все коровы давно съедены; поставить на окно пол-литровую банку с колокольчиками; на полку — «Анну Каренину», распахнуть маленькое оконце на вечернюю сторону. Остаться тут навсегда. Одичать. Стать темнотой. Или все же нет?

...Как бывало, забудешь, что дни идут,
Как бывало, простишь, кто горд и зол.
И смотришь — тучи вдали встают,
И слушаешь песни далеких сел...
Заплачет сердце по чужой стороне,
Запросится в бой — зовет и манит...
Только скажет: «Прощай. Вернись ко мне» —
И опять за травой колокольчик звенит...

Александр Блок

Зажечь свечу. Нарезать, разложить, налить до краев. Жизнь есть проезд из точки А в точку Б. Ну — за проезд!

Вроде флирта

Умер *N*.

У меня с ним было что-то вроде флирта, грозившего перейти, но так и не перешедшего в роман; он надеялся, я же зачем-то водила его за нос. Мне было девятнадцать лет, и мне казалось, что это, в общем, весело, хотя и немного опасно: еще прилипнет и не отлипнет.

Мне нужны были Большие Чувства, ну так это мне, а с чужими чувствами я — неа, не считалась.

Он догадывался, наверно, о моем коварстве и нечестной игре, но все же продолжал свои упорные, мягкие ухаживания и однажды позвал меня к себе на дачу; дача была далеко, в самом конце железнодорожной ветки, это под Ленинградом. Я заметалась: приглашение подразумевало романтическую связь; я не хотела ее. Но поклонниками бросаться глупо, да? мало ли, и я пообещала приехать, а там видно будет.

Был конец мая, тепло; я села на электричку и долго ехала, а потом долго шла к его маленькой деревянной даче. Всю дорогу меня глодали сомнения — зачем? хорошо ли это? не лучше ли вернуться? Словно бы некто мрачный и противно-моральный возник в пространстве и с укоризной глядел на меня: остановись, девушка; нехорошо; нехорошо. Не в первый раз в жизни я ощутила присутствие этого морализатора, этой помехи; он злил меня. А тебе какое дело? — отвечала я в никуда; а мне интересно; что хочу, то и делаю; отзынь. Так говорили в дни моей питерской юности: отзынь.

В окне его дачи горел свет, я осторожно пробралась сквозь влажную вечернюю траву и глядела через окно. Был краткий миг тьмы посреди этой белой майской ночи. Он сидел за столом, — кухня? комната? Он читал книжку, прислоненную к чайнику, что-то ел, обкусывая с вилки с двух сторон, лицо было расслабленное, бессмысленное, как у всякого читающего. Я смотрела на этот красивый, в общем, профиль, на подбородок, на шею, на руки. Я не любила его. Сердце мое не билось учащенно, дыхания не перехватывало, слезы не подступали, глупые пафосные слова, о которых стыдно бывает вспоминать потом, не всплывали пузырями в мозгу. Заведомо неосуществимые планы грандиозного размаха не толпились в воображении.

N пил чай и ждал меня. Я постояла под окном в крапиве; моего присутствия за окном он не ощутил. Я тихо выбралась из зарослей и пошла назад, на станцию; оказалось, что последняя на сегодня электричка уже ушла, а следующая — в шесть утра.

По платформе уже бродили опасные пьяницы, оставаться здесь было нельзя.

Я вернулась на дачу *N*, но в дом стучаться не стала. Я приметила в саду сарай; осторожно взобралась на чердак, где лежало неизвестно для каких нужд и когда собранное сено, жалкие его остатки. В углу была стопка газет за сороковые годы, должно быть, времен постройки дачи. Я легла на это сено, расстелила газеты и замоталась во взятый с собой синий свитер. Ноги оставались голыми; их ели комары. Стало холодно, меня тряс озноб. Никогда раньше я не спала на чердаке в сарае; я была хорошая домашняя городская девочка. Родители, наверно, были на даче и думали, что я в городе, готовлюсь к сессии. Моя Большая Любовь тоже понятия не имела о моих приключениях. Ни один человек на свете, включая *N*, не знал, где я нахожусь. Я была нигде.

Это самое важное место на свете: нигде. Всякий должен там побывать. Там страшно, там пусто, там холодно, там нестерпимо печально, там оборваны все человеческие связи; и все твои грехи, все пороки, все лжи, все лукавства и двурушничества чередой выходят из летних ленинградских сумерек и смотрят тебе в лицо без осуждения, без сочувствия, а просто по факту, как есть. Вот мы. Вот ты. И это правильно. Так и должно быть. И с отвращением ты читаешь жизнь свою. И принимаешь решения.

В саду громко, со всех сторон свистали и щелкали соловьи. Я их раньше не слышала, я думала, что они поют как у Алябьева, как певцы: а, а, а, а, а!

Но я их узнала. Время от времени я вставала и смотрела в щели чердака: *N* долго читал. Потом свет погас. Я ворочалась и мучилась до утра. В пять я встала, всклокоченная, с сеном в волосах, с чешущейся от сенной трухи шеей, с типографским отпечатком репортажей о процессах очередных вредителей на ляжках и икрах, мятая и немытая, с мутью в душе, и потащилась на вокзал, на дребезжащую электричку, прочь.

Ничего потом не было, и объясняться я с ним не стала. А что говорить-то? И вот теперь жизнь прошла, и он умер. Я вспомнила про него сегодня, поздно вечером, на остановке троллейбуса, угол Садового кольца и Краснопролетарской. Там такой незастроенный, огороженный участок, и на нем дерево в белом цвету, в темноте не разберу какое. И посреди этой городской вони, и опасных подвыпивших мужиков, и ментов по соседству, и всей этой бессмыслицы и безнадеги зачем-то на дереве расселись соловьи и поют. Совсем с ума, наверно, посходили. Совсем.

Дым и тень

Четыре часа дня, декабрь, темнеет; я сижу в студенческом кафетерии американского кампуса.

Помещение огромное, потолок теряется в полутьме и сигаретном дыме где-то на уровне третьего этажа. Это середина девяностых, и у нас еще не отняли право курить в помещениях, но скоро отнимут. В коридорах, на факультетах, конечно, уже запретили. В профессорской столовой стерильно. А здесь, в дешевом студенческом кафетерии, пока можно. Так что все профессора, еще не охваченные движением за здоровый образ жизни, едят, курят и назначают консультации своим студентам тут.

«Жизнь есть дым и тень», как гласит надпись на воротах не хочу говорить где. Дым и тень.

Кормят, конечно, кошмарно. Тут популярны толстенькие макарошки, называвшиеся на моей далекой заснеженной родине рожками; они залиты желтым соусом, это не яйцо, а страшно подумать что.

Тут подают бледное мясо индейки, взятое из каких-то далеких от ее сердцевины частей: поковыряв вилкой, найдешь трахею — трубочка такая; найдешь оконечности вроде коленей, кожу с волосами — надеюсь, это всего лишь гребень, который у индейки не на голове, а свисает с носа на шею, Господи, как Ты почему-то пожелал в пятый день творения, и я не судья Тебе. Тут на полном серьезе едят кукурузное пюре из консервной банки. Пьют кофе — негорячую коричневую воду. Если налить в него соевый заменитель сливок, то и ничего, то и пить можно. Я уже привыкла.

За дальним столиком, в нескольких метрах от меня, сидит Эрик. Он американец. У меня с ним роман.

Ничего особо хорошего я об Эрике сказать не могу: он совсем не красавец, все его достоинства — зубы и рост; еще мне нравятся его очочки в невидимой оправе и пальцы, длинные, как у воображаемого пианиста. Но играть на рояле он не умеет, все, что он может извлечь из инструмента, — какой-то американский аналог собачьего вальса.

Умен ли он, я тоже сказать не могу. У меня недостаточно данных, чтобы судить об этом. Как узнаешь, умен ли иностранец, если он не знает ни слова по-русски, а из нашей литературы опознаёт только словосочетание «Дьядья Ванья»? Но ведь и я ни бельмеса не понимаю в том, чем занимается Эрик: он антрополог; он специалист по народу *пупео*, национальному меньшинству Вьетнама, их там всего три тысячи человек. *Пупео* — часть большого народа *и*; ну как большого? — восемь миллионов, и те проживают в основном в Китае. На фоне китайского населения, конечно, — жалкая кучка. Народ *и* разговаривает на многих языках, в том числе на языках *носу*, *насу*, *нису* и *нусу*. А чтобы не скучно было. Но Эрик занимается не языками, а бытом этого крошечного далекого народа, да еще и меньшей его части; он ездил в те края и привез оттуда национальные костюмы, головной убор, похожий на окно купе с задернутыми занавесками, деревянные миски и экзотическую крупу — гречку.

Он устроил небольшую вечеринку для избранных преподавателей нашей кафедры: еда встоячку, вино из пластмассовых стаканчиков, курить только в саду, в осеннем саду; прикройте за собой не только дверь с москитной сеткой, но и стеклянную: тянет дымом, фу, фу. Закуски, намазки: макайте стебли сельдерея в этот хумус, морковные палочки — в гуакамоле. Потом жена Эрика торжественно, но с притворной скромностью внесла блюдо с дымящейся гречкой; гости — кто посмелей — потянулись к каше с пластмассовыми вилками. Раздались крики мультикультурализма и притворного восторга. Я тоже попробовала: они забыли посолить кашу. Есть это было нельзя.

Пришлось объяснить про гречку кое-что, ускользнувшее от внимания Эрика и коллег; пришлось сбить накал экзотики до вульгарного бакалейного факта: редкая розовая крупа продается в любом американском супермаркете под названием *Wolff's Kasha*, да, дорого, да, безобразие; а также на Брайтоне и в других русских магазинах, — польский импорт. Ужасный вкус, ужасные сорта, непрожаренная, при варке вспухает в размазню, — но вот она тут, и во Вьетнам ехать не надо. Можно прокалить на сковородке, можно томить в горшке в печи — если бы у вас были горшки и печи, но их у вас нет; кашу маслом не испортишь; гречневая каша сама себя хвалит; а если с грибами! а если с луком! Короче, дайте-ка я покажу! Я отняла у жены кашу и пережарила ее на скорую руку как надо. Жена возненавидела меня. А Эрик полюбил. Или что-то в этом роде. Трудно сказать. У меня при виде Эрика — сердцебиение. А что у него — не знаю.

Наш роман протекает сложно, и лучше бы его не было. На часах — декабрь; когда он закончится, я уеду и больше сюда не вернусь. Я уеду в Россию, я буду иногда приезжать в Нью-Йорк, прекрасный чугунный, клепаный, стрельчатый, ветреный муравейник, который никогда не спит; я буду навещать друзей в Сан-Франциско, где цветет вечная весна и лиловый негр вам подает манто, и мне, может быть, тоже подаст, если я вовремя его себе куплю: такое кашемировое, с шалевым воротником и поясом; я возьму напрокат широченный джип, я куплю себе сапоги из фигурной кожи, с загнутыми носами, куплю женский вариант ковбойской шляпы, очки-консервы, запасусь водой и вяленой говядиной и рвану, с сигаретой в зубах, через Калифорнию, Неваду и Аризону, через каменные пустыни, коричневые и розовые, синие и лиловые, с миражами, дрожащими над серебряными соляными безводными озерами. Куда? не знаю. Зачем? а низачем, а просто так: ничего нет на свете лучше пустыни. Чистый, сухой ветер в открытое окно, запах камня, запах пустоты, одиночества, свободы, — правильный запах.

Но сюда, в этот маленький пряничный резной городок, занесенный чистейшими снегами, я не вернусь никогда. Тогда зачем мне эта любовь? Говорю же: лучше бы ее не было. Или мне так кажется.

На языке *и* снег называется *во*.

Каждый день я повторяю себе, что Эрик плохо образован, недоразвит и вообще, кажется, не умен. А если умен, то мне этого ниоткуда не видно. И некрасив. Подумаешь, зубы. И мне не о чем с ним говорить. Ну не о народе же *пупео*? Но каждый раз, что мы встречаемся — в студенческом дымном кафетерии, или в шикарной маленькой бубличной (а там — продвинутый бублик для интеллектуалов, обсыпанный тремя сортами зерен, — *with everything*, — клюквенная коврижка, кофе редких сортов, бесплатный свежий журнал "*The New Yorker*" для беглого просматривания, — Париж-Париж), или почти случайно — на почте; или совсем невзначай — на безбрежной кампусной парковке, — каждый раз он мне что-нибудь втирает про своих пупейцев, и каждый раз, к своему ужасу, я слушаю это бормотание как пение архангелов. И с каждым днем я влипаю в эту любовь, как в клей.

На языке *и* гречка будет *нге*. Или так мне слышится. *Нге*.

Я — стойкий оловянный солдатик, мне всё нипочем, мне и любовь нипочем, но боже ты мой, когда я вижу этого долговязого очкарика, когда я смотрю, как он выбирается из машины, словно карамора, когда я внезапно узнаю его, такого нелепого, в длинном пальто, возникающего в хлопьях метели, отворачивающего лицо от ветра, заслоняющего глаза от пурги, — все мои внутренние башни, бастионы и заграждения тают, рушатся, осыпаются как в плохом, медленном мультфильме. Скажи мне, Господи: почему именно этот? Мало ли их, нелепых и невнятных очкариков? Почему этот? Я не понимаю тебя, Господи. Открой мне свои планы!..

Когда у меня смутно на душе, я не хожу в студенческий кафетерий обедать ужасными индюшачьими трупиками; я еду в продвинутую бубличную, покупаю себе самую большую чашку настоящего кофе, коврижку с клюквой и сажусь к окну, прихватив местную газету. Вывернув ее и сложив вчетверо, я читаю раздел происшествий. Все как у людей: вот на шоссе столкнулись две легковые машины и фура, перевозившая сухой лед: четыре жертвы. Вот ограбили дом: хозяин отлучился ненадолго и не стал запирать деревянную дверь, понадеялся на стеклянную, — вот тебе и понадеялся, украли компьютер. Вот двое провалились на озере в полынью и не сумели выбраться. Вот опять на кампусе задержали бродягу Х. Альвареса, которому ведь запрещено бродить без цели по кампусу, а он уже шестой раз нарушает. Его отвели в полицейский участок и в очередной раз сделали внушение, да что толку-то. Альваресу нравится кампус, просторный и красивый, с дорожками и деревьями, он и зимой красивый, и летом. И студентки там ходят красивые, так что Альварес глазеет на студенток, и они жалуются в ректорат.

— Что ты от меня хочешь, Эрик?

— Расскажи мне что-нибудь удивительное про ваш алфавит. Про русский алфавит.

— В русском алфавите есть буква Ъ. Твердый знак.

— Как она звучит?

— Никак.

— Совсем?

— Совсем.

— Тогда зачем она?

— Это такой вид молчания, Эрик. В нашем алфавите есть знаки молчания.

Я, конечно, могу доходчиво объяснить ему, какой смысл в букве «Ъ» — и сегодняшний смысл, и исторический, но зачем? Он не собирается учить русский язык, да и не надо ему это делать, не в коня корм, да и вообще уже декабрь и я скоро уеду, не вернусь больше. Я смотрю на синий вечерний городок, весь в огнях, весь в бусах и мишуре, — ведь скоро Рождество, а они тут сильно загодя начинают продажу подарков, блесток, свечей и мерцания. Прямо со Дня Благодарения и начинают. Это северный городок, севернее некуда, дальше там уже закругляется земля, дальше только тупые селения с одичавшими поляками или совсем уже оторвавшимися от реальности канадскими украинцами, снега и скалы, и огромные, как стадионы, супермаркеты, торгующие одними консервами, потому что местное население свежей зелени исторически не ест; и снова скалы и снега.

Там — север, там — граница обитаемого мира, там царство тьмы, оттуда огромным куском приходит арктический воздух и стоит в темноте над нашими непокрытыми или, наоборот, укутанными головами, и звезды остро светят через ледяную линзу и колют глаза.

Американцы не носят шапок, ждут, когда уши отвалятся. Перчатки носят, шарфы носят, а шапки — нет. Им кажется, что это слабость — шапки носить. Разве что съездит какой-нибудь в Москву, купит на Манежной площади китайскую синтетическую ушанку с красной звездой — и вот уж он верит, что у всех русских при виде его теплеют сердца. Эрик не исключение: чтобы быть ближе к моему сердцу, моему не читаемому с помощью его культурных кодов сердцу, он пытался носить тюбетейку. Квадратную, островерхую, расшитую бисером и розовыми пайетками. Похож был на Максима Горького, уже тяжело больного. Я запретила ее.

Я-то заматываю голову теплым платком во избежание менингита, арахноидита и воспаления тройничного нерва; я запрещаю Эрику называть этот платок «бабуууушка» — с ударением на «у». Я уже отучила его говорить «боршт», я уже объяснила ему, что в русском языке, в отличие от идиша, нет слов «блинцес» для блинов или «щав» для зеленых щей. Да и слова «бейгел» нет и быть не должно, а есть «бублик». Я знаю, что сею бесполезные знания. Я уеду, и он снова вернется к своим заблуждениям, к дурным лингвистическим и культурным привычкам. Будет класть в гречку кумин или бадьян, будет готовить салат, смешивая холодные макароны-бантики с красной икрой и заправляя его кунжутным маслом. Ведомый свободной фантазией, из мяса или грибов наворотит какую-нибудь жуткую, невообразимую ерунду.

Вот рис он, наверно, не испортит. Рис — уж это рис, базовая еда, простая вещь, и не надо ничего выдумывать. Хоть что-то пусть будет простым и ясным. И добавлять в него ничего не надо. Пусть, как был он тысячи лет белым и неизменным, таким будет и дальше.

— Эрик, а как пупейцы называют рис?
— *Цца.*

Городок, куда я никогда не вернусь, маленький, все друг у друга на виду. Даже если ты не знаешь людей, они знают тебя. Большинство — студенты, конечно же, они знают преподавателей в лицо. Мне и Эрику практически негде встречаться. Нам удается повидаться в кофейнях только в те часы, когда его жена Эмма сама преподает. Иногда и поговорить нельзя: слишком много вокруг знакомых. А я знаю, как они чутки и зорки к чужим романам, я сама сплетничала с ними вон про того или вон про тех. Эрик боится Эмму. Он садится в дальний угол и смотрит мимо, в стену или в чашку. Я отвечаю тем же. У меня сердцебиение. А у него — не знаю.

Эмма — красивая нервная женщина с длинными волосами и тревожными, оттянутыми к вискам глазами. Она преподает что-то художественное и сама умеет делать руками все, что можно себе вообразить: составляет сложные лоскутные покрывала-килты, синие, с сумасшедшими звездами нездешних небес; плетет бисерные шали, вяжет толстые белые шубы со вздутиями, как бы с метельными холмами, варит домашнее лимонное и ванильное мыло, и все такое прочее, вызывая острую зависть у женщин и страх и недоумение у мужчин. Она покупает по каким-то особым дизайнерским каталогам телячьи шкуры изумрудного цвета или цвета древесной коры и делает из них шкатулки с серебряными вставками, и я одну такую купила в местном магазине, не зная еще, что это сделала Эмма.

Она настоящая женщина, не мне чета, она богиня очага и покровительница ремесел, и еще она волонтерствует в студенческом театре, разрисовывая декорации для спектаклей, которые ставят ее ученики. Она догадывается, что, пока она их разрисовывает, Эрик не сидит в своем кабинете, а кружит по нашему городку, чтобы столкнуться со мной то в одном, то в другом месте — случайно, ненароком, непреднамеренно. Эмма — ведьма и желает мне зла. Ну, или мне так кажется.

Оттого, что говорить почти никогда нельзя, у меня и у Эрика выработалось умение передавать друг другу мысли на расстоянии. Это не очень сложно, но, конечно, получается много ошибок, да и словарь небогат и сводится только к главному: «Потом». «Да». «Не сейчас». «И я». «Нет». «Я сяду в машину и поеду, следуй за мной».

Мы пытались встретиться в другом маленьком городке, в пятнадцати милях от нашего, мы присмотрели тихий отель на самом краю человеческого жилья, в сугробах, но в последний момент, почти на пороге, бежали оттуда в страхе: через освещенное окно и кружевную занавесочку на нем мы увидали двух профессоров нашего колледжа, двух замужних дам, — и кто бы мог заподозрить? — целовавшихся и обжимавшихся, вполне недвусмысленно, над чашкой кофе в уютном баре под гирляндой рождественских, преждевременно вывешенных огоньков.

Можно было бы, конечно, развязно ввалиться с мороза внутрь и разрешить всеобщую неловкость жовиальным хохотом: ах, и вы тоже? ха-ха-ха! — но Эрик пуглив и деликатен; я-то нет, но ему тут жить, а я уеду и не вернусь сюда больше никогда.

К себе я его провести не могла: я жила в кампусной гостинице для бездомной профессуры, дешевой, но роскошной и таинственной, вроде дома с привидениями: какая-то меценатка тридцатых отдала колледжу ставший ей почему-то ненужным дом. Вокруг здания лежали самые пухлые в мире сугробы, в комнатах было так жарко натоплено, что все держали свои окна нараспашку в любую погоду, а кровати были такими узкими, что вы с них непременно сваливались, даже если спали там на спине и навытяжку, как солдат в строю, а никак иначе там спать не было никакой божеской возможности. Еще там были гаденькие низкие кресла с ножками как у таксы. А курить было запрещено, но, конечно же, все курили, свесившись из окна по пояс. Совсем неподходящее было место для тайных свиданий.

Теоретически можно было бы рискнуть встретиться прямо у Эрика в доме, в часы, когда Эмма ведет свои семинары или расписывает декорации, но я знала, что это плохо кончится, и не решалась: бывали в моей жизни перепуги до смерти или до хохота, когда приходилось срочно прятаться в стенном шкафу или под кроватью; Эмма тоже могла читать мысли на расстоянии, я догадывалась об этом по ее глазам; она настигла бы нас, она побежала бы, бросив студентов, по снегу, по вершинам деревьев, через синюю ночь.

Вообще у Эммы был третий глаз, я это ясно видела при боковом освещении: он пульсировал под тонкой кожей, и, когда она поворачивала свою тревожную голову, он улавливал, как радар, исходившие от меня мысли. Раз в неделю Эрик и Эмма устраивали небольшие вечеринки для коллег, так у них было заведено, менять они этого не стали; приходила по умолчанию и я. Не прийти было бы все равно что разоблачить себя. На этих вечеринках Эмма читала мои мысли, смотрела мне в лицо третьим глазом — еще подкожным, еще не вылупившимся — и ненавидела.

Чтобы она меня не сглазила, я купила в местной антикварной лавочке амулет; в нашем городке было много антикварных лавочек со всякой приятной дребеденью: от старых автомобильных номеров до пустых стеклянных флакончиков из-под духов. Жестяные лейки, фарфоровые котятки, блюда, тазы, комоды, умершие корсеты на женщин с маленькой грудью и непостижимо тонкой талией, слежавшиеся кружевные зонтики от солнца, давно закатившегося и отгоревшего. Потертая эмалевая бижутерия, старые журналы, фигурные формочки для льда.

Амулет мне сразу же бросился в глаза, он лежал среди серебряных коробочек и лорнетов. Это был маленький кукиш, настоящий оберег, непонятно, как он сюда попал и как его до сих пор не купили, мощнейшая вещь. Хозяин лавки как-то проморгал его смысл и ценность, так что даже и обошелся он мне не так чтобы дорого. В ювелирном магазине мне припаяли к кукишу петельку, и я купила к нему серебряную цепочку.

— А вы не хотите сделать на нем какую-нибудь гравировку? — спросила меня продавщица ювелирного. — На таких вещицах иногда пишут имя. Или слово. Как заклятие, знаете.

Я посмотрела в окно, на снега и сугробы. Белые, бесконечные. Я уеду — они останутся. Растают, растекутся водой — и выпадут снегом снова.

— Хорошо, напишите *во. Vo.*

— *Good choice*! — воскликнула продавщица, ничего не поняв. Хорошая, профессиональная реакция.

Я стала носить кукиш под одеждой. Не снимала и на ночь. Эмма металась, но ничего сделать не могла.

Странная вещь любовь, у нее тысяча лиц. Можно любить что угодно и кого угодно; однажды я любила браслет в витрине магазина, слишком дорогой, чтобы я могла его себе позволить: в конце концов, у меня была семья, дети, я тяжко работала, сжигая свой мозг, чтобы заработать на квартиру, на университетское образование для детей, мне нужно было отложить на болезни, на старость, на больницу для мамы, на внезапный несчастный случай. Мне нельзя было покупать браслет, я его и не купила, но я любила его, я думала о нем, засыпая; я тосковала о нем и плакала.

Потом прошло. Он разжал свои клещи, сжимавшие мне сердце, он смилостивился и отпустил. Какая разница, кто он был? Он мог быть человеком, зверем, вещью, облаком в небе, книгой, строчкой чужих стихов, южным ветром, рвущим степную траву, эпизодом из моего сна, улицей чужого города, заворачивающей за угол в медовом свете заходящего солнца, улыбкой прохожего, парусом на синей волне, весенним вечером, грушевым деревом, обрывком мелодии из чужого, случайного окна.

Я вот никогда не любила водопады, или туфли на каблуках, или женщину, или танец, или надписи, или часы, или монеты, но я знаю, что есть те, кто это любит и оглушен этой любовью, и я понимаю их. Может быть, я еще полюблю что-то из этого, — как знать, ведь это случается внезапно, без предупреждения, и накрывает тебя сразу и с головой.

Вот и Эрик был таким предметом моей неотвязной и необъяснимой любви. Надо было как-то избавиться от нее. Как-то преодолеть.

Я сижу в кофейне, которая Париж-Париж, за окном синий вечер, театральный снег. «Едем по 50-й дороге, следуй за мной, потом поворачивай на развилке», — передает мне мысленно Эрик. Вот я бросила журнал, украла пачку бумажных салфеток со столика, завернула остатки клюквенной коврижки в украденные салфетки, отставила чашку с блюдцем на мусорный столик, замоталась в платок, — да, я тут одна такая во всем вашем синем пряничном городе, мне тепло, у меня раскаленная кровь, у меня ладони и ступни как кипяток, я прожигаю в снегу полыньи, а вы как хотите, — и вышла на нарядную улицу, под раскачивающиеся и мигающие гирлянды огней. Вот я поехала по 50-й дороге, и повернула на развилке, и встала на обочине. Мимо свистят, просвистывают автомобили, спеша домой. Или прочь от дома. Кто ж скажет.

Эрик притормозил свою машину, пересел ко мне.

— Я понял, нам надо поехать на *Lake George*.

— И что там?

— Там мотель. Там красиво. На выходные можно поехать. Она уедет в Бостон к матери.

— А там что?

— Ну... у ее матери какая-то годовщина чего-то. Она не может пропустить.

— А ты почему не едешь?

— У меня срочная работа и приступ холецистита.

— Я бы не поверила.

— Так и она не поверит. Это предлог.

Я смотрю в его правдивые серые печальные глаза.

— В нашей культуре, — говорит он, — главное — правдоподобное объяснение. *Plausible explanation*.

— В вашей культуре!..

— Да.

— То есть у вас любое вранье сойдет. Даже вопиющее.

— Да. Главное — *plausible explanation*.

— Мы тоже, знаешь, врём будь здоров. Вряд ли вы тут мировые лидеры.

— Мы уважаем чужую личность, поэтому стараемся врать правдоподобно.

— Окей. Как хорошо, что я скоро отсюда уеду и никогда не вернусь.

— Ты не можешь уехать!

— Еще как могу.

— Давай я ее убью?

— Не надо, чем она виновата?

— Нет, я ее убью. Мне так будет проще.

— А мне нет.

Мы оба сидим надувшись. Потом Эрик спрашивает:

— А ты знала, что гречка в родстве с ревенем и щавелем?

— Не знала. Ошеломительное известие.

— Бывает гречка горькая и гречка сладкая.

— А еще польская, особый сорт: «несъедобная».

— Ты уедешь и разлюбишь меня.

— Да. Я уеду, разлюблю тебя и забуду.

Эрик обижается.

— Женщины так не должны говорить! Женщины говорят: я никогда, никогда не забуду тебя, никогда, никогда не разлюблю!

— Это женщины врут из уважения к человеческой личности. Конечно, забудут. Все забывается. В этом спасение.

— Как я хотел бы разбить твое сердце, — говорит Эрик мстительно.

— Разбиваются твердые предметы. А я — вода. Я утеку отсюда и проступлю в другом месте.

— Да! — говорит он с внезапным раздражением. — Женщины — вода! Поэтому они все время плачут!..

Мы долго молча сидим в машине, заметаемой сухой, мелкой, шуршащей метелью.

— Сыплется прямо как рис, — говорит Эрик. — Как *цца*.

Будто читает мои мысли. Очень трудно разлюбить Эрика. Надо взять себя в руки, надо, чтобы сердце стало как лед.

Но ведь тогда-то оно и разобьется.

Декабрь переваливает через середину, до Рождества — неделя. Главная улица нашего городка — *Main Street*, а как же — полыхает золотыми, зелеными, розовыми витринами, сияет электрическими растяжками от столба до столба. Огней столько, что снег, метущий через улицу, кажется цветным. Цветной искристый *во*, похожий на *цца*. Из каждой двери, до тошноты, лезет, пританцовывает мелодия «Джингл беллз», сверлит мозг, превращает его в дуршлаг; хочется подбежать к двадцать восьмому по счету магазину, размахнуться бейсбольной битой — она тяжелая — и чхахх! чхахх! чхахх! — надавать по толстому зеркальному стеклу. Но приходится, конечно, сдерживаться.

Я выбираю для самой себя подарки: расшитую скатерть, ароматические свечи, наволочки в полоску. Ненужные вещи, но это же не причина, чтобы их не покупать. Волхвы в свое время тоже принесли странный набор: золото, ладан и смирну, и неизвестно, что они при этом имели в виду, на что намекали, и куда потом делись эти дары, хотя уже позже были придуманы различные красивые объяснения: золото — на царствие, смирна — на гроб, ладан — чтобы воскурять, верить и молиться. А еще есть легенда, что золото украли два вора, а через тридцать три года именно эти самые воры и были распяты ошую и одесную Спасителя, и Иисус пообещал уверовавшему в него, что тот нынче же будет в Раю. Раз уж мы, так сказать, знакомы с самых яслей. Вот, воистину, случай, когда человеку от Христа одна сплошная польза, от рождения Его и до смерти.

Еще мне нравится красивая сумка, мягкая, с серебряными вставками, но что-то меня в ней настораживает. А кто художник? А если Эмма? Продавщица не знает, а хозяйки магазина нет на месте. Внутреннее чувство — а может, амулет — подсказывает: не бери. Ничего не бери, и скатерть верни, и свечки положи на место. Тут все не твое, а Эммино. Все вообще. Спасибо, я передумала. Нет, и наволочки не нужны.

Эрик устраивает очередную вечеринку, последнюю, рождественскую. Он передал мне безмолвное приглашение — мы уже отточили технику передачи: «Приходи, сегодня я правильно приготовлю *нге*. Ты же хочешь *нге*?» Да Господь с тобой, Эрик, я хочу только одного: чтобы кто-нибудь стер тебя из моих глаз, из сердца, из памяти. Все забыть, освободиться, чтобы «без сновидения, без памяти, без слуха», чтобы только темное небо и метель, метель, метель, и ничего больше, как во второй день творения. Чтобы я могла очиститься от тебя и начать все сначала, мне же нужно сначала, я же никогда сюда не вернусь.

Огни сияют, музыка липнет, вытекая отовсюду. Через пару дней родится младенец Христос. Значит ли это, что сейчас его нет с нами, как перед Пасхой? Значит ли это, что он оставил нас в самую темную, самую угрюмую, самую коммерческую, самую безнадежную неделю года? Значит ли это, что не к кому обратиться в сердце своем, некого спросить, как быть? Разбирайся сама? Тут неподалеку от городка есть русский монастырь. Конечно, монахи там — угрюмые буки, как и положено. Но, может, съездить к ним и посоветоваться? Вдруг среди них найдется человек со странным, зрячим сердцем? Спросить его: это что, грех, — убивать, затаптывать в себе любовь?

Но метель замела малые дороги, и до монастыря в такую погоду не добраться. Православной церкви в городке нет. К баптистам идти неохота — у них не храмы, а какие-то кружки самодеятельности при ЖЭКе, там приветствуется честность и ясноглазость, там к тебе выходит румяный дяденька в пиджаке и сияет навстречу: «Здравствуй, сестра! У Господа нашего Иисуса Христа есть великолепный план твоего спасения!..» А план будет заключаться в том, чтобы любить ближнего, то есть, например, с ходу сесть клеить коробочки вместе с юными недолеченными наркоманами из неполных семей... Ну и петь что-нибудь всем коллективом... И выслушивать сестру во Христе — тетку в вязаной кофте, в маниакальной стадии биполярного расстройства, с напором рассказывающую про то, как благодаря ее горячей вере в Спасителя у нее всегда удается печенье на соде с шоколадными кусочками. Всегда.

А я вот не хочу любить ближнего. Я хочу его разлюбить.

У католиков в церкви куда лучше, таинственней, но сейчас не то время: слишком много там света, и радости, и праздника, и счастливого ожидания, а я не могу, я не хочу радости, мне бы посидеть где-нибудь одной в полутьме среди злых людей, чтобы оледенить сердце. Потому что жизнь есть дым и тень.

Я еду к шестипалым. Есть тут одна деревня, где почти все жители — шестипалые. Все они друг другу родственники, все из одной большой семьи. У кого-то из их прадедов случилось быть шестому пальцу, уродство передалось по наследству, и теперь они там всюду: на бензоколонке, и в банке, и в магазинах. В аптеке продавцами. В баре. В кафе. Злые и угрюмые.

Хорошо тут, правильно. Злобная официантка приносит кофе; она знает, что я смотрю на ее руку, и, наверно, превентивно плюнула мне в капучино: в капучино удобно плевать. Так, девушка! Понимаю тебя. У барной стойки злобный бармен протирает стаканы шестипалой рукой, а угрюмый парень, сидящий на высокой барной табуретке и что-то ему говорящий, мрачно курит, и странно, так странно смотреть, между какими пальцами зажата дымящаяся сигарета. А есть ли у этого лишнего пальца название? А вяжут ли здешние шестипалые бабушки специальные перчатки для своих шестипалых внучат?

Они бросают на меня плохие, неприязненные взгляды: они понимают, что я приехала нарочно поглазеть на них. Они привычно опознают любопытных гадин, здоровых, полноценных чужаков, которым от безделья, или от злорадства, или для поднятия собственного жизненного тонуса, для обострения чувств нужно постоять рядом с ними, с теми, для кого много — не значит хорошо.

В газированную воду тоже можно плюнуть с большим удовольствием. В какой-нибудь «Доктор Пеппер лайт» с вишневым привкусом и пониженным содержанием калорий. Я — вода. Плюньте в меня, некрасивые и несчастные люди: ведь я задумала убийство.

Ну-с, еще сутки до явления Младенца. Если не сейчас, то когда? Эрик прав, надо решиться и избавиться от нее. Она — ведьма, она сшила все одежды в этом городе, она прострочила все одеяла, чтобы я не могла укрыться под ними с Эриком, она связала все шарфы, все шерстяные платки, чтобы удушить меня, стачала все сапоги, чтобы стреножить мои ноги и не дать мне уйти, она испекла все бублики и коврижки, чтобы я поперхнулась их крошками. Она отравляет всю еду, это она настригает птичьи трахеи в белый соус, она варит хрящи и кожу, чтобы извести меня, превратить в индюшку с гребнем вместо носа. Это она собирает на болотах клюкву, пахнущую вороньими подмышками. Это она раскрашивает декорации, и когда раскрасит до конца — будет поздно.

Поэтому надо сейчас.

Я прихожу в дом к Эрику и Эмме: москитная дверь снята на зиму, деревянная распахнута, через стеклянную видно, как пламя гуляет в камине и гости, осточертевшие за все эти годы коллеги, стоят встоячку и вертят в пальцах бокалы с плохим вином. Эрик сварил *нге*, гордится, любуется розовой горой, как будто это достижение, как будто в этом есть какой-то скрытый смысл.

А нет его.

Дрянь еда.

Опять он купил польский мусор.

Прелестно, негромко звучит Моцарт. У Эммы окончательно прорезался третий глаз: синий, с красными прожилками, без ресниц, с прозрачной мигательной перепонкой, как у птиц. Теперь-то уж что. Толку в нем теперь никакого.

«Эрик, Эрик, готовься. Вина не пей — ты поведешь машину. Поедем на *Lake George* и там утопим ее».

Передача мысли без слов — прекрасный, очень удобный инструмент общения, для светского разговора незаменим.

«Почему именно на *Lake George*?» — «Так я же другого не знаю. И ты сам хотел».

Гости расходятся рано: им еще готовиться к завтрашнему празднику, заворачивать подарки в золотую бумажку. Мы садимся в машину: Эрик с Эммой впереди, я сзади. Эмма смотрит двумя глазами вперед, в метель, а третьим — в мое сердце, в мой кусок злого льда, но серебряный кукиш слепит ее, она не видит, что ей уготовано.

На озере уже совсем темно, но у Эрика есть фонарик. Мы идем по протоптанной рыбаками дорожке. Тут тоже есть любители подводного лова. Но сегодня они все дома, в тепле, у наряженных елок.

Прорубь затянута ледком.

— Что мы тут делаем? — интересуется Эмма.

— А вот что!..

Мы толкаем Эмму в прорубь; черная вода выплескивается и обливает мне ноги; Эмма сопротивляется, хватается за острые ледяные края, Эрик пихает ее, пропихивает под лед пешней; откуда тут пешня? — неважно. Бульк. Все. До весны не найдут.

— У меня руки окоченели, — жалуется Эрик.

— А у меня ноги. Надо выпить.

— Ты взяла?

— Да. И пирожки с мясом. Они еще теплые: в фольге были.

Прямо на льду мы пьем из фляги водку «Попов», жуткое пойло, по правде сказать. Мы едим пирожки с мясом; мы наконец целуемся как свободные люди — с облегчением, что нас никто не увидит, не остановит. Свобода — это высшая ценность, американцам ли этого не знать. Фляжку и объедки я бросаю в прорубь. Снимаю с шеи серебряный кукиш и бросаю туда же: он поработал и больше не нужен.

Мы бредем к берегу.

Лед трескается под ногой у Эрика, и он проваливается в занесенную снегом полынью до подмышек.

— А!.. Руку дай!

Я отступаю от края полыньи.

— Нет, Эрик, прощай!

— То есть как?! То есть как, то есть как, как прощай?..

— Да вот так. И не цепляйся, и не зови, и забудь, да ты и не вспомнишь, потому что тебя нет, ты придуманный; тебя нет и не было, я тебя не знаю, никогда с тобой не говорила и понятия не имею, как тебя зовут, долговязый незнакомец, сидящий за дальним столиком дешевого студенческого кафетерия, в нескольких метрах от меня, в полутьме и сигаретном дыму, в очочках с невидимой оправой, с сигаретой в длинных пальцах воображаемого пианиста.

Я докуриваю последнюю свою сигарету — вот так задумаешься и не заметишь, как пачка кончится; заматываюсь в теплый платок и выхожу, не оглядываясь, из тени и дыма в слепящую метель декабря.

Дальние земли

Письма с Крита другу в Москву

Зеленые облака и смрадный воздух родины, а особенно ее сердца — Москвы — остался позади, и вот мы, дрожа от радости и недосыпания, пьем ледяное белое вино, и глядим в морскую сверкающую пустыню, и никого ближе, чем Одиссей, не знаем и знать не хотим! Но вот Одиссей уже несет нам жареную рыбку и дзадзики, несет «хорта» (вареные горькие горные травы, если кто забыл), и рай снова тут, снова выдан нам на две недели, значит, возможно, мы не так уж и грешили в минувшем году.

В роли ключаря выступила на этот раз авиакомпания «Эгейские авиалинии», продавшая нам билеты за такую смехотворно низкую цену (13 000 рублей в оба конца с пересадкой), что мы и не ждали подвоха, а подвох-то был. Вечером накануне дня вылета пришло письмо по электронной почте — вылетаете не завтра днем, как вы надеялись, дорогой пассажир, а в шесть утра. И ждете свою пересадку двенадцать часов в афинском аэропорту, не зная, где преклонить неспавшую голову. Пришлось посыпать эту голову пеплом, наскоро побросать все в чемоданы и, не прилегши, в три часа ночи выбежать в Домодедово.

Но где-то по дороге Господь нас простил, и в Афинах нам удалось перебронировать билеты на более ранний рейс до Ираклиона, и даже чемоданы в пути не потерялись, и даже машину напрокат нам дали какую мы заказывали, хотя оттого, что мы свалились на их голову раньше обещанного, машина не была еще подготовлена к пути и на заднем сиденье зримым воплощением кризиса лежала паутина.

Кризис также был заметен и на привычных местах и прилавках. Обедневший ассортимент в супермаркете, радость, с которой бросился нам навстречу заждавшийся нас зеленщик — он практически расцеловал меня, умиляясь тому, что я снова здесь, и я ушла, сгибаясь под тяжестью неподъемных сумок с овощами и апельсинами, за которые заплатила три с половиной евро.

В *Horizon Beach* тоже запустение: пара мамаш с детьми лет десяти; может быть, правда, еще не сезон, но раньше трудно было захватить столик с видом на глицинию (она же жасмин, пальма и рододендрон; пусть Паша Лобков осудит меня, если протрезвеет), а сейчас сядь где хочешь и ешь свой завтрак, вернее, клюй то, что тебе дали. Дали мало: на всю гостиницу нарезали один огурец кружочками. Не шучу; так как я принесла свой, в видах диеты, то мне было с чем сравнить, и я не стала объедать скупого Ставроса и его немецкую жену (хозяева нашего отеля), а ела свой, обошедшийся мне, думаю, в целых семь, а то и восемь евроцентов. Яиц также не наварили, чего добру-то пропадать, но по просьбе — варят, мне вот целое яйцо принесли, а попросила бы — и два бы сварили, приезжайте сюда, тут хорошо.

Дюкановский рамадан поддерживаю ненавистной индейкой, малонатуральной, наверно, судя по виду — лепестки в каком-то консервирующем рассоле, — но хоть не свинина и не чесночная колбаса, с которой мы в свои тучные времена предавались бывалоча развратным пирам с буйными возлияниями, не правда ли. Греческой клубники в лавках не вижу, видимо, она вся на Бутырском рынке. Не будет же француз есть свои трюфели в лихую годину, а продаст богатому нефтяному шейху.

Заказали вчера блюдо, или, скорее, поднос жареной рыбы всех сортов. (Мы пошли в рыбную таверну.) Двадцать девять евро на двоих, всё только что из винноцветного моря. Были там две дорады — мать и дочь; был кусок рыбы-меча, были сардинки, пахнущие своим будущим копченым состоянием, были две неизвестные рыбешки и пара креветищ. Все это сбрызнуто вкуснейшим домашним оливковым маслом, — прости, Дюкан, — лимоном и усыпано салатом. Оказалось, зеленый салат — это вкусно, если он срезан сегодня, а не как у нас. Это хрустит.

А не вяло липнет, заворачиваясь вокруг зубов. Ко всему этому был и гарнир, но гарнир мы, как вы понимаете, есть не стали. Он был рис.

Темой вчерашних наших застольных медитаций было размышление о сравнительном поведении (и побуждении) человека русского и человека европейского. Вот классический мотив: человек выпивающий. И европейская литература, и кино, и собственные наблюдения свидетельствуют о таком образе: средних лет, душевно одинокий, с достоинством (компенсирующим порой сизый нос, сеточку на щечках, дрожащие руки и старый шарф) сидит он в баре, у стойки или за столиком, без спутников, смотрит в свой стакан; если поднимает глаза, то не пялится, не пристает, за жопу дам не хватает, разве что посмотрит зазывно и печально, как Пьеро. Пьет медленно, сидит до закрытия. Переживает — думаем мы о нем — свое одиночество, бессмысленность мира, невозможность душевной привязанности, минувшие, более или менее золотые, дни. Моя бедная старая мама, *ma pauvre vielle mère*, а также далекая девушка в белом цвету. Если у него есть пес — тоже старый как горы, — то он берет его с собой, и его пускают! Ага! С собакой в бар пускают! Потому что европейский барбос тоже не будет бросаться на людей и рвать им брюки, а с беззубым достоинством и полуослепшей мудростью будет лежать под столом, копируя тишину и печаль хозяина. Лучший рассказ на эту тему — хемингуэевский

«Там, где чисто, светло», только без собаки, одиночество там тотальное.

Сестра моя справедливо заметила, что женская ипостась этого европейского одинокого человека — дама за сорок, часто злая, — сидит в дневное время в кондитерских: кофе, торт. В глазах — неизбывное горе: короткая ее женская жизнь прошла, счастья не было или оно улетело и обмануло, мазнув по губам, и впереди — долгая пустыня, и даже встреча с верблюжьей колючкой не гарантирована. Мы видели такую в Баден-Бадене, в кондитерской, куда зашли съесть яблочный тортик (со стыдливостью и дерзостью развратного подростка, не удержавшегося от визита в бордель); женщина сидела у окна над тарелочкой с руинами миль-фёй и смотрела в никуда с такой интенсивностью, что выжигала кислород в секторе своего обзора; видели такую во Флоренции, она пила кофе за столиком на площади: то есть в самой гуще людей, солнца и цветов, в самом водовороте.

Баден-Баденская дама была безнадежно некрасива, и вот ее душа не могла переступить стену этой некрасивости, неурожайности, прокаженности, а раз она не могла ее переступить, то и к ней никто не смог бы пробиться, и пробовать бы не стал. Флорентийская же дама была немолода — за шестьдесят, но еще годна для путешествий в одиночку; варикоз еще не съел ее ноги, а нос еще не окончательно превратился в клубничину от ежевечерней привычки выпивать свой стакашок; от солнечного мира ее отделял ее возраст, который она зримо проклинала и ненавидела, а ненавидя возраст, ненавидела и солнечный мир.

Да, можно понаблюдать и поразмышлять, отчего одинокая женщина скорее зла, а одинокий мужчина скорее печален, впрочем, это и так понятно: ненужный мужчина — это покупатель без денег, ненужная женщина — продавец с пустыми полками. Так закольцовывается, казалось бы, тема европейского кризиса, но скоропалительные выводы делать необязательно.

Меж тем — мне ли вам указывать? — русский человек, одиноко грустящий в баре, непредставим. Придя в заведение выпить, он сейчас же ищет глазами компанию, сию минуту привязывается к ней и немедленно вступает в быструю, короткую и опасную дружбу, отдавливая всем ноги и нарушая сразу все частные барьеры, о которых товарищи собутыльники может, даже и не подозревали.

Пьют ли мужики — он подсядет к мужикам, мгновенно, так сказать, залогинится, на ходу вводя общепринятые пароли: «как наши сыграли-то», «а пиндосы — козлы», и вот уже нашел земляков, единомышленников, уже завязал с ними неопределенные, чреватые катастрофой кредитно-финансовые отношения типа «плачу за всех», — и без очков видно кривую дорожку, которая приведет к тяжелым непоняткам и мордобитию.

Выпивают ли дамы — ринется к дамам, дальнейшее очевидно и разнообразно. Милицейские протоколы обычно фиксируют только конец и венец этих контактов: выпивали, познакомились, зашли домой (в сквер, в подвал) к одному из новых знакомцев продолжить; поспорили, забили друга или даму табуреткой (кухонным ножом, топором, *etc.*) Но намерения-то, намерения были самые прекрасные и широкодушевные.

На пляже нет спасения от русского одинокого человека: он не прячется от тебя за дальним валуном, как это сделал бы европеец, а расстилает свое полотенчико прямо встык к твоему и, услышав русскую речь, приступает к бестактным расспросам. Слава айподам: нынче все слушают свою музыку в наушниках, а припомните-ка, еще с десяток лет назад они носили с собой транзисторы и кобзонизировали всю окрестность.

О русских женщинах что и говорить! Пропуская общеизвестное, замечу только, что совместные посиделки на лавочке у подъезда в Европе — в настоящей Европе, в западной — непредставимы. Как оно там в восточной — не наблюдала, не знаю, а в Греции по деревням сидят у своих распахнутых дверей (красная сатиновая занавесочка задернута) на плетеных стульях одинокие черные старухи и молчат. Только раз в волшебной деревне Маргаритес я видела группу таких черных старух, они тихо переговаривались, но при приближении чужака замолкли. Мужчины же тут всегда и непременно водятся стайками, пьют кофе на улице, перебирают четки и обсуждают баб, футбол, дороговизну и политику. Вернее, в первую очередь политику, а потом все остальное. И с живейшим интересом рассматривают всех проходящих и проезжающих, а посему особо популярны посиделки у автобусных остановок: народ и входит, и выходит; это ж какая свежесть впечатлений.

А сегодня вышла завтракать немецкая семья: папа-мама и два мальчика лет восьми—десяти. Все четверо ели и пили в абсолютном безмолвии — мне даже захотелось протянуть руку и прибавить звук. На их лицах — я всмотрелась — было ровное, равнодушное доброжелательство, и за двадцать минут жевания ничего не произошло — ни замечания, ни улыбки, ни шутки. В какой-то момент один мальчик протянул руку и как бы слегка ущипнул другого, но я напрасно обрадовалась: тот никак не прореагировал. Не заметила я и других, невербальных способов коммуникации. Потом они так же молча синхронно встали и ушли.

И я подумала: вот пройдет лет сорок-пятьдесят, родители уже умрут, а эти мальчики состарятся, все хорошее будет позади, и они пойдут одиноко сидеть каждый в своем баре над своим грустным стаканом среди таких же достойных одиноких стариков и каждый, уважая великий европейский принцип невмешательства в чужую частную жизнь, так и промолчит до гроба. А ведь можно было бы скандалить с соседями, стучать палкой по батарее центрального отопления, писать письма в инстанции, отравлять жизнь молодым, навязываться с воспоминаниями о боях под Кенигсбергом и вообще куролесить вволюшку!

Нет, если бы кто-то почему-либо принуждал меня выбирать: ты с ними или с нами? — то я, протестуя, сопротивляясь и кочевряжась, все же, наверно, выбрала бы наш, хамский, теплый, болтливый и невыносимый способ прожить эту жизнь, только бы не слышать эту вежливую, глухую, ужасную тишину.

* * *

Купила местную (греческую) русскоязычную газету. Объявления:

ТРЕБУЕТСЯ: Человек в похоронное агентство в ночные часы.

РАЗНОЕ:

— Подарю игуану вместе с аквариумом и лампой подогрева.

— Поделюсь чайным грибом.

ПРОДАЕТСЯ:

— Свадебное платье, расшитое стразами. К платью прилагаются фата, перчатки, корона.

— 3-комн. квартира в Афинах, в р-не Каллифеа, 2 балкона, 75 кв. м, цена 75 000 евро.

— Квартира на Украине, Симферопольский р-н, село Николаевка, цена 60 000 евро.

КУПЛЮ:

— *Куклу-неваляшку или Ваньку-встаньку.*

— *Приобрету песцовый или барсучий жир.*

ЗНАКОМСТВА:

— *Жениха, полненького, высокого роста, до 75 лет. Я веселая и беззаботная хохотушка.*

— *Врач, 41 год, симпатичный, худощавый, женатый. Познакомлюсь с молодой, красивой, не склонной к полноте девушкой без комплексов и упреков, для приятных встреч 2—4 раза в месяц. Предлагаю оплачивать аренду квартиры. Звонить только в понедельник и пятницу с утра, а во вторник и четверг — вечерком.*

ТРЕБУЕТСЯ:

— *В русскоговорящую семью помощница по дому, до 40 лет, трудолюбивая, с чистым сердцем.*

РАЗНОЕ:

— *Прошу позвонить тех женщин, кто обращался в компанию по похудению, был обманут и потерял деньги.*

— *В отдаленном от людей маленьком монастыре, на Горе Искушения (Израиль), живет одинокий монах. В служении Богу, в уединении от людей проходят его дни. Средств к существованию у него практически нет. Но своим подвигом он вымаливает у Бога наши с вами грехи. Если есть желание помочь, не поскупитесь. В своих молитвах отец Герасимос Вуразанидис помянет ваши имена. Тел. ***, факс ***, счет в Ethniki trapeza ***, P.O. box ***, Jerusalem, Israel. Archim. Gerasimos Vourazanidis.*

* * *

Много, много, много лет назад — прямо скажем, двадцать пять лет назад — я первый раз приехала на Крит и жила на краю города Ретимно. Тогда город Ретимно был маленьким и кончался там, где старый университет. А дальше шли буераки и неудобья и тарахтел экскаватор, копавший землю под будущие здания — сейчас они тянутся километров на пятнадцать от этого места.

В общем, все еще было свежее, молодое и нетронутое. И дороги на Крите были непроезжие, а некоторые вообще пылевые, так что приятно было снять сандалии и брести по этой остывающей вечерней пыли, как по муке. Теперь-то всюду асфальт, и всюду удобно доехать, но не только мне, вот в чем беда-то. И ужасные, удобные шоссе проложены напролом через чудные, таинственные горы, полные деревьев и птиц; нет там теперь ни деревьев, ни птиц, а только отвалы рыжего камня и свист ветра.

Вот приехала я туда впервые и сидела в ресторанчике в гавани, на самом берегу, и вертела головой. Там все рестораны дрянь, туристское обдиралово, и рыба мороженая, и цены задраны, но есть один настоящий, прямо под носом, но неприметный, — там все как надо, домашнее, а опознать его можно по тому, что там едят сами греки. Скатерти в синюю клетку, солнце светит, и можно крошить хлеб рыбам прямо в мутную воду со стола.

А метрах в трех от меня, в невкусном ресторане, сидела женщина, шведка, лет тридцати пяти, — волосы морковного цвета дыбом, футболка прямо на голое тело без лифчика, как у скандинавских женщин принято, в окружении трех викингов завидного роста и богатырской красоты, таких краснолицых, с золотыми шевелюрами, с пронзительно-голубыми глазами. Все они были пьяные в жопу, очень веселые, а она пьянее и веселее всех, и громко хохотала, разевая рот. Нельзя было ее не заметить.

И вот прошло четверть века, и прежний Крит, манивший своей нетронутостью, своей удаленностью, пасторальностью и патриархальностью, поблек и зарос бетонными пансионатами и гостиницами, а его отдаленные окраины, где с горы открывались сумасшедшие виды на синие сверкающие воды и пустынные побережья, застроили теплицами и затянули отвратительной белой пленкой, чтобы, значит, помидорчики под ней выращивать для нас, приехавших жить в этих бетонных пансионатах и гостиницах, раскрашенных в веселенькие цвета.

И уже больше не хочется сесть за руль и ехать вдаль, вдаль, вдаль, потому что там, вдали, тоже асфальт, пленка и удобства. И то счастье, которое я испытывала от этих диких просторов, ушло, и не вернуть его.

И вот прошло двадцать пять лет, и я снова сижу в маленькой гавани Ретимно, в домашнем ресторане за столом с синей клетчатой скатертью, и постаревшая хозяйка несет заказ и вино, и я, как всегда, думаю: как же пить, когда я за рулем?.. Ну а как же не пить?.. И за соседним столом раздается громкий, пьяный, на всю распахнутую пасть гогот. И я оборачиваюсь — боже!..

Поредевшие волосы морковного цвета дыбом, морда облуплена, футболка напялена прямо на голое морщинистое тело без лифчика, нога в гипсе торчит пистолетом, да и рука тоже обмотана каким-то бинтом; та же шведка, в инвалидной коляске! В окружении трех ссутулившихся викингов с лицами свекольного цвета, с развевающимися остатками светлых волосенок, с глазами, выцветшими до белизны!

Все пьяные в жопу, все заливисто хохочут — одного раздирает кашель курильщика, он машет рукой: ну вас! — но они от этого только громче и веселей заходятся в счастливом пьяном смехе, а она, морковная красавишна, пьянее и веселее их всех.

И от уважения к этим непобедимым людям я чуть не заплакала.

* * *

Тут у них кровная месть, как на Сардинии какой. Съездишь в 2000 году в какую-нибудь горную деревню. А спустя десяток лет в британском бедекере 2006 года читаешь: там все полегли, все друг друга перестреляли. Под конец перестрелки приехала полиция, окружила дом, где сидел стрелок. Кричат ему в мегафоны: все, Манолис, сдавайся! А он им в ответ:

не лезьте в мое дело, сейчас последнего кровника застрелю — сам выйду. Как не уважить, они же все там свояки.

Мы одну такую семью знаем. Еще лет пятнадцать назад ходили в таверну к Йоргосу, необыкновенной внешности парню лет тридцати. Кто видел статуи архаических куросов — Йоргос был чистый курос: высокий, тяжелобедрый, с непонятной мона-лизиной усмешкой, которая совсем не усмешка, а природная складка рта, — Йоргосу смешно не было. Глаза тоже были какие-то архаичные, микенские: обтекали лицо, как очки ДжиМарти, стремясь куда-то за уши, цветом же были бледно-виноградные, подходящие для пустого взгляда вдаль.

Он был сыном хозяина таверны, и, как тут принято, они всей семьей, в восемь или десять рук, трудились весь сезон, от зари до полуночи: покупали, привозили, чистили, резали, подавали, уносили. А готовила одна бессмертная бабушка — ну, еще в сорокаградусной духоте кухни возилась парочка каких-то мелких чернявых помощниц, но шефом там была бабушка, похожая на крючок и вся в черном. Она и сейчас там орудует, как и 15 лет назад.

Вот Йоргос несет на своей прекрасной загорелой руке шесть овальных блюд с рыбами и гадами и картошкой горкой, другой прекрасной загорелой рукой ставит вино и шесть стаканов, — солнце садится, все залито вечерним золотом, немцы заказали свои швайнекотлетт и пиво «Мифос»; благодать. Бледными своими глазами Йоргос смотрит поверх немецких и наших голов, всегда поверх голов; водит взглядом по горам, по крышам домов, по балконам и деревьям.

— Присядь, Йоргос, выпей с нами, — говорим мы; мы ведь его давно знаем. Или думаем, что знаем.

Йоргос садится.

— Мир лежит во зле, — говорит он.

— Ну, в целом верно, — говорим мы беспечно. — Но сегодня погодка какая приятная.

Тут его прорывает. Он — первый на очереди, и однажды прилетит пуля. Или не прилетит. Могут ножом. Они из горной деревни, отсюда километров тридцать по хорошей зеленой дороге. (Мы там были, проезжали, ничего зловещего. Мини-маркет, стеклянные лари с мороженым. Бензозаправка.) Там в девятнадцатом веке кто-то у кого-то украл овцу. Обиженный оскорбился. Овцу?! У меня?! В ответ украл две. Тут не снес обиды первый обидчик. Вскоре чей-то троюродный дядя был убит. В ответ пришлось убить очередника из того клана, шестнадцатилетнего парня: он зазевался. Так и пошло. Семья Йоргоса бежала из деревни на побережье, тут чуть безопаснее, потому что никто не будет стрелять в толпе туристов, это не по-мужски, совершенно исключено, что вы. Ведь в этом деле главное — честь. Вот когда народ разойдется, тогда может быть.

Йоргос хотел учиться на архитектора, поступил в какой-то университет в Европе. Но к началу летнего сезона отец выдернул его из университета: надо работать, туристы прут стадами. Осенью доучишься. Папа сказал, сын послушался: с конца апреля до конца октября Йоргос носит на своих прекрасных загорелых руках корм для туристов. В горах мое сердце, а сам я внизу. У них хорошая таверна, лучшая. Так каждый год. Денег стало много.

К ноябрю, говорит, видения архитектурных проектов меркнут; глаза закроешь — видишь только швайнекотлетт. Неохота и стараться. В ноябре уезжает в Швейцарию, в Германию сорить деньгами, кататься на лыжах, играть в казино. Убить могут, конечно, и там, и неизвестно, кто будет мстителем.

Брат тоже кровник. Сестра замужем в соседней деревне, ее убивать не будут, это западло. Убивая женщину, ты роняешь себя, теряешь высокое место в социальной иерархии. Старика тоже некрасиво. Предпочтительнее всего — убить убийцу, но если не получится, то лучше всего убить молодого парня, пока он не нарожал будущих мстителей.

Вот Йоргос и его брат и посматривают вдаль, водят своими микенскими светлыми глазами по горным вершинам.

— Мы никогда не говорим правды: куда пошли, когда поехали. Если нам надо ехать в понедельник в полдень, мы всегда скажем, что едем в среду в три часа. Мы не знаем, чьи уши нас слушают. Не знаем, кто придет. Не знаем, сколько проживем. Мир лежит во зле.

Все критяне — лжецы. Не оттого ли? Встал, ушел: работы полно. Чаевые ему оставлять нельзя: он хозяин, а не официант какой-нибудь. Немцы не знают, оставляют. Но немец разве человек?

Кровную месть изучают во всех аспектах, и как особый древний социальный институт, поддерживающий клановое деление общества, и как посттравматическую реакцию — тут простор для всякого там фрейдизма. Какая-то концепция «отложенного действия»; кто хочет, пусть вникает. Понятно, что где есть «честь» — там и «оскорбление», где оскорбление — там и месть, и кровь, и восстановление этой чести. Не обязательно в основе конфликта овца, это и женщина, и плохое слово в адрес женщины (да и мужчины), и неуважительный взгляд. «Гнев, о богиня, воспой Ахиллеса, Пелеева сына». Гнев, θυμός, — это вообще очень греческая черта. Он словно бы хранится где-то в глубине, не прокисая и не выветриваясь.

Вот убили мужика. Осталась жена с младенцем. Жена прячет в сундук окровавленную одежду мужа; ребенок растет и все спрашивает: где мой отец? Вырастешь — узнаешь. Наконец он вырастает, тогда мать выдает ему заскорузлую от крови одежду. Он надевает ее и идет мстить.

Или в 1987 году один пастух убил случайно встреченного больничного санитара. Он разговорился с ним, и санитар зачем-то сказал ему, что когда-то давно его дальний родственник убил человека с такой-то фамилией. Пастух понял, что речь о его убитом дяде. Фамилия санитара была такая же, как у того давнего убийцы. Значит, родственник, значит, кровник. «Внезапно кровь бросилась мне в голову, мозг затуманился, и единственной моей мыслью было убить его». А дядю-то вообще убили за 22 года до рождения этого племянника.

В этот раз съездила, посмотрела на Йоргоса. Пока жив. Морда оплыла, глаза, привычно блуждающие по балконам и крышам, совсем выцвели. Посмотрел равнодушно.

— Йоргос, — говорю, — ты меня не узнал?

— Почему, узнал.

Поставил передо мной заказанное и отошел. Неопасная, я была ему совершенно неинтересна.

* * *

В Греции в деревнях всегда: белая стена, голубая дверь, и на шаткой табуреточке сидит черная старуха и, не улыбаясь, смотрит то ли на вас, то ли в непонятную глубину прожитой жизни. На ней черное платье, или юбка с кофтой — не понять; голова обмотана черным платком, сухие козьи ноги в черных чулках широко расставлены для опоры. Руки тоже опираются: на палку или посох.

Такая, должно быть, традиция. Сколько веков они так сидят? И в каком возрасте уже полагается переодеться из обычного цветного в глухое черное и навсегда отказаться от жизни и женственности?

Я думала, может, это затянувшееся и перешедшее в прижизненную смерть вдовство. Но нет, у такой бабушки бывает и дедушка-бездельник, он никогда не сидит у дверей, а уходит сидеть на площадь, в «кафенион», с такими же бездельниками-старичками. Голубые рубашки с короткими рукавами, светлые брючата, выстиранные и выглаженные вот этими черными бабушками, густые белые шапки волос — старые греки редко бывают лысыми. Другой еще и красивые усы отрастит. Четки — надо же куда-то руки девать. Обязательно сигарета и очень сладкий маленький кофе.

Светлые дедушки сидят за столиками под деревом — на площади обязательно растет дерево — и беседуют о политике как муниципального, так и мирового уровня. Дедушки живо осматривают всех выходящих из автобуса — в любой деревне дважды в день уж всяко останавливается автобус, и из него выходят новые, интересные, ничего не понимающие в жизни иностранцы и их женщины. Некоторые спрашивают, как пройти, и дедушки с достоинством, неспешно покажут рукой: так, и так, и потом свернуть вон туда. Проводят несмышленого туриста строгим взглядом — и снова обсуждать мировую закулису и поглядывать на женщин.

А черные бабушки ничего не обсуждают, просто сидят. Что тут обсуждать, верно? Рожала, готовила, стирала, гладила, ждала, любила, плакала, проклинала, прощала, не прощала, ненавидела, собирала оливы с черных сеток, разостланных под деревьями, провожала, хоронила и снова готовила, мыла посуду и ставила тарелки назад на полки.

Что тут обсуждать.

Ураган

Идет

29 октября 2012 года Сегодня в Нью-Йорке ждут урагана Сэнди, который должен обрушиться на океанский берег штатов Нью-Йорк и Нью-Джерси, а стало быть, и на Манхэттен. Обещали начало спектакля после полудня, но, может быть, и позже, днем, а может быть, и вовсе темным вечером.

Я тут гощу у сына в нью-йоркском районе Трибека. Наш дом — приблизительно третий или четвертый от Гудзона, а стало быть, мы попадаем в зону А, которая, предположительно, подвергнется. Живем мы на 25-м этаже, и вряд ли воды поднимутся так высоко, мы же не в фильме Спилберга и не в песне Питера Габриэля: *«Lord, here comes the Flood! We'll say goodbye to flesh and blood»*[1]. Но эвакуационная служба живет по своей логике и выполняет собственные предписания: всем живущим в зоне А покинуть свои

---

[1] Господи, надвигается потоп! Простимся с жизнью на земле! (*Англ.*)

дома на два дня; если у вас нет добросердечных родственников или жалко денег на отель (да, дорого), то милости просим, для вас открыты убежища с теплыми одеялами и кружкой американского кофе.

Родственники у нас есть, но далеко. В убежище мы не хотим. Поэтому волей-неволей мы, подхватив маленького ребенка и чемоданы с необходимым барахлом, отправляемся в отель и еще радуемся, что успели забронировать последние номера и идти нам всего десять кварталов. Метро-то закрыто. Мосты-то перекрыты. Поезда и автобусы не ходят. В огромном супермаркете *Whole Foods* граждане смели с прилавков весь хлеб, все бананы и начисто, до крошки, скупили ростбиф и прочую запеченную говядину. А ветчина и индейка валяются нетронутыми. И яблок никому не надо. Колбаска съедена, а сыр нет. Сюда, маркетологи! Видите? Думайте!

Логика выселения из домов, в общем, понятна: а вдруг вода поднимется слишком высоко? (Да, она уже сильно поднялась.) А вдруг она затопит подвалы и всякие там электрощиты? (Подземные паркинги она точно затопит.) Стало быть, надо отключить лифты. И вообще электричество. И воду. В доме останутся только консьержи, и им — как они доверительно сообщили — выданы бейсбольные биты: отбиваться от народа, который, по всей очевидности, придет. Я так полагаю, он приходит всегда, будь то Америка или Антарктида. Ау, социологи! Вам работка!

Конечно, можно и не уходить, вас никто не оштрафует. А вот представьте себе: вы — простой бесхитростный американец, насмотревшийся фильмов ужасов. Вот вы остались дома, опасаясь грабителей, и ждете. И вот — Оно идет. Белыми дождевыми пакетами, тугими порывами ветра, сотрясая ваш жалкий небоскреб. Сейчас Оно выдавит стекла, вы обделаетесь от страха — а воды-то нет, а лифта нет, а на лестнице тьма, а грабители бесстрашно хохочут, — убив консьержа и овладев его бейсбольной битой, они карабкаются вверх по темной лестнице, чтобы отнять у вас нажитое и дорогое сердцу! А-а-а!

Так думает, так хочет думать эвакуационная служба. Если с вами такое случилось и вы выжили, то к нам — никаких претензий, говорит эвакуационная служба. Мы же сказали вам: выселяйтесь.

Ураган сегодня, а выселили нас вчера, загодя. По темным улицам, под мотающимися на перекрестках светофорами, под порывами шквального ветра шли, смеясь, семьи и пары — с детьми, с собачками, с чемоданами. На некоторых перекрестках ветер с реки был так силен, что идти было нельзя, пока не стихнет порыв, — тогда смех звучал еще веселее. У деревьев, казалось, оторвутся кроны. По тротуарам быстро неслась мелкая водяная поземка. Ветер выдувал бумажки из мусорных баков, и можно было ожидать получить в морду клейкий кусок полиэтилена с чьим-то недоеденным хвостиком сосиски и кетчупом. А поскольку американцы в нетерпении начали праздновать Хэллоуин не 31-го числа, а уже сильно накануне, в субботу и воскресенье, то среди эвакуируемых попадались Синие

Черти, Женщины с Необъятной Задницей и Принцессы с Зелеными Волосами, а у аптеки стоял небольшой унылый Супермен и грустно смотрел в витрину.

Мы пришли, мы, можно сказать, дошли, разместились, согрелись, полюбовались и расселись. Ребенку принесли кроватку, взрослые заказали коктейли. Если у вас есть деньги, то ваши неудобства смехотворны. Красивая крыша над головой (хотя дома лучше), вкусный ужин (пусть вы ждете его полтора часа, но ведь эвакуация! все в одинаково трудном положении), легкий адреналин при мысли о возможной предстоящей катастрофе (сметет все постройки на набережной: детскую площадку, пирс, ресторанчики). А все-таки это призрак кочевья, степи, бездомности, переселения народов, потерянности, перепутий. А все-таки это пахнуло реальной жизнью, стихией, то есть той безликой, равнодушной к вам непоправимостью, которая ведь случается ежедневно, ежеминутно с другими людьми. Не с вами, конечно, не с вами.

Мы сидели в креслах, и нам приносили воду и вино необыкновенно стройные, бесконечно длинноногие и извилистые красавицы — одна совсем как черная игла, другая — азиатка баскетбольной высоты с загадочным лицом, третья — латиноамериканка с формами, на которые все невольно оборачивались. И я думала: вот они тоже дошли, спаслись, согрелись, а что было до того? Как пришли сюда их родители, их деды? На катере через Желтое море? Перебегая пограничное шоссе и погибая под колесами? В цепях и в трюме? И думают ли они об этом, когда вежливо склоняются над столиками, расстилая салфетки и благодаря за заказ? Или они вообще не думают о прошлом, как и полагается счастливцам?

Ночью дом трепало, и ветер бил в окна, и они дрожали, но еще ничего не началось. Вот, может быть, начнется сейчас. Или немного позже. Вообще, думаю я, что-нибудь, кто-нибудь обязательно придет. Или ураган, или народ, или кризис, или кочевье. Или вообще перемена участи. Ведь и сейчас, пока я, в полной безопасности, в излишне теплой комнате с неоткрывающимися окнами, не сплю и жду, кто-то куда-то идет, и мы не знаем, кто и зачем, и сколько ему осталось.

Пришел

29 октября, 10:00

Скучное утро в отеле, набитом под завязку. Вообще-то все отели Нью-Йорка, говорят, переполнены, но зато отменены три тысячи самолетных рейсов, так что прикиньте, сколько мест освободилось. Отель у нас — с вниманием к экологии: мыло в ванной — хозяйственное, маленькая коричневая вонючка, этот запах я помню и ненавижу с детства. Постельное белье меняют только по особой просьбе: зачем же тратить водные ресурсы? Отель — гуманный, разрешает с собаками. Американская собака не лает, не кусает, не пахнет, отчего бы с ней не разрешить. Людей в отеле любят меньше.

128

Невыносимо долго, до головной боли, ждем завтрака. Казалось бы, положи на стол хлеб, поставь кофейник, мы справимся. Но отель пятизвездочный, и тут гоняют понты, гнут пальцы: присядьте на диванчик, к вам подойдет официант. Ваш заказ передан менеджеру, все делается для вашего удобства. Все это вранье, как мы убедились еще накануне: между менеджером, официантом и кассиром нет никакой связи, как будто это три разных ведомства. Вечером ждали ужина полтора часа, но половину заказанного так и не принесли, трехлетняя внучка капризничала, незнакомую еду есть не хотела. Сегодня решили сходить домой, пока там еще работают лифты, забрать из холодильника детскую еду и самим пообедать. Магазины уже закрыты. Собственно, они заколочены.

Под дверь номера все время подсовывают письма счастья: «Мы всё делаем для вашей безопасности, для вашего комфорта. Поэтому с 4 часов мы перестанем пускать в отель ваших друзей. А в 9 вечера запрем двери и вообще никого не впустим и не выпустим». Тем более надо сходить домой!

На улице — странный гул, неизвестно откуда исходящий. Тепло, сеет дождь. Внезапные порывы ветра гонят желтую листву. Валяются сломанные ветки. Но пока ничего страшного не видно. Наконец находим источник гула: это гудят недостроенные небоскребы. Верхние их этажи еще не закрыты стенами и представляют собой продуваемые металлические ячейки. Звук низкий, вызывающий тревогу. Мы до-

29 октября, 14:00

бираемся до дому, наскоро едим, забираем йогурты и игрушки. В подвальном этаже, на складе, у нас хранится куча добра: чемоданы, детский матрас, одежда, — все то, что не помещается в квартиру. Надо бы все это забрать, но приближается час «Ч» — четыре пополудни, — и нам надо успеть в отель до этого часа, потому что с нами няня.

Лифты в нашем здании уже отключены, мы спускаемся на грузовом. Наши консьержи обкладывают входные двери мешками с песком.

На обратном пути ветер дует уже вполне угрожающе, а гул нарастает. Возникает чувство страха — я думаю, что от одного из зданий исходит инфразвук, но, может быть, я плохо учила физику. Во всяком случае, я постоянно оборачиваюсь посмотреть, не упадет ли дом на нас, — и это спасает меня от выбитого глаза, так как шквальный порыв внезапно приносит какой-то твердый предмет, который и ударяет меня со всего размаху по голове. Не успеваю разглядеть, что это было, он уже далеко.

Ветер крепнет с каждой минутой. Мы двигаемся перебежками, между порывами, прижимаемся к стенам, прячемся в нишах, закрываем глаза от свистящей в воздухе пыли. Внучка в коляске трижды прикрыта и укутана, но она все равно напугана, и мы напуганы за нее, и корим себя за легкомыслие; говорили же нам: сидите в помещении!

Наконец без трех четыре мы вбегаем в отель. Сказка такая была: «Как муравьишка домой спешил». Муравьишки успели.

Просим менеджмент принести для няни раскладушку. Они отказываются: якобы она не поместится в номере. Очевидное вранье, просто не хотят превращать экологический гламур в военно-полевой лазарет. Нет так нет, буду спать с няней на одной кровати. Нам подсовывают под дверь очередное письмо счастья: после 20:00 вечера мы можем отключить свет. Но для вашего комфорта у нас есть запасной генератор. Работать будет один лифт и будут гореть тусклые сигнальные огни в коридорах. В номерах света не будет. И горячей воды тоже не ждите. Мойтесь загодя.

Мы устраиваемся поуютнее, заряжаем напоследок компьютеры и телефоны, принимаем душ. Запасаемся кипятком и поганым кофе из титана. Кладем фонарики у изголовий.

За окном дует что-то очень мощное, в окна бьет вода, со страшной силой растрачивая ресурсы. По тротуару с непредставимой скоростью несется неглубокая река, летят куски обшивок, ветки, катятся незакрепленные урны. Здание дрожит. Мы думаем о покинутой квартире: нам велели там опустить жалюзи — если выбьет окна, то хоть стекла не разлетятся по всей квартире. Но мы понимаем: если что, разлетятся. Там столы будут летать, не то что стекла.

Вырубается свет, наступает полная тьма. Света нет и в соседних домах. Гаснут светофоры. Нижний Манхэттен со всеми своими башнями, правительственными зданиями, дорогими жилищами голливудских звезд, финансовыми небоскребами погружается во тьму. Сию же минуту раздается детский плач: в отеле много малышей, и им сразу страшно. Собаки начинают тявкать. Служащие идут по коридорам, раздавая пластиковые свечки: если сделать разламывающее движение, что-то в трубке лопнет, химикалии прореагируют, и возникнет зеленое свечение; жизни такой свечки хватает часов на двенадцать.

В отеле забаррикадировали вход, заложили мешками с песком. Для вящего гламура и нашего непрерывного комфорта зажгли ароматические свечи. Телефоны не работают, интернет вырубился, мы ничего не можем сообщить о себе внешнему миру и ничего не можем узнать о внешнем мире. Можно только писать тексты впрок, пока не села батарея. Что я и делаю.

Лежим в темноте и духоте; окна нельзя открыть, даже если бы очень захотелось, там — ад. Телевизор, оборвавший свой репортаж на полуслове, успел радостно сообщить, что буре понизили категорию — она теперь не тропический шторм, а просто ураган. Так что тот, кто воет, дик и злобен, в кромешной тьме за окном — это просто ураган. Просто водные ресурсы. Просто Сэнди.

Шепчемся с няней (она из Питера) о том, что нам, питерским, конечно, не привыкать; у нас каждый год наводнение, каждый ноябрь вздувается вода, и плевать ей на дамбу, — из берегов выходят и Нева,

132

и нянина любимая Фонтанка, и моя любимая Карповка, и так будет вечно, аминь, а раз в сто лет обязательно придет Большая Волна, потому что и город проклят, и поэт так завещал. И, озарен луною бледной, простерши руку в вышине, за ним несется Всадник Медный на звонко-скачущем коне. У нас наводнение, говорим мы, — это карающая длань государства, воплощенная в Медном Всаднике. А у американцев демократия, поэтому их герой — Всадник Без Головы.

В общем, я поняла, что это мне напоминает — «Титаник» в миниатюре. Мы-то не утонем, мы первый класс, у нас заплачено за шлюпки. Мы заперлись в тепле и не пустим посторонних. Все делается для нашего комфорта. А как там те, у кого нет денег на пятизвездочный отель? Как там не добравшиеся до дому, оттого что метро закрыто, тоннели заперты, а автобусы не ходят? Как там не понявшие, плохо говорящие по-английски, не расслышавшие указаний, не знающие, как пройти в убежище? как там внезапно рожающие, как там свалившиеся с сердечным приступом, как там маленькие дети, напугавшиеся в своих темных квартирах? как там нервные или депрессивные граждане, боящиеся одиночества? Как бомжи, наконец? Ведь решетки, на которых они привыкли спать, зашиты фанерой, подъезды заколочены, и никто не впустит плохо пахнущего, пьяного и вполне себе сумасшедшего бомжа в свой дом!

Я лежу на кровати и растравляю себе душу: воображаю рожающую многодетную депрессивную матьбомжа, не говорящую по-английски, с сердечным приступом стучащую в дверь нашего отеля. Никто ей не откроет. Люди глухи к ее стонам. Мысленно я протягиваю ей руку, помогаю пробраться по темным коридорам на наш этаж. Укладываю ее между собой и няней на кровать размера *king size*. Не надо благодарности. Все люди братья... По темной улице ползет еще одна нервная одинокая рожающая многодетная мать с сердечным приступом. Я провожу в отель и ее. Укладываю... куда я ее укладываю? Пусть ляжет на мое место. Потом еще одна, — спихнуть на пол няню?.. Еще одна. Еще одна. Еще одна. Еще одна. Да что ж такое!.. Сколько же можно! Дайте людям спать!..

Хреновый из меня гуманист.

29 октября, 24:00 И всплыл Манхэттен как тритон, по пояс в воду погружен.

30 октября, 10:00 Утро, тишина. Ни воды, ни света. Выхожу на разведку. Менеджер на входе: «Вы выходите без ключа? Мы не впустим вас назад!» — «Как не впустите, здесь мои чемоданы!» — «Так и не впустим, для вашего же комфорта!»

Понятно — пересекая невидимую черту, покидая экологически проверенные пять звезд, мы становимся подозрительными личностями. Возможно, мародерами. Ведь всякий шагнувший с мокрых ветреных улиц в ароматный уют убежища намерен ограбить спасшихся избранников. И привратник, гостиничный Янус, только что сиявший тебе в лицо

134

особой пятизвездочной улыбкой, обернется к тебе с враждебным оскалом. И, наверно, хряпнет тебя по голове битой. Меня, впрочем, вчера что-то уже хряпнуло. Какой-то всадник без головы.

Выписались из отеля. Общая пришибленность. Сын 30 октября, 12:00 сходил в притихший город на разведку. Ну, что? Мы не знаем, что! Не работает ни один телефон, замолчали соты, не фурычит вай-фай, все познается только простым расспрашиванием и ощупыванием, как в XIX веке. Наш дом (*home, sweet home*) вышел из строя. Окна на нашем 25-м этаже целы, но нет ни света, ни работающих сортиров (замолкли насосы), и жить в квартире нельзя. Затопило подвалы, и погибли все чемоданы, все игрушки, вся одежда, велосипеды, матрасы — всё. В фойе стоит вода десятисантиметровой высоты. У консьержей выросла борода и ввалились покрасневшие глаза, но руки их крепко сжимают бейсбольные биты.

В доме по соседству, где у сына офис, охрана поленилась забаррикадировать двери мешками с песком, и этих дверей больше нет. Их вырвал бушующий поток. У здания, которое строится на месте погибшего *World Trade Center*, запасной генератор располагался ниже уровня земли, и его залило, и он погиб. Есть дураки и в Америке.

И все часы на всех зданиях, на всех перекрестках остановились на цифре 20:29 — моменте, когда взорвалась электрическая подстанция. А отчего она взорвалась, никто нам не скажет. Мы живем только слухами, передаваемыми от одного неверного свидетеля к другому. XIX век, как и было сказано.

Наша машина чудом сохранилась — этому конкретному подземному паркингу просто повезло. Другие затоплены. Мы сходим с «Титаника», мы медленно едем через большой полупустой город с неработающими светофорами на север к родственникам. Мы сдались. Водители необычайно аккуратны и вежливы. Кафе закрыты. Магазины закрыты. Чашки кофе не купить. Но вот кончился нижний Манхэттен, начался средний — и как будто урагана и не было, другая — благополучная и цветущая страна.

И только в центре, у Карнеги-холла, полицейские ограждения, объезд и оживление: оборвался и болтается на уровне 90-го этажа башенный кран. Если он упадет, то не будет Карнеги-холла. Радостные туристы, перегнувшись через ограничительные ленточки, фотографируют. Из окружающих домов, сообщает нам проснувшийся интернет, принудительно выселены 900 человек. А ведь они думали, что раз они живут у Центрального Парка, в дорогущих квартирах, то уж с ними-то — с ни-ми-то! — ничего никогда не случится.

Но Всадник может прийти к любому.

Ушел

На перекрестке Бродвея и 72-й улицы роскошный чернокожий господин в дорогом пальто роскошным баритоном говорит в телефон: «Если бы ты знал, какая это драма — не иметь возможности спустить за собой!»

Понятно — он тоже из Зоны. Из нижнего Манхэттена. Из Моря Мрака. Что там — никто достоверно не знает. Известно, впрочем, что шесть миллионов американцев в пятнадцати штатах сидят без света и тепла: площадь, на которой крутилась адская воронка Сэнди, занимала треть территории США. Что в Нью-Йорке, в Квинсе, в бедном квартале сгорело больше ста домов: банальное короткое замыкание, помноженное на бешеный ветер. Что в соответствующую службу поступило более 1300 звонков о том, что пахнет газом из поврежденных труб (а сколько не поступило? Телефоны-то не работают). Что остров Стейтен-Айленд подвергся неслыханным разрушениям, хотя он был отнесен к зоне Б и даже не получил предупреждения об эвакуации. Что финансовый район Манхэттена, биржа, Уолл-стрит, главный нервный узел торгового человечества, глупо вышел из строя, и его компьютеры молчат. Что дороги штата Нью-Джерси завалены упавшими деревьями, а прибрежные дома повалились набок. Что в Бруклине дома занесены песком на высоту почти в один метр. Что была волна, которую перепуганные люди называют «цунами», высотой в 7—8 метров. Что нет бензина, а если есть бензин, то нет электричества, чтобы его накачать из подземных цистерн, и нашлись умельцы, которые сверлят асфальт вручную и спускают вниз ведра на веревках, чтобы добыть топливо, а стало быть, жив дух пионеров-перво-проходцев. Что в покинутые дома приходят мародеры и крадут ваш скарб.

Днем, говорят нам, еще ничего, а после наступления ранней темноты становится нехорошо. На сайте правительства штата Нью-Йорк размещены адреса и явки: гуманитарная помощь выдается с часу дня до пяти. Два пункта раздачи в районе Квинс. Два — в районе Бруклин. Четыре — в нижнем Манхэттене. Но люди сидят без сети и интернета. Как они узнают, где и когда выдается жалкая гуманитарная помощь? И если ты проснулся в ледяном доме, в стылом воздухе, в восемь утра, — разве не в этот момент тебе нужнее всего кружка горячего кофе, чая, бульона, чего-нибудь дающего силы жить дальше? В моем понимании, должна прийти армия; по улицам, занесенным песком и заваленным обломками былой жизни, должны двигаться танковые колонны с матюгальниками, объявляя, где выдают еду и питье; котлы с кашей — полевые кухни — должны стоять в шаговой близости от любого дома (или от того, что от него осталось).

Ага, сейчас. Обама и Ромни, оба кандидата в президенты, потратили на двоих пять миллиардов долларов на предвыборную кампанию. Пять миллиардов — можно было бы отстроить все заново, но нет, — а результат предсказуемый, практически 50:50. Ну, Обама победил, но точно так же мог победить и Ромни; я не буду говорить, к кому склонялись мои симпатии. Все равно деньги выброшены на (ураганный) ветер, спущены в (неработающий) унитаз.

Мы с Аней, невесткой, решаем съездить домой на разведку. Живем мы у родственников в верхнем Манхэттене, в тепле и уюте. Но как долго родственные чувства выдержат пятерых беженцев? Надо думать о возвращении.

...Наш дом обесточен, паркинг под ним «переполнен до горла подземной водой», и в этой ядовитой воде, в темноте плавают погибшие феррари и ауди, сочась машинным маслом и бензином. Лифты стоят. Нам — на 25-й этаж, по внутренней пожарной лестнице, в полнейшем мраке. У меня фонарик, Аня светит мобильником. Карабкаемся. Лестница шириной в 90 сантиметров, каждый пролет (точнее, прополз) — пятнадцать крутых ступеней. Примерно понимаю, как себя чувствовали грабители пирамид. Душно. Поворот, поворот, поворот, шаги, блуждающий свет: навстречу спускается семья с полугодовалым ребенком и сумками — эвакуируются. «Здравствуйте, здравствуйте, как вы?» — «Да вот просидели тут три дня в темноте и холоде, думали, ветер вышибет окна!» — «А как же вы без воды?» — «Да мы не очень любим мыться... Но все-таки не выдержали, уезжаем!» Не любят мыться, странно.

Поворот, поворот, поворот, тусклый свет, человек с собачкой. «Ой, как вы меня напугали». — «Здравствуйте, вы что, тут сидели?» — «Да, каждый день песика выгуливал». — «А как же вы без воды?» — «Да вот моя вода! — показывает бутылку с водой. — Нам с собачкой хватает!» Хватает ему бутылки, мужественный какой.

Поворот, поворот, поворот, мутный свет — навстречу азиат, вроде бы кореец, — не имеем права предполагать. Политически некорректно. Гражданин. «Здравствуйте!» — Молчит. Смотрит на нас нехорошим взглядом, в каждом встреченном живом существе предполагая сытную пищу. На минуту душа уходит в пятки: будь мы собачками, он бы нас быстро забил и с удовольствием съел. Палочками. С соусом «ням пля». Но нас двое. Если что, я ударю фонариком. Миновал, скрылся во мраке. «Аня, ты видела?» Аня ничего не видела. Это у меня уже паранойя.

Выше шестнадцатого этажа жизни вообще не было. Только холод, сырость и какое-то особое ощущение руин — из-под дверей пованивает мусором, который не сообразили убрать.

* * *

Мне знакомо это ощущение тоскливой беспомощности, когда цивилизация, какой мы ее знаем, прекращает быть, отключается, умирает. Много лет назад, еще когда я жила и работала в Америке, у меня был свой дом. Он стоял на краю буйного американского леса, ежегодно наползающего на меня лианами и сорняками, с которыми я боролась безо всякого успеха; в мае на участке росли ландыши, расцветали ирисы, кустилась еще какая-то ботаническая хрень; летом я стригла траву газонокосилкой, осенью сгребала в кучи красные листья японского клена, зеленые — катальпы и темно-лиловые — ликвидамбара; вот какие деревья росли у меня в саду.

Но вот однажды пришла зима, и с неба начал падать ледяной дождь, который мы до того ни разу не видели. Он падал весь день и всю ночь, а потом враз перестал, и все ветки всех деревьев — кленов, катальпы, ликвидамбара, не говоря уж о дубах и каштанах, — превратились в роскошные хрустальные рогульки, и обрушились на провода, и перерезали их, и во всем штате Нью-Джерси отключилось электричество, и жизнь умерла.

Американский дом, сделанный из двух слоев картона с небольшим расстоянием между слоями (проект Ниф-Нифа), остывает примерно за час-полтора; температура внутри дома сравнивается с температурой внешнего мира. Снаружи минус пять и внутри минус пять, кричи не кричи. Сортир, конечно же, не работает, вода из крана не идет — это же все держится на электричестве. То же происходит у всех ваших соседей, например, у магазинов и кафе. Купить горячей еды или хотя бы питья, считай, не у кого. Шоссе покрыто гладкой ледяной коркой, колеса машины скользят. Так что никто никуда не едет, и мир накрывает тишина. Только звякают на маленьком ветру стебли травы, превратившиеся в толстые хрустальные колосья. Такая смертельная баккара.

В нашем доме был камин постройки шестидесятых. Две его стены были сетчатые, а труба — прямостоящая, то есть в нем можно было зачем-нибудь сжигать что-нибудь, но согреться, прильнув к нему, не было решительно никакой возможности. Да и дров у нас не было, зачем бы они у нас были. Упали ранние сумерки. Мы с мужем сначала надели на себя все что было — у меня, например, была синтетическая шуба по прозвищу «чингисханка» — варварская, золотистая, в цветных квадратиках по подолу. Потом затопили камин невыброшенными подшивками «Нью-Йорк Таймс»; цветные страницы горели особенно зловонно и неряшливо: по комнате разлетались черные хлопья размером с бабочек и садились на наши лица, так что минут за двадцать мы потеряли человеческий облик.

В холодильнике нашлась ужасная водка «Попов» и сосиски. Я вытащила из холодильника решетчатую полку, засунула ее в камин, и мы, стоя на четвереньках, с черными пятнистыми лицами, жарили сосиски на «Нью-Йорк Таймсе», запивая их русским народным напитком и рассуждая, со все крепнущей уверенностью нетрезвых людей о сравнительном преимуществе бревенчатой сибирской избы перед этой сраной западной цивилизацией.

* * *

...Мы с Аней собрали и плотно запаковали мусор (консьержи просили оставлять мусор в квартирах, так как эта служба не работала), покормили аквариумную рыбку, пережившую уже два урагана и одно землетрясение и на нервной почве съевшую таки своего товарища, забрали нужные мелочи и поползли вниз по пожарной лестнице, нашаривая неверной ступней триста семьдесят пять ступенек. А, нет, пардон, — триста шестьдесят, ведь тринадцатого этажа, из суеверия, в доме нет.

На улице мы наблюдали странные сцены: толпа народу, навалившись на стеклянные двери большого супермаркета, пытается открыть их руками; очевидно, раньше, в эпоху цивилизации, двери открывались пневматически; из нарядного магазина детской одежды лопатами выгребают какую-то пакостную грязь; у подземного паркинга стоит невиданная машина с огромной кишкой и словно бы промывает этому паркингу желудок. Я бы не удивилась, увидев на улице труп лошади... но нет, это не 1918 год и не Россия. Стемнело, и за Гудзоном пропал, растворился в темноте вместе со всеми своими жителями штат Нью-Джерси, словно его никогда и не было. Ни огня, ни темной хаты... Давай скорей отсюда!

А в верхнем Манхэттене всё праздновали и праздновали Хэллоуин, и все небо было в разноцветных огнях. По улицам текла нарядная, карнавально-праздничная толпа: кучки розовых принцесс, котов, тигров, бэтменов, утопленников, пришельцев. Девушки — с красными рожками, молодые люди — с кровавыми клыками, веселые. Навстречу нам шел совсем дикий — залюбуешься — монстр: голова его была заключена в деревянную клетку с толстыми прутьями, сумасшедшее лицо бешено светилось подводным синим светом (настоящие провода! настоящие лампочки!), на месте волос пышно лежала густая седая пакля, а тело терялось во мгле. Народ расступался, народ оборачивался в восторге: отличный костюм, отличная работа! Кто это?

Это гений места, кто же еще. Это Сэнди.

...А еще через три дня, как только мы получили от консьержей смс-ки о том, что лифт и сортиры в нашем доме работают, хотя тепла еще не дали, мы увязали свои кутули и баулы и двинулись в обратный путь. «Одна нас поведет судьба по рассветающим селениям». Я зашла в полупустой супермаркет, где народ стоял небольшой толпой и тупо смотрел на полки, уставленные непонятным соевым молоком. Но уже выносили связки зеленых бананов. Уже вывозили на тележках упаковки колбасной нарезки. Я купила овощей. Кассир, пересчитав покупки — свекла, морковка, капуста, картошка, петрушка, лук, чеснок, — озарился пониманием и спросил строго, но доброжелательно:

— Задумали сделать *борщ*?

— Именно, — сказала я.

— И яблочко не забудьте добавить.

Так я и сделаю.

Легкие миры

— И вы понимаете, не правда ли, что с этого момента все права, обязанности и проблемы, связанные с этим имуществом, становятся вашими, — терпеливо повторил адвокат. — Это уже будет ответственность не Дэвида и Барбары, а ваша.

Дэвид и Барбара, нахохлившись, смотрели на меня не мигая. В руке у меня была авторучка с черными чернилами, и я должна была поставить последнюю подпись на контракте о покупке дома. Дэвид и Барбара разводились и продавали дом в Принстоне, штат Нью-Джерси, а я его покупала. Мы сидели в адвокатской конторе. А за окном буйствовал тяжелый американский ливень — погодка была примерно такая, как в Петербурге в 1824 году, вода била с неба с какой-то особо бешеной яростью, на десять метров вдаль ничего не было видно, кроме мутной водяной стены, а то, что было видно, внушало ужас: уровень бурлящего на земле потока уже дошел до середины колеса припаркованной за окном машины и поднимался выше со скоростью секундной стрелки.

— Да, может затопить, — равнодушно сказал адвокат, проследив за моим взглядом. — В Нью-Джерси после таких ливней тысячи машин продаются как подержанные. Но покупать их я бы не посоветовал, это погибший товар. Впрочем, это всегда остается вашим выбором.

— А дом? — спросила я. — Дом может затопить?

— Дом стоит на горке, — заерзал Дэвид. — Соседей заливает, но нас пока...

— Плиз, мистер П.! — строго напомнил адвокат.

Адвокат запрещал Дэвиду говорить со мной, а мне — с Дэвидом. Предполагалось, что Дэвид сболтнет лишнее, например, расскажет о скрытых недостатках своего дома, я ахну, и цена на строение раз — и упадет. И Дэвид потерпит урон. Или — вот как сейчас — Дэвид накормит меня пустыми обещаниями — якобы горка гарантирует сохранность имущества, а я поверю; а потом я, допустим, вхожу в домик, а там в подвале колышется вода. Вот и обманул Дэвид, да еще в присутствии двух юристов, тут-то я и подам на него в суд, пойдет тяжба, — ой, не отвяжешься. Дэвид по сценарию должен был быть холоден, замкнут и нейтрален. Любезен и далек.

Это Дэвид-то! Он был так неподдельно рад, что кто-то хочет купить у него дом, по американским меркам совсем позорный: длинный серый недостроенный сарай с протекающей крышей, спрятанный в глубине заросшего, запущенного участка в непрестижном сельском углу: адрес, для понтов, принстонский, а на самом деле это черт знает где. Глухой лес, разбитая дорога, уводящая к брошенным, разрушающимся строениям; там, в конце дороги, в чаще, вообще стояла избушка, которую я называла про себя Конец Всех Путей: заколоченная, с выбитыми стеклами, истлевшая до цвета золы, она рухнула бы сразу вся, если бы ее не держали, пронзив как копьями, два десятка тонких и крепких деревьев, проросших сквозь нее ровненько, пряменько, невозможненько, непостижименько.

Дэвид был честным и простым, уж совсем честным и простым, он аж таращился от желания не обмануть, не объегорить даже случайно. Показывал, как сгнили полы в его кухоньке: линолеум протерся до дыр, его тридцать лет не меняли! Но доски еще держатся. Предлагал встать на четвереньки и заглянуть вместе с ним под какой-то шкаф — там в полу не хватало целого куска. Дергал оконные рамы с присохшими, утопленными в масляной краске шпингалетами: совсем плохие! Поменять придется! Подробно рассказал, где протекает крыша, куда подставлять ведра. И про то, какой облом у него вышел с террасой. Нет у Дэвида террасы, то есть она есть, но в мечтах. А в реальности — ну нет. Вот сами смотрите. И он, побившись бедром, не с первого раза распахнул забухшую скособоченную дверь из клееной фанеры, темневшую в торце этого убогого жилья, — а там! Там была волшебная комната.

Вы делали шаг — и выбирались из полутемного, узкого, низкого земного пенала на воздушную, висящую невысоко над землей веранду. И левая, и правая стены были стеклянными от пола до высокого потолка и выходили в зеленые сады, в которых порхали маленькие красные птички и что-то колыхалось, цвело и оплетало деревья.

— Вот рамы я сделал, это очень хороший мастер, к нему очередь на несколько лет, — сказал Дэвид извиняющимся тоном. — Я потратил много денег. Очень много. Может быть, тысячи две. Две с половиной. А на террасу не хватило.

Он потянул раздвижную стеклянную дверь, похожую на стрекозиное крыло, и стена отъехала в сторону. За порогом была небольшая зеленая пропасть, а чуть дальше росла сосна, и в солнечной сетке под ней пробились сквозь прошлогодние иголки и стояли, потупившись, ландыши. Сердце мое сбилось на один стук.

— Нет террасы, — с сожалением повторил Дэвид. — Тут вот должна была быть терраса.

Как настоящий ебанько, Дэвид взялся воплощать свою мечту о рае, не рассчитав средств. И эта нелепая, чудесная постройка, эта воздушная, прозрачная коробка, обещавшая выход в легкие миры, застряла в здешнем, тяжелом и душном.

— Но ведь ее еще можно построить, — сказал он. — Это надо написать заявление в строительный отдел нашего муниципалитета, и они дадут разрешение.

— А почему вы вообще дом продаете? — спросила я.

— Я хочу купить ранчо и скакать на лошадях, — Дэвид опустил глаза. За нашей спиной Барбара глухо зарыдала, задушила в себе рыдания, и, когда мы вернулись в темный дом, она уже вполне держала себя в руках.

— Я беру, — сказала я. — Меня устраивает.

Вот сейчас я поставлю на американской бумажке свою нечитаемую закорючку, и один акр Соединенных Штатов Америки перейдет в мои частные руки. Стоит — а вернее, течет, хлещет и бурлит — 1992 год, и я приехала из России, где все развалилось на части, и непонятно, где чье, но уж точно не твое, и где земля уходит из-под ног, — а зато тут я сейчас куплю себе зеленый квадрат надежной заокеанской территории и буду им владеть, как ничем и никем никогда не владела. А если кто сунется ко мне в дом без спросу — имею право застрелить. Впрочем, надо уточнить, какие права у воров и грабителей, потому что на них тоже распространяется действие Конституции.

Ну вот, например, мы с Дэвидом точно договорились, что я покупаю его дом, и даже сели и выпили по этому поводу, стараясь не смотреть на Барбару, которая уходила рыдать то в спальню, то в сад; Дэвид рассказал, что первыми владельцами дома была какая-то бездетная негритянская пара, и все вот эти цветы — он обвел сад, уже осенний, уже отцветший, рукой — все эти цветы посадила жена, а что делал муж, мы не знаем. И у нее все удивительно росло, вы увидите потом, когда снова придет весна; вы всё увидите. Дело о покупке тянулось целое лето: пока колледж подтвердил, что я принята на работу, пока банк одобрил мою не существующую еще зарплату и вычислил процентную ставку, под которую он выдаст мне кредит, пока юрист Дэвида разбирался с разводом Дэвида и Барбары и распределением между ними денег, вырученных за дом, — да много еще какой было бюрократической возни — ушло тепло, пожухли листья, дом стоял темный и грустный.

Мы обо всем договорились и даже немножко подружились — Барбара уже не притворялась, а ходила по дому ссутулившись, с заплаканным лицом, с красными глазами, повесив руки плетьми, и обреченно ждала, когда наступит конец. Дэвид уже показал мне все свои мужские сокровища, хранимые в гараже: рубанки, стамески, шуруповерты и дрели; мужчины всегда показывают женщинам эти интересные инструменты, и женщины всегда делают вид, что инструменты эти просто чудо как хороши. Он даже снял со стены салазки дедушки — дедушка катался на них с горки в двадцатых годах, румяный, щекастый, пятилетний дедушка; а когда он пошел в школу — а это полторы мили по холодному снегу, — его мама вставала затемно и пекла для него две картофелины, чтобы он держал их в карманах и грел руки на долгом своем детском пути. И Дэвид подарил мне эти салазки, и я не знала, что с ними делать. Еще он подарил мне ненужные ему теперь планы перестройки дома, альбом с кальками, демонстрирующими маниловские мечты: вот дом стоит руина руиной; вот он обретает крылья справа и слева; вот над ним взлетает мезонин с полукруглым окном; вот его оборками опоясывают террасы — короче, Дэвид отравил меня, заманил, завлек; продал мне свои мечты, сны, воздушные корабли без пассажиров и с незримым кормчим.

Между тем я снимала ненужное мне теперь дорогостоящее жилье, где держала свой жизненный багаж, накопленный за три года жизни в Америке. Не бог весть что там было, но все же семья из четырех человек обрастает же бренными предметами — бренными чемоданами и бренной посудой — со страшной силой. У нас даже был бренный стол и четыре совсем уж бренных стула. Я спросила Дэвида: нельзя ли уже привезти весь этот скарб в дом — в наш с ним дом — и запихнуть, например, в подвал? Дэвид был не против. Но он — на всякий случай — спросил своего юриста, и юрист страшно забеспокоился, забегал и запретил: хранение моих вещей в еще не купленном мною доме означало бы, по законам Нью-Джерси, какое-то хитрое поражение в правах — поражен был бы Дэвид, а я то ли имела бы право отнять у него дом, не заплативши, то ли еще как-то закабалить, поработить и ограбить владельца.

Так что это было нельзя, и я с ужасом смотрела, как истощаются мои последние денежные запасы, — значит, и крышу мне в этом году будет не починить, и на новую ванну — вместо старого Дэвидова корыта — мне тоже не хватит. И не хватит на газонокосилку, без которой, я уже знала, тут никак, а вот на новый линолеум — на линолеум хватит, потому что я буду клеить его сама, и куплю не целым куском, а подешевле, квадратами. Такими белыми и черными, как на картине художника Ге, где царь Петр допрашивает царевича Алексея.

Я опять посмотрела в окно и увидела, что вода уже добурлила до дверей моей машины, и если я сейчас не подпишу, то уехать отсюда будет, в общем, не на чем. И я решилась и подписала. И дом стал моим, а я — его.

Все участники процесса получили или отдали свои деньги, испытали сложные противоречивые чувства и разъехались кто куда: Дэвид скрылся в стене дождя на своем грузовичке, Барбара ушла в водопад уже ни от кого не скрываемых слез, а я с семьей отправилась в свой дом, о котором нельзя было сказать с уверенностью, стоит ли он еще или уже нахрен смыт водой.

Он был совсем пустой, голый, старенький. Полы были темными и затоптанными, окна занавешены только с улицы — темными еловыми ветвями; не люблю я ели, это дерево мертвецов. Еще хуже голубые ели, цвета генеральского мундира, ну так их и высаживают там, где лежат карьерные покойники; одна такая елочка светлела на участке соседа. Мне, значит, на нее смотреть.

Под потолком, в углах, уже покачивалась коричневая паутина. Проворный американский паук изготавливает высококачественную паутину за ночь, а так как Барбара уже давно бросила все заботы о доме, паутина лежала в несколько слоев и легко могла бы выдержать вес небольших предметов, если бы кто-то зачем-то стал их на нее класть. Мои мужчины мрачно прошлись по тусклым каморкам. Потом распаковали свои компьютеры и уставились каждый в свой экран.

Волшебная комната тоже была печальной и холодной. И стеклянные двери ее открывались совсем в никуда.

И любила этот дом я одна.

* * *

Весна в Америке, на восточном побережье, совсем сумасшедшая. За одну ночь воскресает все, что вчера еще торчало мертвыми прутьями. Вишневые деревца стоят на зеленых лужайках, как розовые фонтаны, кусты форсиции засыпаны желтыми цветами без единого зеленого листочка — они распустятся позднее. Грушевые деревья — о боже мой, я не выдерживаю такой красоты. Потом распускается магнолия, но это уже слишком, простому сердцу такой пышности не надо. Цветы должны быть мятыми, рваными, растрепанными, как, например, пионы.

Первая хозяйка моего домика, негритянка, про которую я ничего не знаю, и правда засадила весь сад цветами. Вдоль дорожки, ведущей с улицы к дому, до сих пор была видна длинная гряда ирисов.

Под деревом, именуемым катальпа, у нее был маленький розарий; он одичал, но, когда я вырвала гигантские американские сорняки и вырубила чудовищные американские колючки — спирали с шипами, годные для установки по периметру особо охраняемой зоны, — обнаружились вполне себе прекрасные белые розы, и, в общем, они даже пахли, хотя в Америке цветы не пахнут, овощи не имеют вкуса, и вообще, запахи в целом в здешней культуре не приветствуются.

Посреди лужайки, перед домом, она посадила японский клен, тот, у которого красные маленькие резные листья. Это она хорошо сделала! Я часто думала о ней, почему-то представляя себе ее в голубом платье: как она выходит из нашего с ней серого дома, щурится на солнце, как идет к белым розам, к сиреневым, сложно-гинекологическим в своем устройстве ирисам, как касается красных листьев черной-черной рукой и сама смотрит и видит, как это красиво. Еще она, как я выяснила, сажала нарциссы, но за много лет они ушли с участка на юг, и я находила их на границе со своими южными соседями, в зарослях и лианах, там, докуда ноги уже не доходили, а руки еще дотягивались. Конечно, я выкопала их и вернула к дому, ведь она так и хотела с самого начала. И мне казалось, что она прошла мимо и посмотрела.

Следы ее я находила повсюду на участке — а он был огромным. Я уже скоро знала, что́ она сажала на южной стороне, а что́ — на восточной, что прятала под сосной — как те ландыши, — а что ей хотелось видеть у самого крыльца — чахленького нашего крыльца в три ступени. Когда настало пышное американское лето, я окончательно оценила ее замысел: огромная стена кустарника, высаженная по краю участка, поднялась и полностью закрыла нас от дороги, машин, выхлопов, звуков, чужих глаз. Мы никого не видели, и нас не видел никто. Если не знать, что вон там, за этой зеленой стеной, есть наш дом — можно было и не догадаться. А вечером он сливался по цвету с сумерками, и я бы сама не увидела его с улицы.

В коридорчике с потолка свисала веревка. Зачем веревка? Я потянула за нее, и из потолка вы-ехала чудесная складная лестница. Это был ход на чердак. Там пересыхали, распадаясь, несколько картонных коробок с рухлядью шестидесятых годов — кофточки и фартучки, которые носить и тогда уже не больно-то хотелось, а выбросить было как-то жалко. Совсем неинтересные. И масса открыток, с Рождеством, с Пасхой, тоже совсем некрасивые и неинтересные. Мерри Кристмас, дорогие Билл и Нора. Мерри Истер. Значит, ее звали Нора. Какое-то странное для чернокожих имя. Я про нее думала, что она Салли.

И снова она прошла незримо за окном, проведя рукой по свисающим веткам ликвидамбара — красивого смолистого дерева вечернего цвета. А Билл не прошел, он не ходил по саду. Он стоял, вросши в стену, полупрозрачный, и блестел глазами.

Как полагается, пришли соседи, принесли маленький пирожок в подарок. Мы уже знали, что так делают, когда у тебя новоселье, но не знали, должны ли мы что-то сделать в ответ. Соседи владели фермой.

— Вы мясо любите? — спросили они.

— Да, конечно, — легкомысленно сказали мы.

— Тогда приходите к нам и выбирайте ягнят. Мы их для вас будем убивать, и вы сэкономите деньги, — предложили соседи.

Нас — людей городских — это несколько парализовало. Мы и не помышляли о вегетарианстве, но представить себе, что можно прийти на ферму, выбрать вон того, прелестного, кудрявого, невинного и — и?.. Убейте его, я хочу?..

Думаю, они списали наш внезапный ступор на общий идиотизм, свойственный вообще иностранцам.

— Тогда приходите за черникой, мы вам дадим ее даром, вам только собрать. У нас такой большой урожай, девать некуда.

На чернику я была согласна. Взяла корзинку и пошла — в обход, по полям, далеко. Между нашими домами расстояние было — не более ста пятидесяти метров, но метров лесных, чащобных. Чаща, разделявшая меня с соседями, была совершенно непроходима. Волк и Красная Шапочка, выйдя с двух сторон навстречу друг другу, шансов встретиться не имели.

Я поискала глазами чернику, но не увидела ничего. Хозяйка отвела меня к какому-то вольеру, —

в московском зоопарке в такой клетке обязательно сидит кто-то нахохлившийся, со сложным латинским именем.

— Приходится держать ягоды под сеткой — птицы склевывают, — пожаловалась она.

Я ступила в вольер. Высоко над головой с верхних веток кустов свисали, действительно, ягоды, но не черники, а, на наш глаз, голубики. Чтобы собирать ее, нужно было встать на цыпочки и высоко поднимать руки. Солнце слепило глаза. Птицы в отчаянии ходили по сетчатой крыше и ничего не могли поделать. Меня хватило ненадолго. Набрав маленькую коробочку, я бросила это дело и пошла себе. Хозяйка окончательно поняла, что я дебилка, и тщательно скрыла это особым выражением лица. Слава богу. Я свободна! Под навесом за столом сидел маленький чернокожий мальчик с испуганным и несчастным личиком. Хозяин что-то назидательно говорил ребенку.

— Мы усыновили его, — хозяйка ткнула в его сторону пальцем. — Поздоровайся!

Мальчик торопливо привстал и кивнул.

— Без нас он жил плохо, но у нас ему хорошо, — сказал хозяин. И повернулся к ребенку, доканчивая нравоучение: — Как поработал, так и поел!

Полями, в обход я пошла домой. Ничего не случилось, но, как это всегда бывает с интровертами, я чувствовала, что в моей душе натоптано. И птицы эти тоже... Дорога свернула в лес, где сквозь деревья просвечивали пустые, проросшие как зерна, дома.

— Нора, — сказала я пустому дому в пустом лесу. — Нора, он жил плохо, но у них ему хорошо!

Но она смотрела куда-то далеко, да и вообще она была уже почти не здесь.

* * *

Я работала в маленьком колледже далеко от дома, на севере. Два дня в неделю — в понедельник и в среду — я должна была учить студентов писать рассказы, — мы сразу говорили студентам, что научить этому нельзя, но они только криво усмехались: считали, что взрослые врут. Сами-то, вон, умеют.

Мало кто из них особо старался, но меня не это раздражало. Хуже было то, что они совсем не умели читать и не хотели понимать, как это делается. И что вообще написано в тексте.

Задаю прочесть пятистраничный рассказ. Хемингуэя там. Или Сэлинджера.

— Так, Стивен, расскажи, пожалуйста, о чем это был рассказ?

— Я не знаю. Он мне не понравился.

— Замечательно, твое мнение страшно ценно для нас всех. Расскажи же нам, что именно тебе не понравилось.

— Мне не понравилось, что герой изменяет жене. Это плохо и аморально. Я не люблю читать такое.

— Скажи мне, Стивен, а люди вообще изменяют друг другу?

— Да.

— Почему бы не написать об этом рассказ?

— Изменять — это плохо и ничему нас не учит.

— Ты считаешь, что литература должна учить?.. Богатая, но спорная мысль! Обоснуй свою точку зрения.

Мне совершенно наплевать, что скажет Стивен, моя задача — не дать этому хитрожопому сопляку, всю ночь курившему анашу (пахнет до сих пор) и только что подрезавшему меня на своем «Порше» и занявшему мое место на парковке, объегорить меня и скрыть тот факт, что он рассказа не читал. Спросил в коридоре у своей телки: про что рассказ-то? — а она ему: да там один чел своей бабе рога наставил; — а; и вот уж он готов к ответу. «Не объедешь ты меня на кривой козе, — думаю я. — Замучаю и припру к стене».

Тут ведь еще какая сложность. Если вот так вот простодушно разоблачить студента и поставить ему двойку за то, что не готов к уроку, так он в конце семестра отомстит. Все они в последний день занятий получают особые разлинованные листы из деканата с наводящими вопросами. Садятся и, усердно изогнув непривыкшие к перу руки, печатными буквами выводят кляузы на преподавателя. «Профессор плохо заинтересовал меня». «Не создал занимательной атмосферы». «Мне не нравится его расцветка галстука». «Поставил двойки и тройки, но за что — не объяснил. Я был разочарован».

Поэтому преподаватель должен так аккуратно довести до сознания студента тот факт, что он ленивая скотина (если он хочет донести тот факт, что он ленивая скотина), чтобы тот и сам вынужден был это признать, и товарищи могли подтвердить это. Всякая там искренность, указание на идеалы, призывы к совести, высокие примеры и прочая пафосная хрень, столь любимая на нашей родине, здесь совершенно не работает. Тут нужно непрерывно развлекать коллектив и одновременно дать почувствовать каждому студенту, что вот именно он тут самый главный, предмет моей пристальной заботы. Но никакого панибратства. Никакой грубой лести. Если преподаватель хочет подольститься к студенту и поставит ему завышенную отметку в расчете на хороший отзыв, то студент исполнится презрением и все равно напакостит профессору в своем последнем слове.

Еще желателен отказ от собственного интеллекта: интеллект раздражает. И словарь попроще, а то они уже жаловались, что я употребляю непонятные им слова. Плюс, конечно, система Станиславского, помноженная на густую хлестаковщину.

Опытный преподаватель знает: студента не надо учить. Надо создать у него ощущение, что он научился.

Преподаватель из меня оказался плохой, а вот это вот психологическое мошенничество и адаптированная к местным условиям клоунада удались мне на славу. После того как я отучила студентов в первый год — тупо, честно, старательно, выкладываясь, — они понаставили мне двоек и понаписали кучу отрицательных отзывов. Профессора, мои приятели, любили меня и страшно расстроились.

— Понятно, что ты иностранка, Татьяна, и у тебя нет нашего опыта. Давай мы с тобой займемся отдельно, проведем тренировки, попробуем что-то исправить.

— Не надо, я сама.

— Но если ты на следующий год покажешь опять плохие результаты, тебя уволят! А мы не хотим с тобой расставаться!

А я не хочу расставаться со своим домом, подумала я. Мне нужна эта работа, и она у меня будет. И если надо будет встать на четвереньки и лаять — я встану и буду лаять. Потому что я люблю свой дом, а он любит меня.

На следующий год все студенты поставили мне высшие отметки. Приятели смотрели на меня как на Ури Геллера, заставившего тикать часы без часового механизма.

— Но как тебе это удалось?! За один семестр? В истории колледжа такого не было! Что ты сделала?

— Не знаю, — врала я, нагло глядя в их честные глаза левых интеллектуалов. Не могла же я признаться, что я встала на четвереньки и лаяла ради любви.

* * *

От моего дома до дверей колледжа — триста километров, четыре часа езды. Зима.

В понедельник, будь он проклят, я встаю по будильнику в пять утра, встаю сразу вся, как солдат; полчаса — на душ, на заваривание пяти чашек крепкого турецкого кофе: одну выпить сразу, четыре в термос. Бутерброды готовы с вечера, блок ментоловых сигарет *Benson&Hedges* всегда в машине. Яблоки нарублены на четвертинки и брошены в пакет. Еще кассеты с Гребенщиковым и Хвостенко, ангелами божественного абсурда. Еще кассеты с лекциями о чем-нибудь неизвестном или непонятном, чтобы мозг думал, а не спал: о китайской философии, об истории оперы, о квантовой механике. Еще кассеты с английскими детективами (классику нельзя, она вводит в сон; для того чтобы не вырубиться посреди дороги, нужно нетерпение и простодушное любопытство: кто убил?). Если вы думаете, что пяти часов достаточно для сна, то вы думаете неправильно.

Чтобы не будить семью, я сплю в волшебной комнате. В ней есть дверь, ведущая в гараж. Из-под двери свищет холодом, так что зимой и ночью в комнате неуютно, но это только для тех, кто не видит и не знает: отсюда есть ход в легкие миры. Дом окружен снегами, они поднимаются высоко. Когда взойдет солнце, оно просветит комнату насквозь, от южных

162

розовых сугробов до северных голубых, и комната станет как корабль, покачивающийся на воздухе. Мы не знаем, откуда берется счастье. Но есть такие места, где оно лежит, насыпанное горкой. Я оставляю его за спиной.

Я выхожу в гараж, сажусь в машину, хлопаю дверцей, включаю фары — освещаются полки с барахлом, оставшимся от Дэвида и Норы, банки с засохшей краской, дедушкины салазки, мотки зеленых садовых шлангов, заржавевшие грабли. Я — автомат, я делаю одинаковые, экономные, рассчитанные движения. Автоматическим пультом открыть дверь гаража, выехать задним ходом, закрыть пультом дверь гаража. Выехать на улицу, развернуться — и на север, на ощупь, рассекая чернильный мрак, ныряя с холмов в овраги, по пустым узким дорогам, мимо спящих сел и одиноких хуторов, обозначенных маленькой бусинкой света.

Этот черный кромешный час — самый страшный в моей жизни; он повторяется неделя за неделей, год за годом. Я полулежу в холодном, замусоренном саркофаге, как списанная из людской памяти дальняя родственница фараона, окруженная своими ушебти, своими образцами еды и питья, которых должно хватить до Судного Дня, когда призовут и спросят: брал ли ты чужое? обижал ли вдову? плутовал ли с весами и отвесом? Нет большего одиночества, нет большего холода, нет глубже отчаяния. Никто не думает обо мне в этой пустоте — папа умер, а остальные спят. И нет друга, и негде взять его.

Но эта смерть дается мне на час, а потом ее отменяют, как отменят и всякую, всяческую смерть, и вынут ее жало, как нам обещали. Я знаю, какой перекресток я буду проезжать, под какими деревьями стоять на светофоре, когда проклюнется на горизонте тяжелое малиновое негреющее солнце. Я знаю, на какую дорогу я поверну, когда оно выкатится на небеса во всей своей утренней славе, белое и страшное — как на бешеных картинах Тёрнера, — и ослепит всех водителей всех машин, несущихся со мной на зимний, сдвинутый к северу восток. Опустить щиток, надеть черные очки — вся армия водителей одновременно делает то же, все мы автоматы, все прогрызаем себе путь в тяжелом мире крошащимися зубами.

Нет, пяти часов недостаточно для сна, поэтому все четыре часа пути посвящены тому, чтобы ни в коем случае не заснуть и не вылететь на обочину, не перевернуться, не врезаться во встречную машину. Методика разработана: надо непрерывно пить кофе, курить, приоткрывая окно и впуская ледяной воздух, что-нибудь жевать, очень громко слушать Гребенщикова или «Аукцыон», еще лучше — громко петь и орать, перекрикивая кумиров. Дурдом на колесах несется по американской дороге, вылетает на четырехполосное шоссе, и я вижу, что я не одна такая: в соседних машинах происходит то же самое; курят и поют, а самые страстные вообще танцуют за рулем, отбивая такт и ладонью, и двумя. Вот широкое шоссе, гремя и свистя, ушло вбок, а мне на север, и солнце уже высоко, и оно небольшое — солнце как солнце.

Вот воздух за окном стал совсем бритвенным, вот уже пошли скалы, ели, какие-то другие птицы, едва ли не орлы. Вот с высоких гор открываются далекие прекрасные долины, а в долинах вьются реки, и сияет другая даль, все другое, а за голубыми горами — уже Канада.

В ноябре мои студенты совсем перестают стараться. Профессора говорят мне:

— Что ты, у них уже была неделя каникул, они катались в Адирондаках на лыжах — знаешь, как после этого неохота снова начинать! Все, что ты хочешь, чтобы они выучили, написали, ответили, — все это вытаскивай из них до Дня Благодарения. А сейчас у них начнется мор.

— В смысле? Мор?

— А вот увидишь, у них начнут умирать тети, и они от горя не способны будут ни на занятия ходить, ни зачеты сдавать.

Действительно, в двух группах умерло три тети, корчилось в агонии несколько дядьев, и у самого наглого красавчика заживо сгнила невеста.

— Заживо? — зачарованно переспросила я его.

— Да, — бодро подтвердил он. — Сначала ноги до колен, потом как-то это перекинулось выше — и вот сейчас буквально протекают последние часы. Еще неделю, я думаю, это продлится. Такое горе, сами понимаете.

За такую красоту и фантастику я сжалилась и поставила ему зачет. Да, я плутовала с весами и отвесом.

* * *

За годы работы у меня были и способные ученики, вполне себе среднеодаренные дети; некоторые из них собирались всерьез делать карьеру писателя, наполнять магазинные полки неинтересными, осторожными повествованиями, подкрашенными легкой порнухой; как правило, все они пытались у меня дознаться: как сделать так, чтобы их напечатал журнал «Нью-Йоркер», про что и как надо написать? Я говорила им, что я этого не знаю, печататься — это совсем другое умение. Они мне не верили. Одна девушка ворчала: «Я понимаю, что надо переспать с главным редактором, — а еще как?»

Каждый должен был написать за семестр три рассказа. И еще переписать их, улучшая, хотя бы по одному разу. Значит, всего за время работы в Америке я внимательно прочитала 540 текстов. И еще перечитала их. Не знаю, как я не сошла с ума. К концу моего тюремного срока все тонкие каналы, связывавшие меня с легкими мирами, были забиты пластиковым, плохо разлагающимся мусором. В тоске я брала в руки свежую, только что изготовленную машинопись: «Сьюзен чувствовала, что ее многое сближает с Джорджем. Они любили один и тот же бренд зубной пасты, слушали *Smashing Pumpkins*...»

За все это время у меня были только две необыкновенные встречи. Была девочка, совершенно свободная от всех сюжетных стеснений и условностей — студенты смотрели на нее испуганно. Она написала рассказ о том, как она любит воровать в магазине: и когда денег нет, и просто из удовольствия воровать. Как, собравшись воровать сыр, она одевается в свитер с широкими рукавами, делает беспечное лицо, прогуливается по магазину, нагибается над прилавком с нарезанными, порционными сырами, будто бы роется в них, рассматривает, а сама подгребает кусок рокфора или чего-нибудь такого дорогого рукавом, не прикасаясь пальцами: в пальцах другое. Если кто-то смотрит, он не увидит. Хорошо, чтобы сыр прополз до локтя. Потом аккуратно и быстро взметнуть руки вверх, будто бы надо поправить растрепавшуюся прическу, — а она давно уж и нарочно растрепана. И на этом этапе сыр проваливается в пройму рукава и падает в твой мешковатый, туго стянутый на талии свитер.

Это был даже не рассказ, а так, этюд, но ни один из них, старательных или ленивых, не мог написать и этюда. Они не чувствовали, в чем тут фокус, а объяснить это я не умела: культура, провозгласившая: «нет — это значит нет, а да — это значит да», да и вообще ориентированная на протестантскую этику, совсем не считает метафору, боится игры, бежит даже нарисованных пороков. Я привязалась к этой девочке, она была из богатой семьи, но любила воровать и врать, потому что у нее все было, и ей это было скучно. Она смотрела куда-то в воздух и видела видения. Она хотела других миров, и у нее даже был туда ход, как она мне призналась. У нее была легкая форма эпилепсии, и время от времени у нее случались мелкие приступы, почти не заметные стороннему глазу, — *petit mal*. А как мы знаем — вот хотя бы от Достоевского, — перед эпилептическим припадком человеку открывается легкий мир. Вдруг все становится понятно: устройство вселенной, все причины, все смыслы, всё. Но тут падает черная пелена, и ты бьешься в судорогах, и, придя в себя, не помнишь ничего. Девочка говорила, что в детстве, когда ей давали таблетки, она нарочно их не ела, чтобы ее озаряло, «чтобы было интересно». О, как я ей завидовала! Да, я тоже хожу туда, но с трудом, и недалеко, и без озарений, и без судорог, а ключ к этим дверям — слезы. Ну, иногда любовь.

Вторым был парень, который на обычных уроках — ведь это был обычный колледж, разве что с уклоном в «искусства» — считался идиотом. Он и выглядел неавантажно: мешок мешком, грубое лицо, бейсбольная кепочка задом наперед, мятая белая фуфайка, тяжелая поступь. Родители его были фермерами и при этом какими-то замкнутыми сектантами. До колледжа никого умнее коровы он, кажется, не встречал. Думаю, он был аутист.

Когда я увидела его текст, я не поверила своему счастью. Я не могу его воспроизвести, я потеряла

рукопись — нью-джерсийские ливни добрались-
таки до подвала и погубили весь мой архив — да если честно, я даже не помню, про что был рассказ.
Что-то прекрасное в своей грубой дикости. Ну, скажем, сестра сидит за деревянным столом и ест ложкой гороховую кашу. Брат кидает в нее топором. Не
попадает. Не помню почему. По ощущению — Брей-
гель. Дело было даже не в сюжете — хотя от страниц
прямо пахнуло хлевом, горохом, дымом, и я увидела
этих медленно поворачивающих головы людей, —
а в каком-то необъяснимом умении этого увальня
легко проходить сквозь стены слов на те подземные
поля, что засеяны намерениями, и где ходит ветер
смысловых движений и шелестят причины. Рассказ
был написан до половины. Потом просто обрыв.

— Вот, — сказал он. — Еще не знаю, как дальше.

Мы сидели в пустой аудитории, нам никто не мешал.

— А если вот тут подцепить и тянуть отсюда? —
осторожно спросила я и показала пальцем. Он посмотрел.

— Можно, — отозвался он, подумав, — но ведь
тогда провиснет вот это? — и тоже показал.

— Да... Но если подложить сюда немного, — ля-ля,
ля-ля, строчки четыре, не больше, — а начало просто отстричь? — Я не верила, просто не верила, что
это происходит.

— Ага, и вот так вот заплести! — засмеялся он. —
Понял, понял! Можно! Тогда я вот тут утяжелю.

И потыкал пальцем в бумагу, утяжеляя.

— И вот эту фразу я бы убрала... или передвину-
ла. Она розоватая, а тут, в общем, дымно.

— Нет, она мне нужна. А вот я ее в тень. И, и, и...
добавлю букву «джей», она графитовая.

Я уже была намертво влюблена. В обличье невнятного мешка ко мне пришел астральный друг.
Я могла бы сидеть рядом с ним часами, не то чтобы
глаза в глаза — смотреть там было особенно не на
что, — а голос к голосу, и мы, как Паоло и Франче-
ска, читали бы любую книгу, перебирая ее четырь-
мя руками, как океанский песок, и смеялись бы,
и радовались, — маленькие дети, допущенные к вечности, пробравшиеся в незапертую дверь, пока
взрослые отвернулись.

— Что вы будете делать дальше? — спросила
я его.

— Хочу подать заявление в писательскую школу
в Айове.

— Я дам вам рекомендацию.

— Но ведь я даже не дописал...

— Но вы же сами знаете, что допишете, потому
что рассказ уже есть, просто его не видно.

Мешок озарился и медленно покивал головой.
Мы говорили на одном языке. Потом он сгреб свои
бумаги и вышел, тяжело ступая, не сильно отлича-
ясь от стены.

Я даже не помню, как его звали. Какое-то ква-
дратное имя. Скажем, Картер. Пусть будет Картер.

Каждую среду я ехала из колледжа домой. Все
было так же, как в понедельник, только наоборот:

солнце долго садилось, небо тускнело, ранние сумерки стирали окрестности, потом наваливалась тьма; главное — не врезаться и не перевернуться; пой, Борис Борисыч, выручай. Долгая дорога в скалах, потом шоссе, потом опять дорога и, наконец, последний марш-бросок, почти вслепую — с невидимых холмов в невидимые овраги, и снова на холмы, мимо засыпающих сел и одиноких, тускло мерцающих хуторов. И я думала про то, что — как знать — может быть, в одном из этих угрюмых домов, может, вон в том, а может, в том — тоже сидит свой Картер, положив тяжелые руки на деревянный стол, и тикают ходики, и он склонил тяжелое ухо к земле и слушает, как спит под снегом горох, и думает о том, как смотрит в стену корова, как пахнет клеенка, как течет ночь.

Но он ничего об этом не скажет, потому что его никто не спросит.

* * *

Между тем моя семья тихо распалась, — рассохлась со временем, и все разбрелись в разные стороны. У детей уже были свои семьи. И никому не был нужен мой дом — ни его зеленая дверь с круглой латунной ручкой, ни его кремовые, собственноручно мною выкрашенные стены, ни березовый паркет, засиявший как старое золото, после того как я, ползая на карачках, оттерла половицы от всякой дряни каким-то особым американским маслом для оттирания паркета от дряни. А еще у меня был стеклянный стол, сквозь который интересно было разглядывать собственные коленки. А еще ведь я купила на барахолке старинный буфет, темно-вишневого цвета, с завитками на макушке. В одном из его ящиков нашелся неожиданный бонус: готовальня с двумя циркулями на зеленом внутреннем сукне. Неизвестный стародавний хозяин что-то чертил — может, пририсовывал террасу к дому. И я тоже решила пристроить к дому террасу, как хотел Дэвид.

Поехала в муниципалитет, ожидая очередей, мучений, необъяснимых запретов и неодолимых препятствий, но ничего такого не было. Я оплатила вызов строительного инспектора на дом, и инспектор приехал, обмерил мой дом и строить террасу разрешил. Кроме того, он дал мне список сертифицированных плотников, из которого я могла выбирать; указал, кто из них берет дороже, а кто дешевле, и не советовал брать кого попало со стороны. Потому что сертифицированный плотник уже знает, что главное в террасе — расстояние между балясинами. Оно не может быть шире стольких-то дюймов. Смысл этого ограничения в том, чтобы малолетний ребенок не смог просунуть между балясинами голову. В прошлом году, сказал инспектор, нормы ужесточили, просветы сузили. Видимо, средняя американская голова стала меньше. И сертифицированные плотники об этом оповещены. Когда терраса будет построена, он придет и проинспектирует работу.

Вот так скучно и просто это все оказалось. А где же поэзия взятки — подсунутый конверт, опущенные глаза, тревога, что не возьмет или, наоборот, глянет, и ему будет мало? Где дрожь и волнение риска, когда выносишь ворованное со склада? — а я в Москве выносила; помню, нанятая мною ремонтная бригада повезла меня ранним июльским утром на какой-то двор в районе Мясницкой улицы, в какую-то дверь; за дверью открылись рулоны и ящики; рабочие приглашали рукой: выбирай.

— Это что это? — спросила я.

— Склад, берите.

— Чей?

— Военной прокуратуры. Сегодня воскресенье, берите! Но все-таки не шумите особенно-то!

Мы набрали себе и плитки, и паркета, и каких-то свертков строительной марли неизвестного назначения: я спрашивала, но рабочие не знали, зачем она, просто брали, ведь она была. Нашли какое-то желтое пупырчатое стекло, предлагали и мне взять желтое стекло; соблазн был велик, но ремонт мой решительно не предполагал пупырчатости, так оно там и осталось, и мне до сих пор его жалко, это же был какой же год? — да, 1987-й. Первые утренние пешеходы уже куда-то спешили по орошенным поливальными машинами улицам, июль вставал, роскошный и свежий, жизнь была в полуденном цвету. Мы много там наворовали, хорошо обчистили военную прокуратуру, до сих пор я чувствую благодарность и трепет.

Мои рабочие были уверены, что я — артистка; мои возражения на этот счет отметались, они знали лучше. Волосы до пояса, красная помада, неструктурированное поведение — как же не артистка? В конце концов, какая же была бы разница, но беда в том, что я попадала в какую-то пролетарскую культурную парадигму и от меня ожидали соответствующего статусу поведения, а я никак не могла соответствовать неизвестным мне нормам, и — я видела — это оскорбляло рабочих, все во мне шло поперек их ожиданий. Чего, чего они ждали от меня?..

Другой героиней их фольклора была генеральша; этот персонаж жил в основном в мечтах мужчин. Миф о генеральше сводился к тому, что она, вся в югославских пеньюарах и немецких пенах для ванн, среди ковров и лакированных гардеробов, страстная, ждет его, а он — простой рабочий, сантехник. И она бросается ему на шею, благоухая: я твоя! Возьми меня!

Генерал, понятно, на полевых учениях — за скобками.

Галина, например, Михайловна, малярша, наклеившая мне обои кверх ногами, полагала, что предыдущий ремонт они сделали как раз генеральше, и восторгалась каким-то виденным ею в генеральском сортире аэрозолем.

— Представляешь? Посикала, фуяк! — и освежила.

Я, к сожалению, уже знала все подробности личной жизни Галины Михайловны, все сложные ее отношения с любовником и его бабами, которые ей, конечно, и в подметки не годились.

— Я ему сказала — слушаешь меня? — я ему сказала: пусть я блядь, пусть я проститутка, пусть я фуесоска, но я все-таки — женщина! Правильно я сказала?

От меня как от артистки требовалось артистическое мнение: о женском достоинстве, о мужском коварстве, о моде.

— Ничё так сшила, да? Из двух платков. — Галина Михайловна осматривала свою юбку, но втайне, конечно, любовалась своими пятидесятилетними ногами — сухонькими, как у Кощея. Юбка была ничё. Но работать Галина Михайловна и ее бригада совершенно не собирались: поставили посреди комнаты козлы, взобрались на них и дулись в карты, непрерывно виртуозно матерясь: тогда я и не знала, что выслушаю словарь Плуцера — Сарно, том первый и том второй, задолго до его напечатания. Пожилого Костика гоняли за бухлом, причем Костик, как паркетчик высшего разряда, пил только коньяк.

— Когда же вы наклеите обои? — блеяла я.

— А нельзя сейчас, нельзя! Штукатурка сохнет! Вишь, какая квартира у тебя сырая, никак не высохнет! Артистка! С тебя двести рублей еще!

— За что еще двести?!

— Аванс!..

В XIII веке до Рождества Христова погибла в наводнениях и пожарах микенская цивилизация.

Огонь обжег глиняные таблички с хозяйственными записями, и это сохранило их. Когда же в XX веке во время раскопок их нашли и после больших трудов сумели расшифровать и прочесть — что предстало глазам наших современников? «Плотник Тириэй не вышел на работу», — гласила запись.

Да! Невышедший плотник вечен, капризен, непредсказуем. Русский плотник (сантехник, плиточник, штукатур) протягивает руку своему микенскому собрату через тысячелетия: пролетарии всех стран объединяются если не в пространстве, то во времени. И всякий задумавший построить или переделать свой дом знает, что он вступает в особый мир неопределенностей и внезапностей, и никакой уверенности, что оплаченная работа будет закончена или хотя бы начата, быть не может. Есть только вероятность этого события. В моем же случае и вероятности такой не было.

Штукатурка сохла второй месяц, и я понимала, что мои рабочие со мной вообще не считаются. Эту квартиру, внезапно попавшую им в руки, они считали своим притоном и пьянствовали в ней с утра до вечера в три смены; в какой-то момент появилась даже гармонь. Конечно, я пыталась их выгонять, взывала к совести, приводила для солидности мужа, свекра, но и они были совершенно беспомощны перед этим строительным табором. В присутствии посторонних пролетарии бешено имитировали деятельность: яростно катали по стенам валиками с краской, тащили из угла в угол паркет, с натугой волокли ведра с цементом, стучали палкой швабры в потолок. Как только чужаки отворачивались, они немедленно прыжком кидались на козлы, где у них было накрыто, — шпроты, колбаса, пиво, водка, кому что, — а цвет мастеровой аристократии уже опять бежал за восьмирублевым коньяком.

— Сохнет! Технология такая! Нет, ускорить нельзя! Уж мы и нагреватели включили!

Платить им я давно перестала, но тут-то и была засада: не уйдем, пока не заплатишь. В общем-то, в таком же режиме уже лет шестьсот работала вся страна.

Наконец, отчаявшись, я позвала старшую сестру Катерину. Великая была женщина. Великая! Я рассказала: так и так, они меня считают артисткой, не держат за человека; дела не делают, деньги тянут, избушка лубяная, муж гнал-гнал, не прогнал, свекор гнал-гнал... Не могла бы ты сделать какое-нибудь кукареку?

— Главную как зовут? — спросила Катерина, несколько подумав.

— Галина Михайловна.

Я привела ее в квартиру. Она распахнула дверь, и особо медленно и тяжело подошла к козлам, и особо плотно встала, расставив ноги, как если бы была обута в командирские сияющие сапоги. Громким низким голосом герольда Катерина возгласила:

— Галина! Иди в манду!

Галина Михайловна взвилась на козлах:

— Это что такое?! Ты кто?!

— Я — чёрт.

Раздалось молчание, если так можно выразиться, и на секунду бригада на козлах оцепенела. Катерина метнулась в угол, выставила обе руки с пальцами, растопыренными рогулькой, и объявила:

— Напускаю порчу!!! Все — вон отсюда! Раз... два...

И что же! Они спрыгнули в едином порыве и побежали, грохоча по дощатому полу, толкаясь и глухо матерясь, и Галина Михайловна бежала на своих сухих прутиках быстрее всех, визгливо крича: «черт, черт проклятый!», как если бы она встречала черта и раньше и понимала, что у нее перед ним должок. Они выбежали вон, и исчезли, и я никогда больше ни одного из них не видела.

— Что это ты сделала? — ошеломленно спросила я. — Как?

— Это народ, с ним иначе никак, — сказала Катерина.

* * *

А вот американский плотник был не народ; он не спал днем в ватнике с открытым ртом, не предавался буйным утехам на рабочем месте, не пробивался в легкие миры с помощью портвешка с плавленым сырком «Дружба», к нему не являлась жаркая Венера под личиной генеральши, и вообще мифотворческая сила в нем не бурлила, потому и построил он

178

террасу тупо и точно; с накладной не обманул, сколько договаривались — столько и взял, и не ссылался на то, что рельеф местности как-то особо ужасен или бревна оказались необыкновенно неподатливыми и надо бы прибавить; после пришел муниципальный инспектор и тоже, не заводя глаза вбок и не покашливая в том смысле, что хорошо бы обмыть постройку, а также не давая советов насчет пригласить попа и кота (поп — чтобы освятил, кот — чтобы взял на себя нехорошие энергии), просто потрогал доски и замерил просвет между балясинами, убедившись, что американская голова не застрянет и меня как владельца никакой микроцефал не засудит на сумму, равную троекратной стоимости дома.

* * *

Терраса — палуба завязшего в земле корабля — была построена. И дальше что?

Я даже сиживала на ней летними вечерами с книжкой и сигаретой, и солнце садилось, и лиловые резные листья ликвидамбара сливались с сумерками, и в лесу проходил олень, а может, единорог — не видно же.

Уже не видно и слов на странице.

У каждого человека есть ангел, он для того, чтобы оберегать и сочувствовать. Роста он бывает разного, смотря по обстоятельствам. То он размером с таксу — если вы в гостях или в толпе; то ростом с человека — если он сидит на пассажирском сидении машины, в которой вы несетесь, крича и приплясывая; то разворачивается в свой полный рост — а это примерно как два телеграфных столба — и тихо висит в воздухе, вот как в такой душный и пустой вечер бессмысленного июля неизвестно какого года. Краем глаза при определенном освещении можно даже поймать слюдяной блеск его крыла.

С ним можно разговаривать. Он сочувствует. Он понимает. Он соглашается. Это он так вас любит.

Что дальше? — говоришь ему. — Что же дальше?

Да, соглашается он, что же дальше.

Любишь, любишь человека, а потом смотришь — и не любишь его, а если чего и жаль, то не его, а своих чувств — вот так выпустишь их погулять, а они вернутся к тебе ползком, с выбитыми зубами и кровоподтеками.

Да, да, говорит он, так и есть.

А еще люди умирают, но ведь это нелепость какая-то, верно? они же не могут просто так пропасть, они же есть, просто их не видно, правда? Они, наверно, там, с тобой?

Да, да, со мной, все тут, никто не пропал, не потерялся, все хорошо с ними.

Прозрачный такой, малоразличимый, как медуза в воде, висит и покачивается, и светлячки летают, не огибая его, и звездный свет если и преломляется, пройдя сквозь его бесплотность, то разве самую малость.

180

* * *

Почти все деньги, что я зарабатывала в колледже, я тратила на поддержание дома. При этом работа в колледже убивала меня. Еще несколько лет назад я умела видеть сквозь вещи, а теперь на меня надвигалась умственная глаукома, темная вода. Надо было бросать тут все и ехать домой — в свой прежний дом, в Москву, например. Или в Питер. Вот доработаю свой срок по контракту — и уеду.

Сначала я пустила к себе жильцов: сдала все, кроме волшебной комнаты, немолодой русской паре. Они были совершенно свои люди: он — физик-теоретик, она журналист; настолько свои, что деньги с них было брать даже неловко. Вечером в среду, когда я, возвращаясь со своей северной каторги, выбиралась из машины на ватных ногах, они уже ждали меня за накрытым столом, с бутылкой вина; они радовались мне, а я им, и мы сидели и говорили обо всем, что знали, и мне даже пригодились мои познания в квантовой механике, которые я закачивала в свою голову на долгом и страшном пути на север.

Он приехал в нашу Америку лечиться, но врачи не вылечили его. И в доме опять стало пусто.

Тогда я решила сдать весь дом целиком, а самой снять дешевое жилье рядом с работой. Сдать дом в Америке не так-то просто, как кажется. Не в том дело, что нет желающих его снять, а в том, что все эти желающие — твои враги.

Закон стоит на страже интересов квартиро-съемщиков. Например: я как владелец обязана соблюдать эгалитэ, язви его, и считать всех людей равными. Интеллигентная пара, скажем принстонские профессора, не должна в моих глазах иметь преимущества перед семейством пуэрториканских торчков, или каких-то цыган с вороватыми глазами, или не говорящих по-английски азиатов. Если я слишком явно выскажу им свое неудовольствие от их возможного проживания в моем доме, теоретически они могут меня засудить. Приходится с сожалением говорить, что ой, жалко, только что обещали другим.

Есть опасность сдать дом слишком бедным людям (и неважно, за какую цену). Если этим людям негде жить (и нечем платить за жилье), то они имеют право не выезжать из моего дома, пока их ситуация не улучшится, а она никогда не улучшится. То есть я не могу их выставить взашей. Тот факт, что мне тоже ведь негде будет жить, законом не учитывается.

Есть опасность сдать дом инвалиду или семье с малыми детьми. Просунет, сволочь, голову между балясинами или поскользнется, упадет, сломает ногу — я же буду виновата в том, что не предусмотрела все меры безопасности.

Так что я смотрела в оба. Первой пришла пара индийских программистов. То что надо — молодые супруги, с великолепным британским выговором, чистые-чистые, милые-милые. Но они хотели другое. Они хотели мрамор и резные притолоки. Мой сарай был для них бедноват.

Потом пришла негритянская пара лет шестидесяти. Он вошел в дверь нормально, а она, шагнув за ним, заняла весь дверной проем и пройти не могла. Он, видимо, привык: ухватил ее за руку и подтащил; в ней было килограммов триста. Мы заулыбались друг другу, и они двинулись осматривать комнаты. Я не пошла за ними: боялась, что дом перекосится. Жена попыталась войти в ванную, но не смогла. Снова попробовала, боком. Вошла, но четверть ее оставалась в коридоре. Супруги о чем-то глухо посовещались. Пошли дальше, и я с ужасом ждала, что же будет, когда она захочет осмотреть подвал. Она захотела.

Я забежала с другой стороны, чтобы подслушивать и не пропустить катастрофу.

— Пойдем уже, все понятно, — говорил муж.

— Нет, я хочу спуститься.

— Но нас этот вариант все равно не устраивает.

— И что, а я хочу.

— Говорю тебе, лучше уедем.

Туша начала протискиваться в узкую подвальную дверь и да, застряла.

— Бенджамен!

— Я тебе говорил.

— Окей, сэр, не рассуждайте, а помогите даме!

Он уперся в тушу двумя руками и продавил ее в дверь. Дальше были ступени. Жена сделала один тяжкий шаг, и я услышала треск дерева.

— Ванесса, *damn it*!

— Следите за языком, сэр!

Она, конечно, в семье была царица, а он на побегушках. Еще несколько страшных подземных толчков. Потом тишина. Я на цыпочках прошла в кабинет и сделала вид, что смотрю в компьютер. Бенджамен заглянул в комнату и небрежно спросил:

— Э-э-э. А другого выхода из подвала нет? Только один?

— Только один.

— Ну ладно, я просто спросил.

Он снова скрылся, а я включила игру «Сим Сити», я любила прокладывать там подземные водопроводы и смотреть, как оживают мертвые трубы, колено за коленом, и по ним начинает струиться голубая музыкальная вода. Тем более что коды к игре у меня были краденые, и денег на орошение своих виртуальных городов я не жалела. А эти двое там, видимо, надолго. Бенджамен забежал ко мне еще раз.

— А случайно отвертки нет?

— В гараже посмотрите. Это вон в ту дверь. Там и веревки, и всё.

— Понял. А молоток?

— Тоже там.

Через полчаса — я уже подводила электричество к тюрьме, университету и госпиталю — они появились вдвоем. Я сделала бесстрастное покерное лицо, Бенджамен тоже сделал лицо. Ванесса была немного растрепана.

— В общем, дом прекрасный. Мы будем думать. Чудный, чудный сад.

— Конечно, звоните.

— Так приятно познакомиться.

— Да, мне тоже.

Он пропихнул ее во входную зеленую дверь, и я видела в окно, как они шли по кирпичной дорожке: она царственно шествовала, а он семенил, забегая то с одного, то с другого боку. Им еще предстояло сесть в машину.

Ну а потом пришел Нильсен. Ему было двадцать два. Такой белый-белый, с бледными волосами, с ручками двенадцатилетнего, чахленький, с мелко-брезгливым выражением на впалом личике мучного червя.

— Тут пыль, — сказал Нильсен капризно.

— Пыль?! — изумилась я. Дом был начищен и сиял — не для себя же старалась.

— Мне нужно, чтобы тут было стерильно, — пожаловался Нильсен. — У меня аллергия на малейшую пыль. Когда дом будет стерилен — весь-весь, — я его возьму. Мне нужно, чтобы вот этот камин был чист, как в первый день.

Проклятье! Камин, а?! Еще расходы! Камин по определению не может быть стерильным, если его топят. Тридцатилетняя копоть на каменной его стене, следы золы, да и вообще — в нем же не полостную операцию проводить. И что может быть чище огня, Нильсен?

Стерильность в Нью-Джерси обеспечивали только двое, белорусы по фамилии Жук и Курочка, живущие тут без разрешения на работу и поэтому нанимавшиеся ко всем русским американцам на любую тяготу: от починки крыши до уборки дома. Драли они с нас безбожно, но зато и не чурались вообще никакой грязи. Терминаторы были супругами, причем жена была как раз Жук, а муж, против всякого ожидания, Курочка, и это была, кажется, не единственная их перверсия. Понимая свою незаменимость, они ловко, жестоко и слаженно работали по одной и той же схеме: назначали примерную, вполне приемлемую цену, предупреждали, что возможны будут уточнения, и незадолго до конца работы, в тот момент, когда все было разворочено и сдвинуто, уточняли цену до чудовищной цифры — разводили лохов. Курочка с виду был бруталлен, а у Жук была эльфийская внешность, а в анамнезе — работа в баре. Поэтому, например, все стаканы, бокалы и рюмки на полках она ставила не в ширину шкафчика, а поперек, в глубину от зрителя.

Жук и Курочка сделали свою работу, обработали все вертикальные и горизонтальные поверхности своими сильнодействующими кислотами и щелочами, уничтожили все живое, стерилизовали камин, и Нильсен, поломавшись, снял мой дом на целый год и внес возвращаемый залог, полторы тысячи долларов. По закону я обязана была положить этот залог в банк и не прикасаться к нему до окончания контракта. Но денег у меня не было вообще никаких. А мне надо было и самой снять жилье, пусть собачью конурку, но ведь тоже с залогом. И я эти деньги заныкала. Так сказать, загребла рукавом и поправила прическу. Какая разница? Год пройдет — верну.

Да, да, да, я плутовала с весами и отвесом, и с банковскими счетами, и с компьютерными кодами, и нарушала ограничение скорости на дорогах, и превышала допустимое промилле, и ограбила военную прокуратуру, и лжесвидетельствовала в суде, и прелюбодействовала в сердце своем, причем неоднократно. Более того, я намерена делать это и впредь. Но, Господи, каких неприятных гонцов Ты посылаешь, чтобы напомнить нам о грехах наших и об обещаниях, когда-то данных Тебе и забытых. Не устаю удивляться путям Твоим, Господи! Впрочем, не как я хочу, но как Ты. Извини и забудь.

Что-то с Нильсеном было не то. Наверно, я сделала ошибку.

Ведь это же был все-таки мой дом: живое, любимое, доверившееся мне строение, там солнце плясало на золотом паркете, там стоял стеклянный, как бы несуществующий стол, за которым я любила сидеть, а когда я уезжала, за него садились тени умерших и уехавших, потому что они тоже словно бы не существовали, только слегка преломляли проходивший сквозь них свет, как призмы; да и куда же еще им было сесть, чтобы пить вино и говорить? И вот теперь там ходил и все трогал своими стерильными детскими ручками Нильсен.

Нильсен, наверно, снился мне. Он принимал облик червивости, тлена, трухи, белых грибных пленок, пустул, лишаев. Бессмысленный путь налево по тусклой дороге, по неверной осыпи — это был он. Дома с дверями нараспашку, чужие лица в сумерках, сырая обувь — это был он. Плохое море, потерянные ключи, объедки, опоздание на поезд, угроза с неба — все это он, он на самом деле. Ведь этот дом был моей земной скорлупой, одной из моих оболочек. А он вселился в нее, пробрался под кожу. Он напустил порчу.

И я сама предала мое сокровище, и никто, кроме меня, тут не виноват.

* * *

Год был плохой. Я жила рядом с колледжем, иссушавшим мою душу, выпивавшим из меня все живое; красота вокруг была необыкновенная: высокие ели, белые снега; здравствуй, смерть-красавица. Я уже привыкла просыпаться в пять утра, но идти в это время было некуда и смотреть не на что, кроме как на потолок. Ничего, говорила я себе, год пройдет скоро; Нильсен съедет; тогда я продам дом и уеду. Все равно это не то место. Опять не то место. Пора бы уже знать, что в то место не попадешь; может, оно в прошедшем времени, на зеленых холмах, может, затонуло, а может, еще не возникло.

Может быть, Господь хочет дать знать, что на этом свете мы никуда не доедем, ничем не завладеем и никого не удержим. Может быть, только в пять утра, да и то не каждый день, нам открывается истина: все, все, чего мы так желали, — миражи и муляжи. Может быть... но тут кончается ночь, проступают очертания чужой мебели, и можно вставать и варить себе кофе восточной крепости, а не эту муть, а потом отправляться в колледж и ставить им несправедливые отметки: ведь мне уже все равно уезжать. Я уже все решила.

Пошла поставила пятерку чернокожей девочке за рассказ, не стоивший тройки; девочка сама это знала и, увидев пятерку, испугалась, ожидая подвоха. А никакого подвоха, просто рассказ — про то, как они незаконно, за взятку, на лодке перебрались в Америку с каких-то там неамериканских островов. Перевозчики — проводники — брали и деньгами, и натурой: изнасиловали всех женщин и девочек на лодке. Воды не хватало; за воду тоже платили сексом. Какой-то младенец умер; выбросили в океан. Все эти подробности казались ей естественными: а разве в жизни бывает иначе? Плыла с матерью, бабушкой и бойфрендом; всех постигла та же участь, но все счастливы, потому что доплыли из мира тяжелого в легкие миры. Не все ведь доплывают.

Рассказ был простодушный, плохо склеенный; выдумывать она не умела, все — чистый документ. Я просидела с ней час после уроков, расспрашивая. Устроились хорошо: бабушка занялась привычным вудуизмом, мама стирает по людям, бойфренд уже купил мерседес, и мы не хотим знать, как это вышло, хотя и догадываемся; сама же девочка попала в какую-то государственную университетскую программу и вот взяла курс художественного письма; набирает необходимые баллы.

Девочка сгребала свои листочки в кучку, и руки ее дрожали; я сгребала свои, и руки у меня дрожали тоже. Она не понимала, почему пятерка, и пришла узнать; моя задача была скрыть от нее причину этой пятерки, — да боже мой, да я хоть десять тебе пятерок накидаю, я же нечестный русский человек; набирай свои баллы, солнечное ты, невинное существо, не держащее зла на своих мучителей! Ах, какие у меня весы! А какой отвес!

Я врала вдохновенно (да, умею!), и она поверила, что у нее там какая-то значительность в композиции, и хорошо проработанные детали, и прекрасное начало, и еще лучшее окончание рассказа; можно, конечно, и вот тут улучшить, и еще вот это переделать, но ты же понимаешь, что нет предела совершенству, и есть писатели, которые вообще переписывают свои романы по шесть раз, не поверишь.

Я вошла во вкус и перестала церемониться со студентами. Ходила с портативным рогом изобилия и сыпала из него роскошными отметками, щедро одаряя всякого, в ком чувствовала хоть малейшую мечту, малейшую робость перед жизненной тьмой, — салют, братья! — малейшее желание встать на цыпочки и заглянуть через изгородь. Злым дуракам поставила двойки, добрым дуракам — четверки. Одних прогульщиков простила, а других нет, по тайной прихоти. Когда в конце семестра пришли студенческие оценки из деканата — выбросила пакет не читая. Ухожу!

Прощай, север, и снега, и скалы, и сказочные деревянные домики, и голубые далекие горы, за которыми уже Канада, и друзья, — ведь вы у меня были, ведь я вас любила, но теперь ваш черед стать прозрачными медузами, теперь через вас будут пролетать светлячки и преломляться звездный свет.

Я вернулась в свой Принстон, который был не Принстон, а так; Нильсен уже съехал. Я вошла в дом, прошлась по комнатам. Ужас объял меня.

Все, что можно было сломать, было сломано, все, что можно испортить, — испорчено. Это были не случайные повреждения, не результат буйных пьянок, простительных для молодого человека, нет; это были планомерные, безумные и странные разрушения. Словно бы в доме жил червь, или большое членистоногое, или какой-то моллюск, и в непонятных мне стадиях своего жизненного цикла он то метал кучками икру, то прыскал на стены из своего чернильного мешка, то, высоко под потолком, откладывал яйцо, то замирал на недельку, окукливался, а после с хрустом ломал хитиновый кокон и выползал в новом обличье, может быть, испытывая сильную нужду в проползании.

В стенных перегородках он вырезал круглые дырки размером с десертную тарелку: можно было просунуть голову, и не то что детская, а и взрослая пролезла бы; в каждой стене была дырка на уровне человеческого лица. Деревянные рамы, гордость Дэвида, были погублены глубокими надрезами, словно у Нильсена внезапно вырастала шестипалая лапа с костяными когтями и он точил ее о нежный под-оконник. Найдя противомоскитную сетку на окне или двери, Нильсен любил надрезать ее, чтобы она висела, как оборванная паутина. Возможно, он спал на ней; возможно, висел головой вниз.

Ванну он долбил молотком и стамеской, но толь-ко левый ближний угол. Ванна была чугунной, и он пробивался к чугуну через эмаль. Другие углы ему не показались съедобными.

В подвале под потолком были расположены вен-тиляционные трубы, по ним шел горячий воздух, обогревавший дом; но больше они там не были рас-положены: Нильсен срезал их. Он вырезал три погон-ных ярда труб в разных местах, по известному ему одному плану. Человеческий мозг не мог разгадать этого плана; не веря своим глазам, не веря себе, я при-тащила в дом американского сертифицированного строителя: что это? что это? объясните мне!

— *Holy shit...* — прошептал сертифицированный строитель, вобрав голову в плечи. В американских трэшевых фильмах про далекую планету, заражен-ную какими-то мелкими тираннозаврами, вот так земляне стоят и смотрят, не зная, что предпринять, а тут сзади на них прыг! — прыгает нечто в слизи и паутине и уносит в зубах не шибко красивую де-вушку, про которую с самого начала было понятно, что ее быстро расчленят и съедят, предварительно запутав во что-то липкое.

Конечно, в доме было грязно, но какая разница. Ведь понятно теперь, что стерильность была ему нужна только для того, чтобы сподручнее было напускать порчу; именно стерильность, а не чистота: если ты посланец ада, если ты строишь пентакль, тебе необходимо зачистить помещение от всех теней, всех ларов и пенатов, домовых и подвальных; тут-то и приходят со своими фумигаторами наемные бесы — Жук и Курочка, трансвеститы, вступившие в брак, но фамилиями не обменявшиеся; я могла бы догадаться и раньше, видя, как Жук расставляет рюмки: поперек людских законов.

Еще в саду были вырваны кусты, розы он обкорнал до лыжных палок, и на границе с соседями наблюдались следы какого-то невнятного разворошения почвы. В почтовом ящике было два письма. В первом, месячной давности, Нильсен сообщал, что он съехал, и требовал вернуть сумму залога: полторы тысячи долларов. Во втором сообщал, что поскольку я залог не вернула и не отвечаю, то он подает на меня в суд за нанесение ущерба. На меня. Он.

* * *

Да, девушка, вот такой финал: стоишь ты себе одна-одинешенька посреди американского континента, без гроша в кармане, и какое-то психованное членистоногое подает на тебя в суд. Вы пробовали когда-нибудь что-нибудь понять про, скажем, поведение головоногих моллюсков? Вот, пишут: «Четвертая левая рука у самцов отличается по своему строению и служит для целей оплодотворения». Стало понятней? А ведь научный факт.

Нашла в «Желтых страницах» адреса принстонских юристов. Поехала в офис. Выбрала себе одного с фамилией, обещавшей особо цепкое крючкотворство. Изложила проблему.

— А почему вы не держали залог на специальном банковском счету, как это предписано законодательством? — поинтересовался юрист.

— Пожадничала, деньги нужны были.

— Вот. А теперь он формально имеет право потребовать с вас не только этот залог, но и штраф — думаю, три тысячи. А я беру двести долларов в час.

— Ну и что будем делать?

— Я с наслаждением возьмусь за это дело, — засверкал глазами крючкотвор. — Думаю, нас ждет очень интересная битва в суде.

Американский суд проходит не так, как в кино, а несколько иначе. Как на мой непрофессиональный взгляд, можно было бы управиться за час и разойтись. Но ведь каждый час — это двести долларов моему юристу и столько же, наверно, Нильсенову. Так что оба юриста — действительно с наслаждением — затягивают время. Вот наш черед задавать Нильсену вопросы. Вот мой-то встает с места не спеша, с особой ленцой прохаживается, как бы раздумывая, потом ме-е-ед-ленно поворачивается на каблуках, ме-е-едленно спрашивает:

— Ваше полное имя?..

Дальше — десять минут не имеющих отношения к делу вопросов. Потом то же самое делает юрист Нильсена, а как они вежливы, как они почтительны друг к другу, и вот к гадалке не ходи — в нерабочее время они ездят друг другу в гости на своих «лексусах» и пьют вискарь со льдом. По выходным — барбекю у бассейна.

— Узнаете ли вы нанесенные вами повреждения стен на этой фотографии? — ме-е-едленно спрашивает мой-то.

Нильсен молчит.

— Это вы нанесли эти повреждения?

— Не знаю.

— Вы прорезали отверстие в этой стене?

— Прорезал.

— А в этой стене тоже вы прорезали отверстие?

— Да.

— Для чего вы прорезали в стене отверстия, изображенные на фотографии номер семь и фотографии номер восемь?

Нильсен молчит, счетчик крутится, причем у него тоже. Если выиграю я — Нильсен оплатит мне все расходы, включая юриста. Если выиграет он — я верну залог, заплачу штраф и гонорары обоим юристам, и на мне неподъемным грузом повиснет поруганный мой дом, избранный чудовищем для проведения сеансов эволюционного регресса. Чего делать-то?

Они дотягивают прения до обеда и отправляются на перерыв. Это еще час, и я заплачу за него еще двести долларов: очень умно. После перерыва я спрашиваю моего-то: ну что, какие у нас перспективы? Он отправляется на переговоры с коллегой. Сквозь закрытые двери я слышу, как они смеются и явно обсуждают не только процесс. Перспективы у меня такие: Нильсен не смог ответить вразумительно ни на один вопрос, его юрист в ярости. В особой такой, юридической ярости, потому что сам-то он ничего не теряет. У Нильсена есть все шансы проиграть. Но из этого не следует, что у меня есть шансы выиграть! Потому что я не положила чек в банк и тем нарушила американское законодательство. Пятьдесят на пятьдесят мои шансы. Но можно просто разойтись, прямо сейчас.

— Он готов отозвать свой иск, — говорит мой-то. — В обмен на это он просит, чтобы вы отозвали свой. Это осторожное решение. Но я бы рискнул, я бы с наслаждением еще поборолся!

Ты-то — да. Но я не могу рисковать. Черт с ним. Расходимся. Уйти и не оборачиваться. В конце-то концов — «и остави нам долги наши, яко же и мы оставляем должникам нашим».

— Жаль! Жаль! — говорит мне вслед мой-то. — Так интересно все разворачивалось, так хотелось поработать!

* * *

Дом, кое-как залатав и отчистив, я продала каким-то латиносам. Они были противные, угрюмые и ни разу не улыбнулись, даже из вежливости. Поэтому я не стала им рассказывать, которая стена в подвале пропускает воду во время дождя. Будет сюрприз! Меня не спросили — я не ответила, как учил меня риелтор.

— Я сам не хочу знать! Я сам не хочу знать! — говорил он, выставляя ладони.

Имущество распродала на «ярд сейле» — дворовой распродаже. Вытаскиваешь на улицу столы, раскладываешь ложки-поварешки, занавески и прочую дрянь, вроде той, которой торгуют в подземных переходах. Продала и мебель; пришла немалая толпа людей поглазеть и прицениться; за всеми не уследишь, так что много чего украли, включая готовальню, но она ведь все равно была не моя. Мне приятно было, что американцы тоже тырят: не всё ж мы одни. Терраса за годы выцвела, дерево стало совсем серебряным, и подступал срок, когда, по расписанию сертифицированного строителя, надо было обновлять ее, промазывая пропиткой. Не буду, пусть промазывают латиносы. У их детей, кстати, головы были просто огромные.

А машину я продала дальнему соседу, державшему небольшой вонючий бизнес в собственном дворе: развинчивал рухлядь на запчасти, перебирал моторы, продавал в автомастерские. Просила пятьсот долларов, но гешефт не вышел, в товаре он хорошо разбирался и заплатил мне один бакс. Справедливо: ведь днище проржавело так, что между педалей, сквозь дыры в полу, мелькала дорога и раздавленные на ней, не вовремя перебегавшие дорогу скунсы. Еще и выручил: так просто ведь машину не бросишь, оштрафуют. Разве что завести ее в лес, на забытый участок, к дому, называемому Конец Всех Путей, и оставить там до морковкина заговенья, до второго Колумбова пришествия, до дня, когда рак свистнет и за всеми за нами придут.

Голым приходишь ты в этот мир, голым и уходи.

Постояла на повороте, посмотрела.

Вырвала иглу из сердца и ушла.

С народом

К вопросу
о национальной идее

В 1988 году поэт П. пришел ко мне в гости и подарил два глечика из обожженной глины и хуй на веревочке. Вернее, глечики он передал мне в вечное пользование, а хуй — миниатюрную такую вещицу длиной в один сантиметр — попросил отвезти в Америку, куда я как раз собиралась ехать, и подарить какому-нибудь американцу.

— Как же это я, вот так вот возьму и подарю американцу хуй? — спросила я в некотором оторопении.

— А вот так и подари, — сказал поэт П. — Он из моржовой кости сделан. Якут один вырезал.

В 1988 году как раз был разгар перестройки. Америка казалась лучезарным материком свободы, и сама мысль о том, что в нее можно было попасть, затуманивала разум. Идея подарить незнакомому — а может, и знакомому, не знаю, что хуже — американцу якутский нанохуй не представлялась совсем уж безумной, просто смущала. Немножко смущало и то, как я познакомилась со стихами поэта П. Их привезла с собой одна моя знакомая, лечившаяся в дурдоме города Ухта; там среди выздоравливающих ходили по рукам списки этих стихов.

— Хорошо, Алеша, — сказала я, — отвезу.

Отвезти-то отвезла, но за десять лет жизни в Америке случая вручить подарок у меня не было. Не было вокруг меня таких людей, которые, приняв подарок, не позвонили бы в полицейский участок или врачу. Ну не встретился мне такой человек. Эмигранты, понятно, не в счет.

Честно, маленький беленький хуй моржовый тяготил меня. Ведь я обещала — но просьбу не выполнила. Я как бы незаконно владела чужим имуществом и воплощенным в нем приветом неизвестному другу. Эстафетная палочка не добежала до финиша, а грузом лежала в отделении кошелька. Часто я думала о том, как от него избавиться. Остановить прохожего на улице Нью-Йорка и молча протянуть?.. Завернуть в бумажку и подложить в сельский почтовый ящик?.. Вручить лучшему студенту?.. Картины ужасных последствий пугали и останавливали занесенную руку.

А вот в России, думала я, никакой проблемы бы не возникло. Ни самомалейшей. За редкими исключениями в виде совсем уж старушек-маргариток любой мой знакомый с огромным удовольствием принял бы вещицу в подарок, много шутил бы, надел бы на шею (шнурок потемнел, но был крепок), придумывал бы, как употребить и где использовать.

Вернувшись в Россию, я так и сделала. Легко и со смехом принятый, он мелькнул и порхнул и освободился от десятилетнего плена. Где он теперь?

Я, в общем, к Америке хорошо отношусь, нынешний антиамериканизм, как и все националистические фобии, мне претит. Баланс хорошего и дурного в Америке очень приличный, а если президент болван, так скоро другого выберут. Но жить там я не хочу, я хочу жить тут. Здесь совсем не лучше. Просто там чужое, а тут свое. Вот и подарок поэта П. погулял по белу свету и воротился домой.

Наверно, вы бы поступили иначе.

Адамово ребро

Пошла в магазин, купила кучу продуктов. Водки для гостей, себе — шабли («вкусненького шабли», как выражается блогер Антон Красовский).

Тащу сумки. Под козырьком «Перекрестка» небольшая бригада людей в красных спецовках (уборка мусора? разгрузка товаров?) продает друг другу, судя по движениям и выкрикам, голубую джинсовую куртку за полцены.

Кричат с каким-то акцентом: «А потому что страна у нас такая — все н-нах..! А страна у нас такая!» «Н-нах.. все!» — отзываются собеседники.

«Как бы не толкнули и не разбили бы шабли», — думаю, протискиваясь.

От группы отделяется один, тоже в спецовке. Немолодой. Быстро идет за мной. «Ой», — думаю я.

«Да вы никак Толстая?» — говорит он.

«Не без того», — привычно отзываюсь я.

«Тогда у меня к вам вопрос!»

«Прямо вот тут?» — спрашиваю я. Сумки адской тяжестью оттягивают руки, но дом близко.

«А вот я что хотел спросить. Вот вы в своей программе со священниками всякими разговариваете. Был этот у вас. Чаплин».

«Кураев», — автоматически поправляю я.

«Да. Кураев. Так вот вопрос. Вот, он говорит, женщина сделана из Адамова ребра. А вы там так недоверчиво к нему. Вот хотел спросить: ваше какое лично мнение по этому поводу? Вот ваше лично».

Я молчу.

«Потому что я вам могу изложить на это свое понимание, как мне представляется», — предлагает мне спецстроймонтаж, или мосмусор, или кто он.

Ох, блять. В одной руке у меня три бутылки да во второй пять кило всякого нелегкого и необходимого. В третьей руке сумка с кошельком, а четвертой рукой надо достать ключи и открыть подъезд. Сейчас все выроню и разобью. Да. Из ребра спецмусормонтажа, конечно. Из чего же еще? Сама, что ли, зародилась?

Я молчу и, извернувшись, достаю ключи одиннадцатым, незанятым пальцем.

«Значит, не излагать? Не заинтересовал?» — еще надеется строймонтаж.

«Нет».

«Ну что ж. Все-таки спасибо, что выслушали, прошли со мной».

Прикладывает руку к воображаемому козырьку и уходит. Страна, что ли, у нас такая.

Превозмогая обожанье

В троллейбусе три старухи. Одна — лет шестидесяти пяти — с рукой на перевязи, сделанной из розового платка. Громкая, бодрая, напористая. Розовый берет, волосы уложены на бигудях.

Вторая — далеко за семьдесят, тоже еще не без бодрости, но проникновенная, духовная. На голове — вязаная шапочка, а поверх — шапочка для душа, то ли от дождя, то ли от Вредного Космического Излучения.

Третья совсем древняя, шамкающая, медленная, так что две первые не пускают ее в разговор, перебивают.

Они только что познакомились.

Духовная: А вот есть еще хорошая повязка, фиксирующая. Я столько всего себе переломала. (*Смеется.*) Очень хорошая повязка, но стоит 1400.

Перевязанная: Знаю. На Профсоюзной есть магазин медицинской техники. Там, может, дешевле. На окраине все дешевле.

Духовная: Да, тут, в центре, как будто другое государство. Все в три раза дороже.

Перевязанная: Конечно, у нас в Южном Бутово дешевле.

Духовная: Как мне нравится ваше Южное Бутово! Воздух, дороги. Чисто.

Перевязанная: А другую руку я еще в 1991 году сломала. До сих пор побаливает. А надо разрабатывать.

Духовная (*оживляясь*): А вы теплые ванночки попробуйте с содой и шалфеем.

Перевязанная: Говорю же, в 1991 году сломала. Когда этот... Союз развалился. Чего уж теперь ванночки. Я из Магадана приехала. Нет, это возраст. Куда нам. Яндекс вот — нам уже не понять. А молодежь разбирается. Вот соседка у меня — здоровая, ей сто лет, а память у нее как у молодой.

Духовная: А из какого она города?

Перевязанная: В Новгороде она выросла.

Духовная (*с пониманием*): О-о-о... Из святых и экологических мест! Новгород, Шексна...

Перевязанная: Сволочь она!

Духовная (*по инерции*): Вот господь и про-длил дни...

Перевязанная: Сволочь! Питается чужой энергией, вот и здоровая как конь. Она меня уже двадцать лет ненавидит, со свету сживает.

Шамкающая: В одной квартире с вами?

Перевязанная: Нет, зачем? На лестничной площадке. Я из Магадана в 1991 году приехала. И мне переводом деньги пришли. Сначала пятьсот. Потом еще пятьсот. И так три тысячи за восемь месяцев. Три тысячи! В советское время. Такие деньжищи. Вот она увидела и мне: давай я тебя с женихом познакомлю. И привела. Я стол накрыла, все дела. А он входит, морда такая белая. Оказалось — мент. И всё. Он мне сразу: «А сколько у тебя денег»? Первый вопрос. Понимаете? И с тех пор калечит мне жизнь. От него не скроешься.

Духовная: Но вы же не вышли за него замуж?

Перевязанная: Какой вышла! Нет! Но он мент. Понимаете? Они все крышуют, воруют, наводят на меня налоговую. У меня в Мурманске небольшой бизнес был — налоговую навел. Все время меня проверяют, проверяют. Это он мстит. Всю мне жизнь покалечил. Двадцать лет покою не дает.

Шамкающая: Вы бы переехали.

Перевязанная (*горько смеясь*): Переедешь тут, как же! Он следит. В Мурманске следит, в Южном Бутово.

Духовная: Но как же? Он и там тоже?

Перевязанная: А вы как думаете? Мент, куда скроешься. Никуда не скроешься. Он меня стал компрометировать. Бизнес мне весь поломал. Телефон на контроле столько лет.

Духовная: В Мурманске?

Перевязанная: Да всюду.

(*пауза*)

Шамкающая: Это дьявол.

Духовная: Надо идти путем креста.

Перевязанная: Не дьявол, а ментовские связи. По-до мной бандит живет. Он себе вентили вставил и мне воду перекрыл. Я приезжаю с Мурманска — воды нет. Это он перекрыл. Потому что у них всё между собой... Мне говорят: а ты в прокуратуру. Ха-ха, в какую прокуратуру, когда у них всё схвачено. Это же одна компания.

Духовная и Шамкающая вместе: Дьявол, дьявол, это уж такие люди, темные силы.... Надо внутренне так закрыться и в себя не впускать... Идти путем креста... Свет в себя только впускать, а тьму не впускать...

Перевязанная: Всё одна шарашка. Денег моих захотел. Так и спросил: «Сколько у тебя денег?» Мне одна на работе сказала: «Не ты ему нужна была, а деньги твои». Вот.

Хорошо в офлайне, интересно.

Засор

Пообщалась с народом.

Кухонная раковина, как ни старайся, имеет свойство засоряться. Чем я ее только не прочищала. Простой и честный «Крот», непростой *Deboucher*, который продавцы называют «Дебоширом», совсем непостижимый «Потхан», у которого такая инструкция: «Распахните окно настежь. Вытяните руку. Отверните лицо в сторону. Затаите дыхание. Сыпьте... *etc*», — и, несмотря на все предосторожности, ощущение было такое, что это зарин в порошке.

Надо ли удивляться, что при такой страшной интервенции все резиновые прокладки на трубах были съедены и сифон — такая фигня, создающая защитную водяную пробку, — болтался в свободном режиме и из него лило.

Сначала я поборолась с диспетчершей. Я позвонила ей с вечера и попросила: «Пришлите мне завтра сантехника с прокладками, мне нужно поменять прокладки». — «На завтра? Вот и позвоните завтра с восьми утра». — «Нет, я звоню вам вот уже сейчас. Я не хочу вставать в восемь утра, я уже сейчас проснулась и хочу сделать вызов на завтра». — «Но мы же не знаем, что будет завтра...» — «Завтра сантехник придет ко мне с прокладкой. Если вы это запишете в Книгу вызовов». — «Но...» — «Откройте Книгу и записывайте».

Я победила, и она записала вызов в Книгу, хотя и слышно было, что у нее когнитивный диссонанс, и она, должно быть, была расстроена, и, возможно, дома, вечером, у нее все валилось из рук, и она плакала в постели, накрыв голову одеялом, и отталкивала пытавшегося ее утешать — уж как умел — мужика своего, и он обозлился, обругал ее и пошел курить на кухню.

Сегодня пришли двое. «Пакеты есть?»

Вот иностранец бы не понял, что значит «пакеты есть?», и, возможно, запаниковал бы. Но у меня уже был опыт с сантехником Васей, и я знала, что нынче не те уж пещерные времена, нынче культурка, и сантехник уж не ступает, как бывало, грязными кирзачами по белым коврам, а просит выдать ему пластиковые пакеты из магазина «Стокман» или «Пятерочка» — в зависимости от вашего классового статуса — и надевает их на свои говнодавы, а потом уж идет. Уже почти Европа! мерцает и рассветает!

Сантехники работали в паре. Один был чернорабочим, другой — такой же степени замурзанности — менеджером. Не знаю, может, они потом менялись местами. (А такие профессии всегда, я заметила, работают в паре: один на коленях ковыряет прибор, притворно сокрушаясь его ужасному, непоправимому повреждению, типа: у-у-у-у-у-у... тут работы на день... А другой озвучивает расценки. Вот мы в свое время работали пиарщиками у Сергея Кириенко, там все было то же самое. Там его такие Фима Островский и Петя Щедровицкий по той же схеме окучивали.)

«Да... — сказал чернорабочий сантехник. — Засор серьезный». — «Девятьсот рублей», — вздохнул менеджер. — «Никакого засора нет, — сказала я, — просто прокладки прохудились, и их надо поменять». — «Как нет? — удивился русский народ. — А нам написали засор». — «Нет». — «Тогда триста», — упавшим голосом сказал менеджер.

Чернорабочий встал на колени и стал откручивать сифон. — «Кто вам тут накрутил-то? — с презрением начал он свое адажио. — Эвон!» — «Ваш Вася и накрутил», — быстро пресекла я. — «А, Вася... Ну, Вася... Вася да... Чего ж... Вася... Тут это... да... ну правильно», — начал он пятиться из неловкой ситуации.

Я была безжалостна. «Ваш Вася приходил в прошлом году, обругал предыдущую работу и сделал вот то, что вы сейчас ругаете. Поменяйте прокладочку и идите с богом».

«Тут работы невпроворот...» — коленопреклоненный начал следующий раунд. Менеджер помог ему театральными вздохами. «Спокойно работайте, спешить некуда», — сказала я и ушла к компьютеру. Не стала тревожно стоять над раковиной, переводя испуганные глаза с резиновых кишок на пластмассовые органы. Хотя по сценарию должна была.

Сантехники оставили в покое членораздельную речь и перешли к междометиям. Работа пошла быстрее. В сущности, десяти минут им хватило.

«Хозяйка! Принимай работу!» — наконец крикнул менеджер. — «И сколько?..» — «Четыреста». — «Только что было триста. Как это успела цена вырасти?» — «Да тут наворотили... работы на цельный день... как же... надо!»

«Триста пятьдесят дам, и хватит, — сказала я. — Да и то много». — «Триста пятьдесят на два не делится! — запротестовали мужики. — Это ж, если к примеру, два стакана водки...» — «Давайте не будем все пересчитывать на водку, — сказала я. — Не те времена. Где ваше профессиональное достоинство? Молочка попейте на ночь». — «Молочка!!! — закричали они наперебой. — Сейчас какое молочко?! Один порошок! Это наш народ все молчит, терпит! Молочка! А как уснешь?!»

Я знала, что сейчас начнется народная историософия, и не хотела ее выслушивать: я ее знала наизусть. Менеджер, получивший триста пятьдесят и не полюбивший меня за утруску суммы, вышел в дверь не прощаясь, в пластиковых пакетах из «Азбуки вкуса». А чернорабочий задержался в дверях и с горечью сказал мне: «Вот раньше! Раньше и стакан был двести пиисят грамм. А теперь?! Сто восемьдесят! Эх!»

Серебром и чесноком

Все-таки вот зачем переименовывать милицию в полицию. Понятно же, что лучше не станет. Нет, должны быть глубинные причины, внелогические и дологические. Какие-то тектонические сдвиги должны быть задействованы — на уровне архетипов, бинарных оппозиций, вудуизма и насылания порчи.

Вот, например, отличное великорусское заклинание: «Чтобы испортить человека, обратив его в пьяницы» (правда, я не очень понимаю, в чем проблема-то).

(Положив в вино червей, читать над вином): «Морской глубины царь, пронеси ретиво сердце раба (имярек) от песков сыпучиих, от камней горючиих; заведись в нем гнездо оперунное. Птица Намырь взалкалася, во утробе его взыгралася, в зелии, в вине воскупалася, а опившая душа встрепыхталася; аминь». Начитанным вином поят того, кого хотят испортить.

Ну, эта задача в общем и целом решена (ср.: водка «Немирофф» — птица Намырь). А вот что делают «При просьбе»:

...А войдя, должно вдруг взглянуть и думать или проговорить: «Я волк, ты овца; съем я тебя; проглочу я тебя, бойся меня!»

«От ворона, мешающего охотнику», «На хульного беса», «Чтобы скорое и хорошее лето было» — на все есть свои заклинания. Советская власть, кто помнит, охотно пользовалась этими древними техниками: на 7 ноября и 1 мая в газетах печатались так называемые «призывы», т. е. попросту мантры. «Женщины! Активнее участвуйте в процессе освоения передовых технологий!» «Колхозники! Приумножайте народные закрома, шире фронт работ!» «Учащиеся! Настойчивее овладевайте знаниями!» Естественно, мантры не работали, потому что были неправильными, да и шаманы были плохими, а хороших шаманов извели. Существуют и другие способы приумножать и овладевать, но это не для великорусского народа, а для западных иродов, а у нас культ карго, как где-то уже было сказано выше. Так называемые «лихие девяностые» — это результат столкновения западного способа приумножать и овладевать с нашим, старинным, магическим. А при столкновении разнотемпературных потоков вот вихри-то и возникают. Сейчас все улеглось, вертикаль вроде воздвиглась, можно вернуться к заклинаниям.

Так вот какое соображение: существуют устойчивые бинарные оппозиции. Мужское — женское, сырое — вареное, теплое — холодное, огурчики — помидорчики, колбаса — сыр, папа — мама. Последняя пара интересна не тем, что родители имеют, понятное дело, противоположный пол, а тем, что выявляется оппозиция П — М. Работает она во всех индоевропейских языках, про другие не скажу. *Pall-Mall*, например. Муси-пуси. «И в мир, и в пир, и в Божий храм». Какая-то она важная. Что-то она в себе несет. (А вообще бинарная оппозиция — это две стороны одной медали, одно без другого не живет, одно понимается через другое.)

Вот и столицы у нас — Москва и Петербург — в вечном соревновании и вечном балансе, неразрывны и неслиянны. Вот и президент наш с премьером таковы же, и вечно все путают, кто есть кто, а потому что П и М. Вот и оппозиция у нас традиционно выбирает либо Пушкинскую площадь, либо Маяковскую, а ныне Триумфальную («После смерти нам стоять почти что рядом: вы на Пе, а я на эМ»). Никто же отродясь не ходил протестовать на площадь Белорусского вокзала, хотя она просторная и (до ремонта) была удобная, — а почему? потому что там негодная парадигма, и Горький там стоит (уже не стоит) совершенно не на месте, и вообще все неправильно — скупка золота и казино, как раз то, что человеку нужно перед поездом.

В свете вышесказанного совершенно понятно, что милицию нужно переименовать в полицию. Потому что на полюсе **М** народу много, а на полюсе **П** — нехватка. Надо перетянуть канат в другую сторону. У нас перевыборы скоро[1]. И надо аккура-а-атненько надавить на народное подсознание: **П** лучше. Правильнее. Когда **М** — народ бьют дубинками и вообще всякие там евсюковы. А когда **П** — закон и порядок, и чисто как в Европе, и можно смело переходить дорогу на зеленый свет.

Но у меня к властям — городским и федеральным — небольшая просьба / предложение. Понятно, что вы хотите сделать площадь **М** (Триумфальную) непрохожей и непроезжей, все там забаррикадировать и создать разнообразные неудобства желающим войти в Концертный зал, метро и прочие заведения культур-мультур. Так можно проще, без заборов. Есть хороший заговор, вот отрывочек:

...чтобы «всякие нечистые духи разскакалися и разбежалися от меня, раба Божия, и во свояси, водяной в воду, а лесной в лес, под скрыпучее дерево, под корень, и ветрянный под куст и под холм, а дворовой мамонт насыльный и нахожий, и проклятый диявол и нечистый дух демон на свои на старыя на прежния жилища; и как Господь умудряет слепцы — не видят, а всё знают, так же умудри, Господи, меня, раба Божия, и на нечистых духов...»

Попробуйте.

А оппозиции, в свою очередь, могу предложить заговор против властей: «На выживание кикиморы»:

«Ах, ты гой еси, кикимора домовая, выходи из горюнина дома скорее, а не то заденут тебя калеными прутьями, сожгут огнем-полымем и черной смолой зальют».

А то всё — долой, долой. А хочется поэзии.

Для себя же я подобрала чудную народную молитву:

«Боже страшный, Боже чудный, живый в вышних, сам казни врага своего диавола, и ныне, и присно, и во веки веков, аминь. Создай, Господи, тихую воду, теплую росу!..»

Ну а можно серебром и чесноком.

Василий Иванович

Вот и еще один гость «Школы злословия» отправился к верхним людям. Василий Иванович Шандыбин, бывший депутат Госдумы, «профессор рабочих наук», колоритный товарищ.

Дураком не был, но считать его особенно умным тоже не за что было. Так, хитрован. Был необразован, гордился этим. Дурковал в Думе, косил под «народного» человека: дрался, толкался, мешал говорить, требовал много бесплатных благ для народа, притворялся, что не понимает, почему бесплатных благ не бывает. А может, и правда не понимал. С удовольствием нес дикую чепуху — ведь народу нести чепуху по традиции разрешается: «если разорить Англию и Америку, деньги рекой потекут в российскую экономику», «советский человек был самым счастливым человеком в мире».

Был коммунистом, а как же.

Похож был на Шрека, знакомые дети его так и звали; по ТВ его часто показывали, очень был фактурный. Охотно, непрошено и с вызовом читал стихи — Блока, Есенина, — путая строчки и слова. Рассказывал, что читает Тургенева и Льва Толстого, но, судя по его комментариям, вряд ли отличил бы «Анну Каренину» от романа Швецова «Тля», если, конечно, оторвать обложку.

В студии «ШЗ» держался настороженно, ждал подвоха. Дождался, обиделся. Но рецепт для книги «Кухня Школы злословия» дал. Кажется, суп какой-то из крапивы со свининой. Будто бы народное. Сомневаюсь.

Про него рассказывали, что в Москве носил костюмы «Прада», а когда ехал домой, на Брянщину, переодевался в поезде в родное затрапезное. Не знаю, правда ли. Но вот на публике Василий Иваныч отрицал, что пьет вино и пиво, — «я лучше самогоночку», — а сам-то ценил чилийское красное: приглашенный в числе прочих на презентацию «Кухни ШЗ», получил, как и все гости, в подарок книгу и бутылку вина. Но ему показалось мало, и он подошел к раздаче еще раз и еще, занукав в результате пять бесплатных бутылочек («мне на утро») и три книжки. Взял бы и еще, но ему не дали.

Вот теперь Василий Иваныч, нестарый совсем, умер. Так неудачно — под самый Новый год, когда на столе и свининка, и самогончик, — на Брянщине он хороший, чистый, 50-градусный, там умельцы себя не обделят.

А все-таки пожил, дурака повалял, в Москву съездил, людей посмотрел, себя показал, демократов обругал, в Лондоне побывал, интервью понадавал, на ТВ был частым гостем, костюмы пошил, вкусно поел и попил. Не всякому дурню такое выпадает.

Жалко мне его что-то. Земля тебе пухом, Василий Иванович!

С народом

Шла по Садовой. На углу с Малой Бронной — микротолпа. Прилично одетые люди, среди которых много пожилых дам в хороших меховых шапках, машут белыми лентами, бумажками, чем попало в сторону проезжей части. А по проезжей части едут малокреативные автомобили, как бы протестующие против Путина. Заинтересовалась, подошла. Белые ленточки, белые шарики; все веселые, из машин машут руками.

Самый творческий автомобиль (из замеченных мною) располагал наклейкой с текстом:

ВЖО
ПУ, —

то есть слабо, почти акварельно намекал на желательность смены главы государства. Но так, чтобы, если предъявят претензию, сразу можно было открыститься: а я что, я ничего.

Народ узнал меня (то есть народ смотрит зомбоящик, хоть и отрекается). «Ой, это вы?» — спросила меня молодая женщина с девочкой лет восьми, истово махавшей потоку машин. «Ой, а я как раз смотрела "ШЗ" с Ириной Прохоровой. Как вы считаете, Михаила Прохорова выберут?» — «Нет», — честно сказала я. — «А кого же выберут?» — «Путина». Женщина вроде бы огорчилась. — «Но вы за честные выборы?» — «Я — да, — сказала я, — но что толку-то?»

«Вы махайте, — велела мне дама в норковой шапке. — У вас есть белое, чем махать?» — «Вот только это», — показала я пакет с репчатым луком. — «Не годится. Достаньте ей белое что-нибудь!» Тут приятный человек средних лет сбегал в супердорогой магазин «Волконский» и принес мне полиэтиленовый пакет с фирменным логотипом. «Даром дали!» — гордо объявил он.

Учитывая, что в магазине «Волконский» на кассе продается малая жестяночка с конфетами «Вишня в шоколаде» за 850 рублей, не говоря уже обо всем прочем, я не была поражена щедростью магазина, не взявшего с мужика денег за пакетик. Сам он, кажется, пребывал в эйфории и верил, что восставшие пекари «Волконского» — на стороне трудового народа.

Молодая женщина с девочкой тем временем насела на меня с вопросами о том, кто, по моему мнению, имеет большие шансы стать президентом. Я начала мерзнуть. Девочка махала открыткой. «Ты белой стороной махай! — советовала ей мать. — Белой!» «Скажите, а за что мы машем?» — уточнила она у меня. — «Мы машем против Путина». — «Вы уверены?» — «Абсолютно». — «Ой, — вдруг сказала женщина. — У меня же начальница из "Единой России". Ну-ка, пошли быстро, пока не попались, — она дернула девочку за воротник. — Мы точно против Путина? А я думала, мы за честные выборы. Не фотографируйте нас!!!» — вдруг закричала она.

«А вон там старуха стоит — всем фак показывает!» — захохотала веселая дама в норке. — «Где, где?» — «А вон там! Ой, такая бабка крутая!» Молодая женщина, прикрыв лицо дочери рукавицей, быстро, пригнувшись, уходила из опасного места.

Я постояла, помахала, замерзла и ушла.

А лук потом поджарила. С картошечкой. Под водочку. И вспоминала лозунг двадцатых: «Товарищ, не пей! С пьяных глаз ты можешь обнять классового врага!»

А вы пойдете держаться за руки 26 февраля?[1]

---

[1] 2012 год.

Карна и Желя[1]

Сходила на рынок за всякими безбожно дорогими продуктами к новогоднему столу. Осетрина горячего копчения, народные соленые грибы и прочее. Картошка по цене кумкватов. Крабы.

И, придя домой, обнаружила, что все на месте, а вот соленые бочковые огурцы особой прекрасности и крепости пропали. Просто исчезли. А ведь я помню, как я их засовывала в сумку на колесиках, на самое дно, рядом с клюквой и хреном. Они никуда не могли деться, но вот делись.

Это, конечно, кармическая потеря, и я приемлю ее с кротостью и смирением. Я завтра пойду и куплю их наново. Но Господь! Ты удивляешь меня. Почему соленые огурцы? Я понимаю, отбери у меня камчатских крабов, первые пальцы, чищеные, в стеклянной банке, — слова не скажу! Действительно безобразие — так зажраться. Отними осе-

---

[1] Карна и Желя — в восточнославянской мифологии вероятные персонификации плача и горя.

трину (хотя ее очень, очень жалко, но именно потому и отними). Даже соленые белые грузди — кандидаты на утрату.

Но бочковые огурцы, всего-то по 120 рублей кило. Ты чего?..

...Я знаю, вас волнует пропажа моих огурцов и возможные причины моей иовизации.

Что ж. Расчехляю гусли и не без трепета начинаю рассказ.

Пришла я на рынок, где меня уже ждали торговцы, знавшие мою историю. Ибо огурцы не покидали рынка.

Отступление: рыночные торговцы делятся на три категории.

Первая, самая богатая, — насельники крытого рынка. Это Кавказ — в основном мусульманский: фрукты и трава, — и Средняя Азия — сухофрукты, специи, фасоль; это творог-сметана из частных хозяйств, в нашем случае из Псковской области и из Гатчины; это мед и постное масло, которому не место в мороз на улице; это бакалея (чай и др.), лепешки, какие-то жуткие «новогодние вкусняшки», это мясо и колбасы.

В мясе просматривается четкое разделение на птицу-яйца и собственно *red meat* и кости. Как-то я видела на Сытном такое объявление: «Для торговли яйцом куриным требуется продавец с артистическими способностями». Это, например, как? Я скажу как. В советское время в Москве на проезде Серова стоял такой продавец на тротуаре, раскинув свой лоток, и зазывал: «А вот кому яйца свежие, ночные, молодежные»?

Народ смеялся, подходил и брал. Действительно, яйца были из совхоза «Молодежный», все остальное относилось к артистическим способностям.

(Это, кстати, на заметку молодежи, спрашивающей, а вот как же это, секса в Советском Союзе не было? Расслабься, молодежь, тебя, как всегда, обманули; секс и шутки по поводу секса в Советском Союзе были, вот ничего другого не было, а секс был. И ты, молодежь, есть продукт этого бурного, никогда не прекращавшегося секса. Однако я отвлеклась.)

Ну, еще в крытой части рынка стоят русские бабы, перепродающие икру/рыбку копченую, и другие — бабы общесырные и масляные. Рыбные бабы — самые толстые люди на рынке. Почему? не знаю.

Вторая категория — люди, сидящие в полуоткрытых ларьках и торгующие всем москательным товаром, тапками, синтетическими халатами, «элитной одеждой», заметаемой сухой снежной крупкой, удлинителями, в которые не влезает вилка, и таблетками от комаров. Это товар челноков. В ногах у продавцов всегда стоят обогреватели, так что они могут жить вечно и сидеть дешево.

Третья же категория — самая аутентичная и самая морозоустойчивая. Это люди открытых дощатых прилавков. Это народ.

Сумерки, пронзительный ветер, снег то примется мести, то остановится, руки без варежек превращаются в красную растрескавшуюся кору, ни огня, ни сугрева. Благодаря модернизационным инициативам президента Медведева сегодня еле-еле рассвело к полудню, но даже в слабом свете декабрьского дня трудно прочесть текст на ярлыках — почем там ваши соленья, грибы, домашнее квашенье? Народ, в толстых ватниках поверх зипунов, подпрыгивает и переговаривается посиневшими губами. «Почем ваша клюква?» — слова уносятся порывом ветра. У этих продавцов есть поразительное свойство: они уговаривают тебя купить товар подешевле, потому что он вкуснее. И дают попробовать, и правда, вкуснее тот, на который они указали. Отчего так, я не знаю, но полагаю, что стратегия продавцов этого типа — установление дружеских отношений, подманивание на сладенькое. Уже позже, когда ты станешь лучшим другом и согласишься крестить детей, придет обман, подсовывание гнилого товарца, клятвы, голубые глаза и биение себя в грудь.

Я народ не идеализирую. Я его люблю черненьким.

(Подвид этого народа, чуть в стороне, также заметаемый снегом, торгует водопроводной арматурой и книжками о принцессах и подвигах Сталина. Эта часть народа мне мало известна. Которые с книжками — это часто опустившаяся низовая интеллигенция: спившиеся школьные учителя, преподаватели гражданской обороны и тому подобные мужчины. Эти люди ничего не производят, не собирают, не квасят, не солят. Они сокрушаются о гибели империи.)

Вот я вошла в рыночные ворота, и весть о Женщине, Забывшей Свои Огурцы, немедленно пошла передаваться из уст в уста: от продавцов мотыля и опарыша — к продавцам сердца свиного и голени индюшачьей — к войлочным тапочкам — повдоль батареек и фонариков — мимо половичков и одеялок с тиграми анфас — к грибному и огуречному, окоченевшему, но зоркому народу.

— Баба Лиза! — закричали грибные, обхлопывая себя рукавицами. — Твоя женщина пришла! Которая кило огурцов!

Клюквенные махали мне рукавами, приветствуя.

Из-под еловых ветвей в розницу вынырнула баба Лиза и побежала к своим будто бы точным весам.

— Вчера бежала я за вами, бежала, все ноги стерла, — рассказала баба Лиза. — Прямо сердце захолонуло. А вас и след простыл.

— Как вы на таком ветру целый день? — спросила я.

— Такая жизнь наша страшенная, — с удовольствием сказала баба Лиза.

Обретя огурцы и дав народу пищу для разговоров, я пошла себе в задумчивости в крытую часть, рассуждая про себя о том, к чему мне было ниспослано испытание и как технически оно было осуществлено.

Ну, технически оно было осуществлено методом отвода глаз и построения ложных воспоминаний. Потому что я прекрасно помню, как я укладывала огурцы в розовом рыночном пакетике на самое дно, рядом с банкой для рассола, а сверху положила баночку народного хрена, бесстрашно натертого лично бабой Лизой в рамках ее страшной жизни. А еще сверху встало ведерко с грибами и сбоку, чтобы не помялась, клюква. И вот все это был морок. Сон. Фата-моргана.

А в чем был смысл, в чем было задание? Зачем меня вернули на рынок?

На рынке ко мне подошла продавщица дорогих фруктов:

— Вот скажите, Путина переизберут?

— Не сомневаюсь, — сказала я.

— Но как же нам жить? — воскликнула она. — Мы абхазы, как нам жить?

Я не смогла усмотреть ясной связи между избранием Путина и абхазскими проблемами, для этого, наверно, нужно было быть Глебом Павловским или, на худой конец, Кургиняном, но кто бы по доброй воле стал Кургиняном? Огурчики свеженькие, которые она мне предложила, стоили 600 рублей. Были и по 250, но вялые.

— Так что же он, навсегда? — волновалась она.

— Думаю, да, — сказала я, вычисляя, сколько я готова отдать за два огурца для крабового салата.

— Так что же русский народ, он не встанет с колен?! — крикнула женщина.

— Не встанет, — заверила я. — Давайте мне мандаринов кило.

Купила и пошла себе мимо торговца, у которого мандарины брала вчера.

— Паччему не у меня сэводни?? — со злобой крикнул он и убил взглядом. У него была своя рыночная стратегия.

Что из этого предназначалось для меня? Какую роль мне предлагалось сыграть? Когда я добралась до дому и распаковала покупки, соленых огурцов опять не было.

Нигде.

В принципе тут не так далеко есть Псково-Печерский монастырь, можно было бы туда быстренько съездить поклониться. Но до Нового года не обернусь. Посмотрела «огурец» в Гугле. «Евреи плакали, вспоминая о дынях и огурцах египетских (Чис. XI, 5)». Не то. Мне нужна славянская мифология. Огурца не нашла. Нашла только Карну и Желю. Славяне, похоже, по огурцам не горевали.

...Карна и Желя в совокупности на слух дают холодец.

И люди в нем актеры

Вся наша Новослободская улица уставлена профессиональными попрошайками.

Некоторых я уже узнаю — они годами стоят беременные, жалобно скривив лицо, либо сгорбились над картонкой «подайте сыну на операцию». Одна, хроменькая, как-то стояла с детской колясочкой, в которой никого не было — так, тряпки. Протянула ко мне дрожащие руки — и, жалобно: «доченька, Христом прошу...» Я сунула руку в сумку (о этот миг надежды, да?), достала телефон и направила камеру на колясочку. С криком «ёб твою мать!» хроменькая обрела ноги и бросилась прочь, обогащая прохожих всеми словарными статьями, собранными Плуцером — Сарно и запрещенными Думой нашей народной, ненаглядной.

Есть одна бабка — крепкая, в сапогах «резиновые с золотом», любит располагаться у моего подъезда, прислонившись к водосточной трубе. Люблю, возясь с ключами, поговорить с ней. Если она принесла картонку с сыном и операцией — спросить, что оперировать будем, где и почем. Если у нее образовалась голодная дочь с больными внучатами — расспрошу, отчего она покупает себе юбки с люрексом (торчит из-под рубища), а не печет дома доступные пироги из дешевой муки «Предпортовая». Если просит безадресно — предлагаю ей вынести мой мусор на помойку — нетяжелый, и нести всего метров 150, а я бы заплатила рублей десять; право, не пожалела бы десятки.

Грязная ругань из уст милой бабушки скрашивает мои серые будни.

Помню, в девяностых в Питере, на Невском, лежал один молодой мошенник. Там есть такие магазины — несколько крутых ступенек прямо с тротуара. И дверь в какой-нибудь *luxury shop* — фарфор там, золотишко. Вот молодой человек лежал на этих ступенях, изображая, как я понимаю, ДЦП. Лицевые мускулы он полностью расслабил, только что слюна не текла; туловище распустил а-ля тряпичная кукла; ноги разбросал, как если бы силы покинули его. Но костюмер перестарался: один ботинок на ноге жулика был очень уж театрально расшнурован. Видно, что шнурки руками этак взбиты, не сами развязались. И будто бы этот ботинок сполз наполовину.

Предполагается, что люди приличные, жалостливые, деликатные не вглядываются в детали чужого горя, что разглядывать инвалидов — моветон. Так что молодой человек собирал себе деньги в шляпу и горя не знал. Тем более что богатые люди, пришедшие сюда покупать фарфор или золотишко, испытывали неудобство и торопливо подавали.

Я уважаю предприимчивость городских разводил, но в бизнесе их не участвую. Я люблю постоять, посмотреть, как это срежиссировано, какие у них маркетологические приемы. Вот этот ботинок меня привлек, я встала и глазею. Смотрю — инвалид напрягся, жизнь — в форме беспокойства — стала возвращаться в его обвислые черты. «Ты бы пересмотрел дизайн ступни, — говорю ему. — Перестарался ты, голуба».

Молодой человек ответил ясным злобным взглядом.

«Я бы вот что предложила, — говорю. — Ты с крылечка-то сползи и описайся. А ботинок, наоборот, крепко зашнуруй, потому что, когда бить начнут, тебе надо будет бежать быстро».

«Отойдите!» — прошипел увечный. Народ начал останавливаться. «Смотрите, — возвестила я народу, — смотрите, как врачует сила слова! Вот сейчас расслабленный встанет, возьмет постель свою и пойдет, славя Господа!»

И точно, расслабленный вскочил, в одно мгновение укрепил ногу в ботинке и исчез с невероятной даже для здорового скоростью.

Весь попрошайнический бизнес построен на желании человека быть хорошим. Любовь к себе хорошему, к себе жалеющему затмевает любой здравый смысл. При виде картонки «Подайте на похороны слепой матери» сердце наивного делает тройной перебой, реагирует на все три маркера: материнство, инвалидность, смерть. И откупается по всем трем направлениям.

Сколько ни пиши, ни говори, ни объясняй, что «матери» в переходах с полумертвыми младенцами на коленях, якобы спящими, — это чудовищные участницы чудовищного бизнеса, что младенцы эти накачаны какими-то снотворными, или наркотиками, или еще чем-то смертельным, что эти дети искалечены и скоро умрут, — сколько ни кричи про это, всегда прибежит толпа добротворцев, в основном женщин, и закричат в ответ, что лучше верить и подавать, лучше быть да, наивным, но зато сердечным, лучше поступить «по совести», нежели ожесточиться, цинично пройти мимо, *etc.*

«Совестью» при этом, повторяю, называется не жалость к нуждающемуся (ребенку, гибнущему у всех на глазах), в данном случае, а приятное чувство собственной хорошести. Быть хорошим очень просто: открыл кошелек, достал сколько не жалко, — а еще лучше так, чтобы было жалко — и вот уже любишь себя, славного такого, чуткого такого.

Мошенники прекрасно это знают и разрабатывают отличные сценарии для вас, золотые сердца. Вы сами спонсируете воровской ГИТИС, кризиса он не боится.

Здравствуй, столица

Когда приезжаешь из Питера в Москву, на Ленинградский вокзал, — в первую минуту забываешь, что сейчас, вот сейчас грянет фальшивая, насквозь гнусная музычка: «Мас-ква, златые купола!» — и будет сопровождать тебя по всей платформе, до упора, и руки, занятые каким ни на есть багажом, не смогут зажать уши и спастись; о, позавидуешь глухим!..

«Мас-ква, по золоту икон! Проходит ле-та-пись времен!..» — еще шестой вагон пройти. Еще седьмой: задом к лесу прибывает «Сапсан», как избушка Бабы-Яги. Москва — золото — иконы: большие слова построены в ряд, нанизаны на крепкую нитку; акция тщательно спланирована.

Заказчик (Юрий Михалыч?) ждал добротного, державного товару. Получил, ага, добротный, державный товар.

Но ведь икона — вне времени, вне мира. Она не от мира сего.

Иконное золото — не земного происхождения, не из таблицы Менделеева, это не аурум, не желтый металл, не всеобщий эквивалент. Из него не наваляешь гаек на ваши толстые пальцы. Иконное золото прозрачно, как бабочкино крыло, как утренний свет, который светит через листья, пока вы еще не проснулись. Иконное золото — метафора, обещание, спасение. «Господи!.. Господи!.. Не дай ему умереть!» — вот что мы говорим, ослепнув от слез и просьб, и золото любой подвернувшейся иконы — на стене ли, в руках ли, на паршивой ли бумажке в случайной брошюрке — сияет и обещает нам в ответ: ты и правда просишь? что ж, хорошо, спасу.

Какая летопись?.. Каких времен? Ничего вы не знаете ни про времена, ни про летописи. Как вы смеете вообще разевать свою пасть и что-то там квакать сытым голосом?.. Икона — вся вне этого мира; летопись — вся в этом мире. Какая мышца в мозгу сократилась, порождая этот противоестественный смысловой оксюморон?

Пропели — оскорбили — замолкли. Дальше только воровская толпа, ступени, бомжи, блевотина, пивные лужи, спуск в клоаку метро. Здравствуй, столица.

Всё снесут

Всю Сретенку перестроили; не то чтобы она была в свое время чудо как хороша, но это была настоящая московская торговая улица со всей полагающейся провинциальной обшарпанностью, с проходными дворами, колдобинами, старыми деревьями вышиной до пятого этажа, какими-то скользкими дощатыми мостками через глиняные ямы; с домами такими старыми и ветхими, что как-то раз, в воскресенье ночью, от одного из них — в Большом Головине переулке — отвалилась боковая стена и обнажился какой-то офис: компьютеры, желтые канцелярские столы, на столах барахло, оставленное с вечера сотрудниками. Только людей, по случаю выходных, не было, а жаль. Посмотреть бы на их реакцию. Так у муравейника одну сторону заменяют стеклом, чтобы наблюдать за жизнью и повадками муравьев.

В XIX веке это был район дешевых публичных домов, а Большой Головин переулок назывался Соболев. Он упоминается в рассказе Чехова «Припадок» — там студенты пошли на блядки, а один, нервный, с ними на новенького. Думал, что там будет всё тайна, и стыдливость, и потупленные глаза, а там тупая животная случка за деньги.

Весь квартал когда-то был публичным домом. Еще в начале девяностых мой племянник снимал там комнату в полуразрушенной квартире из многих, многих комнат, «гребенкой» вдоль коридора. В одной из них еще сохранилось старое тусклое зеркало, вмазанное в стену, с гипсовой рамой, замазюканной псевдо-золотой краской. Как бы роскошь и разврат. В него уже совсем почти ничего не было видно. Дом этот потом перестроили, и всё укрыл пластик.

Там всё перестроили, в этих переулках; там построили дома красивые и некрасивые; в одном переулке есть дом, где на крыльце — атланты в полный рост и в колготках. Живя по соседству, я ходила на них дивиться: натуральные колготки. Скульптору или заказчику неясно было, что делать с мужским хозяйством парных красавцев, куда ховать. Листья аканфа или классическая драпировка им по какимто причинам не подошли: может, и правильно. Тоже повод для припадка, если угодно.

Саму Сретенку тоже все время перестраивали, а так как некоторые владельцы домов не сдавались и отдавать имущество не хотели, то их периодически поджигали; так, несколько раз поджигали магазин «Грибы», я об этом писала, очерк такой у меня был или что — не знаю жанра, — «Гриб-б-бы отсюда!». Бочки там стояли с клюквой и капустой провансаль, продавались «Грибы резаные» фирмы «Ветераны Афганистана». Всё сожгли, порушили и перестроили.

Там всё снесут, не сомневайтесь. Всё старое, милое, растрепанное, крошащееся в пальцах; всё бесполезное и непригодное, то есть самое дорогое сердцу, — снесут. Всё хорошее тоже снесут, потому что это тупые машины, механические боевые слоны, у них ничего не болит, они ни от чего не плачут.

Умм

Как-то ездили мы с сестрой Натальей на литературную конференцию в Финляндию. Она вся прошла за городом, на зеленой травке: кто хотел — сидел на раскладных стульях, а кто предпочитал валяться — валялся под дубами. Мы и интервью давали валяясь. Интервьюер тоже валялся рядом.

Комара ни одного не пролетело, хотя рядом было озеро. Все было мирно, расслабленно, трезво. Зная собственную склонность к свинскому пьянству, хозяева запретили продажу вина и пива во время конференции, но по ее окончании обещали хороший выпивон.

Так и вышло: нас всех посадили на пароходик и отправили в плавание по системе озер, соединенных каналами. Финская сосновая природа, чистая вода, скалы, редкие темно-красные домики, вокруг которых не наплевано и не намусорено. Едешь и дивишься: отчего по эту сторону границы все так чисто и благостно, и отчего с нашей стороны с совершенно аналогичным населением: карелы, ингерманландцы, финны — такой глобальный срач? Но этот метафизический вопрос, как всегда, повисал в воздухе и не получал ответа.

Винища на пароходе было залейся, и пива тоже, так что финны уже через двадцать минут ходили со стеклянными глазами и красными лицами. Но оставались такими же молчаливыми и сдержанными: нация интровертов. Всё внутри.

Несколько человек, кто покрепче, оказались музыкальным ансамблем: они достали маленькие гармошечки — буквально размером с дамскую сумочку — и заиграли на них, припевая что-то рифмованное. Другие слушали, сдержанно веселясь и молчаливо одобряя.

Я спросила у финского переводчика — про что поют? Это, сказал он, частушки про Троцкого. Перевод, сказал он, примерно такой:

Троцкий тесто замесил,
Троцкий блины печь собрался.
Ой, Троцкий, ой, Троцкий,
Не знал он, что Суоми — исконно финская земля!

А потом ансамбль гармонистов, окончательно уже остекленев, заиграл «Калинку». И тут один финн — соломенно-белый, в глухом черном суконном костюме, длинный, как лыжи, вдруг одним прыжком вскочил на рундук и заплясал вприсядку, далеко выкидывая сухие, как жерди, ноги. Лицо у него при этом оставалось неподвижным, только наливалось малиновым жаром. И потел очень.

Казалось, он пляшет не потому, что ему хочется, а потому, что не плясать не может. Если бы частушечники не оборвали мелодию, он бы, наверно, упал на палубу с сухим стуком, как Кощей. Но они милосердно прекратили песнь. Остановился и финн. Тяжело дыша, он выпрямился во весь свой двухметровый рост плюс рундук. Встретился с нами взглядом с этой высоты. Постучал себе согнутым пальцем в грудь и сказал:

— Умм — эуропейски, душа — русская!

Ирочка

Завтра[1] в полдень в Нью-Йорке прекратится движение основного транспорта — метро и автобусов. Народ запасается едой и водой. Ураган Ирина придется на выходные, так что люди устраиваются поудобнее.

Стоя в нехилой очереди, разглядывала толпу: большинство нагружает тележки доверху упаковками воды и основной американской едой (с преобладанием дряни: чипсов и всяких хрустящих соленых палочек), но некоторые живут красиво: одна дева ничего не захотела приобрести, кроме горшка с малиновой орхидеей, а один негр эдак махнул рукой: дескать, к черту калории, когда ждем потопа! — и купил большой белоснежный торт, похожий на запасное колесо. Сверху одинокая клубничина.

Я разговорилась с интеллигентной дамой, которая тоже, на мой взгляд, как-то слабо экипирова-

[1] Август 2011 года.

лась. «Вы не боитесь урагана, как я погляжу», — говорю ей. А она отвечает: «Да как-то мне больше не унести, а из этого, — показывает широко рукой, — можно будет суп сварить, если что». «Это» было — две бутылки томатного сока и банка с красной фасолью. Вот такой у нее будет суп.

Еще эта дама рассказала, что в 1985 году на Нью-Йорк нападал ураган Глория, и населению велено было заклеить окна крест-накрест, чтобы стекла не вылетели. Все так и сделали, и эти блокадные наклейки еще несколько лет, по ее словам, оставались на окнах нежилых домов. Я пришла домой и посмотрела в окно: в 40-этажном доме напротив нашелся один паникер, который и сейчас художественно заклеил окна пластырем, так что издалека это похоже на букву «Ж».

Еще дама рассказала, что всех стариков уже эвакуировали из домов престарелых и ее коллеге (а она библиотекарь) вручили его папашу. И коллега недоволен, так как считает, что в доме престарелых «папе было бы лучше», там было бы кому за ним ухаживать.

Это интересный сюжет: ведь куча народу сдала родителей в дома престарелых. Так уж тут массово принято. Эти родители жили отдельно от взрослых детей, а когда совсем состарились, их счислили в учреждение: «там им лучше». И вот эти старики, иногда в полном сознании, годами живут в компании себе подобных, не видя ни одного молодого лица, не играя с внуками, не пекя пирогов (кто их тут есть-то будет), не ворча на всех подряд, не поливая цветочков, — а вокруг только старичье, старичье, угасающее старичье, игра в карты или лото, ужасные музыкальные вечера, раз в неделю педикюр, диетическая пища, никакого тебе выпить двойного бурбону, или к чему он там привык, бодро-фальшивый персонал и бессонные ночи, и неизвестно, когда рассветет. Лежи, дедуль, жди. И как хорошо уже устроились дети-то, все налажено, посещаем дедку-бабку раз в неделю, кричим в глухое ухо: «ты прекрасно выглядишь! ты еще ого-го!» — а что ого-го и зачем оно?

И тут, здрасте, летит баба-яга, костяная нога, звать Ирина. И мэр Блумберг распоряжается стариков-то разобрать по домам. Ваш дедок — вы за него и отвечайте. Какая неловкая атмосфера во многих семействах. Ведь папа одной ногой уже был там. А теперь двумя — тут. Может, он и под себя ходит. Или харкает с мокротой. Или клизму ему. А еще бывает Паркинсон. Или парализован от шеи. Хрипит, мало что понимает, плохо ориентируется, боится.

А хотели романтический уик-энд при свечах под завывание ветра. А фиг-то.

Dumb ways to die[1]

Осенью 1988 года меня пригласили в Америку в качестве *writer in residence* — это значит ничего особенного не делать, а просто «украшать своим присутствием наш кампус». Но просто так украшать, ясен пень, не дадут: все хотят с тобой общаться, задавать одни и те же вопросы, а ты держись, отвечай.

Вопросы в 1988 году были, например, такие:

— А вот это у вас есть? (показывает сигареты). Что с этим делать, вы знаете?

— А из чего в России шьют шубы? Из коров?

— А вы из Сибири? А Москва в Сибири? А Россия восточнее Бостона?

— А вам разрешается ходить по улице без конвоя?

— А русские тоже любят своих детей?

— А теперь вы наконец перейдете на латинский алфавит?

---

[1] Дурацкие способы умереть (*англ.*).

Вот одна радиожурналистка, озабоченная вопросами экологии, стала меня расспрашивать про здоровую пищу. А я как раз только что прочитала в какой-то перестроечной газетке типа МК про высокое содержание нитратов в огурцах для народа. (И про то, как в Кремле едят девственно чистые огурчики, выращенные тогдашним кровавым режимом на народных слезах и за народный счет!) Страшные цифры приводила всезнающая газетка! Вот я и говорю журналистке: так и так, наша пресса пишет, что процент яда так высок, что если съесть килограмма два, то сразу смерть. Неплохой способ покончить с собой, говорю. Особенно если малосольненькие и с картошечкой.

Дева все старательно записала; а говорили часа полтора, про Горби, про судьбы России, про писателей Тщэкхов и Гогол; про Лио Тольстой; про всё.

А на следующий день послушала я эту радиопрограмму, а там от меня осталась одна фраза, да и то как бы уносимая ветром, и ее перекрывает озабоченный голос журналистки: «Русский писатель говорит, что в России распространен способ самоубийства с помощью огурцов!»

И мне стали звонить из местных газет. И меня стали спрашивать: «Расскажите, а какие еще у русских приняты способы самоубийства?» Мне задавали вопросы в университете на встречах со студентами. У меня пытались взять интервью какие-то эзотерические организации из тех, чьи адепты покрыты татуировками и ходят в дредах и плетеных фенечках.

Но окончательно я поняла, что миф ушел в американский мир и его не остановишь, когда мне месяца через два принесли из издательства страницы рукописи одного писателя. Пострел уже поспел написать роман, и его уже взяли в печать! Там, в романе, двое — Он и Она, на пляже, что ли, разговаривают о самоубийстве, и Он Ей говорит: «А знаешь ли ты, что в России...» — и дальше сами понимаете что.

О стихах и метелях

Когда я жила в Америке, у нас по соседству был большой супермаркет *ShopRite*. Торговал он невкусным, но дешевым товаром, и мы его не любили, так как по соседству были супермаркеты получше, но этот был ближайшим, так что уж ладно. Кроме того, в нем, например, можно было купить дешевую лопату для самооткапывания из-под снега, а то иногда заносило входную дверь, дорожку и машину так, что не выедешь. Вообще, за десять лет моей жизни в Америке хороший снег выпадал два раза, и один раз его нападало столько, что в новостях это называлось *Blizzard of the Century* — Метель Века. Американец очень любит, чтобы у него было все самое большое, самое длинное, самое высокое, самое дешевое или, наоборот, самое дорогое.

А вообще, выпадение снега на широте Нью-Йорка — явление обычное, но отношение к нему — как к *national disaster* [1]. Как будто это торнадо какое. Помню, как-то в конце ноября зашла я в пустой галантерейный магазин на окраине Принстона и от нечего делать рассматривала ужасные китайские товары — заколки с цветами и прочими стразами, удивляясь, что вот, магазин, а купить тут ничего не хочется. Вдруг среди сонных продавцов началось непонятное волнение. Они тревожно посматривали в окна, некоторые двинулись к дверям, другие, наоборот, отступили к подсобке, издавая странные горловые звуки. Я была не единственным покупателем (собственно, даже и покупателем я не была и не собиралась им становиться), — кроме меня еще какая-то американская старуха рассматривала барахло в витрине и рылась в черных тряпичных цветах. Старуха тоже начала дрожать, и я забеспокоилась: может быть, какие-нибудь негры в чулках на голове или латиносы с татуировками на всем обозримом теле уже окружили галантерею и сейчас ворвутся, чтобы ограбить ее и меня? Не нужно ли заранее притвориться мертвой или спрятаться среди зонтиков?

Но тут дверь распахнулась и вбежала женщина с криком: «Снег!» Все ахнули, кто-то завизжал, некоторые выбежали на пустую парковку перед магазином и жадно смотрели в небо, как массовка в фильме «День триффидов». Оставшаяся в магазине старуха, вся дрожа, повернулась ко мне, став меньше ростом из-за подогнувшихся ног, и простонала сла-

---

[1] Национальная катастрофа (*англ.*).

бым девочкинским голосом: "*With the first flake of snow I become paranoooooooid...*"[1] Изумленная американской реакцией на обычную американскую зимнюю погоду, я вышла из магазина и подставила небу рукав своего черного пальто. Не сразу, но на него село три мельчайшие пылинки снега — в рекламе средств против перхоти показывают больше, не скупятся. Меж тем продавцы магазина, несмотря на ранний час, сочли случившееся природной катастрофой, погасили огни, заложили двери на засовы и начали разъезжаться по домам.

Но я отвлеклась. Так вот, магазин *ShopRite* в один из таких опасных снежных дней печатал, для утешения покупателей, на своих чеках поэзию: *Though there's lot of snow and ice, ShopRite has the lowest price*! Мои дети перевели это на русский, бережно сохранив исходную корявость подлинника: «Много снега, много льда, Шоп же Райт дешёв всегда!»

В те годы я полагала, что придурошная американская манера считать покупателей и вообще клиентов инфантильными олигофренами, требующими хихиканья и щекотки, не распространяется на дорогие товары. Скажем, средство для выведения трудновыводимых органических пятен с текстиля (а проще говоря — собачьих какашек с белого ковра), средство, ядовитое само по себе и детям в руки попасть не предназначенное, — на банке непременно будет приплясывать, злобно осклабясь, антропо-

---

[1] Стоит выпасть первой снежинке, как я схожу с ума... (*англ.*)

морфное злобное пятно на тоненьких ножках, а сверху, подобно бореям и зефирам с гравюр, изображающих морские битвы, будут дуть живительными хлорными струями Добрые Силы. Ну, все знают эти радостные зубные щетки и все такое.

А вот какие-нибудь дорогие духи, или цацки от Тиффани, или, тем паче, автомобили рекламируются со звериной серьезностью. Такие деньжищи, вы что! Поэтому я очень удивилась, когда дорогой обувной магазин *Stuart Weitzman* прислал мне свою очередную непрошеную рекламу в стихах. Совершенно шопрайтовские стихи, даже что-то ностальгически всколыхнулось в измученной душе! И на очи, давно уж сухие, набежала, как искра, слеза! *The weather outside is frightful, but our Resort Collection is so delightful!*[1] Но я сдержала набежавшую слезу и посмотрела, какая нынче у них погода. Плюс один, братья и сестры! Плюс *fucking* один! *Frightful indeed!*[2]

---

[1] Погода на улице ужасна, но наша Коллекция для Отдыха прекрасна! (*англ.*)

[2] Воистину ужасна! (*англ.*)

Антинародное

Каждый раз поражаюсь, какие в Нью-Йорке — в больших магазинах — классные специалисты работают. Как будто они где-то обучались (а так, наверно, и есть). Типа сомелье, но сомелье колбасный, например, или сырный — не знаю, есть ли для них специальный термин.

Стою у сырного прилавка, смотрю на сто сортов. Вижу новый: небольшое такое лубяное лукошко, и в нем под розовой коркой как бы просевшее болото. Заволновалась! Больше всего на свете я люблю французские полужидкие сыры, чтобы как гной, и запах чтобы тоже отпугивал некрепких духом. Но тут вам не Париж, тут они, как правило, сыр камамбер в каком-нибудь Висконсине, прости господи, изготавливают, да еще и из пастеризованного молока, тут боятся зараз и эпидемий, см. Доктора Хауса: «а пациент выезжал за пределы Соединенных Штатов?!» — как будто бациллы страх как пугаются визового режима; как будто тифозным баракам помогает окуривание таможенными декларациями.

Вот продавщица заметила меня с моим волнением и спрашивает:

— Вас что-то заинтересовало?

— Да, — говорю, — смотрю вот на этот розовый и думаю: это то, что я думаю?..

— Это именно то, что вы думаете, — говорит она, и у нее тоже глаз блестит.

— Такой текучий?..

— Да!

— И такой вонючий?..

— Да! Да!

— И вот прямо такой оглушительный?

— А то!

И мы с ней прямо как танго станцевали вокруг этого сыра.

Я уж не говорю о том, что ткни пальцем в любой — они тебе точно опишут все оттенки вкуса — ореховый там, или терпкий, или какой еще; и с каким мармеладом (айвовым или инжировым) надо есть вон тот козий, трижды сливочный, и все такое головокружительное, утонченное и очень, очень вредное, недопустимое для тех, кто сел на Дюкана и предпочел тонкую талию пищевому оргазму.

Но это Нью-Йорк. Тут Америка встает с колен. А ведь есть еще штат Техас, где я в свое время тоже пришла в большой красивый супермаркет, где играла никому не мешающая «эскалаторная» музыка и приятно пахло ароматическими специями. Тоже там постояла в сырном отделе — одна на весь огромный магазин. С обратной стороны прилавка, тоже одинокий, стоял продавец — дылда такая, парниша с крайней степенью застенчивости, с вулканическими прыщами по всему несчастному лицу, из тех, кто не знает, куда девать руки.

Вот я выбрала свой бри — а больше и брать-то нечего, — и он вдруг густо так покраснел и решился:

— А можно вас спросить, вот почему вы ЭТО берете?

— Как? — говорю. — Это сыр бри. Вы разве не пробовали?

— Нет, — говорит. И головой так затряс-затряс.

— Так попробуйте! — говорю. — Вы же тут стоите, торгуете. Вы давно тут?..

— Три года...

— И не пробовали?..

— Нет.

И на лице его изобразился ужас. Можно подумать, я привела чистого препубертатного малютку в бордель, или внезапно показала ему картины Люсьена Фройда, или толкаю его в чьи-то сифилитические объятия.

— А вот вы попробуйте — и узнаете, — сказала я и пошла себе, вертя хвостом. Обернулась — он стоял там не шевелясь, с красным лицом, и смотрел в пустоту.

Так, возможно, я погубила одну чистую техасскую душу.

* * *

Не смогла удержаться, купила в Нью-Йорке вонюче-го сыру, любимого. Круглый, с розовой корочкой, в лубяном лукошке. По консистенции и цвету — словно зачерпнули из таза в отделении гнойной хи-рургии военно-полевого госпиталя в 1915 году. По запаху тоже. Очень хороший сыр.

А лететь мне надо было в Москву через Хорватию с остановкой там на пять дней. Стала я сыр изоли-ровать от окружающего пространства.

Сначала завернула его в фольгу. Потом запихну-ла обернутый фольгой сыр в пластиковый, почти герметически закрывающийся пакет. Пакет замота-ла в полиэтиленовый мешок одного типа. Потом по-ложила сверток в полиэтиленовый пакет другого типа. Запах все еще напоминал о мусоропроводе и вызывал неуместный аппетит. Подумала и завер-нула весь снежный ком еще в один полиэтилен, трой-ной обвертки. Содрогаясь, уложила это в чемодан.

Свой чемодан на транспортной ленте в аэропор-ту Загреба узнала бы и с закрытыми глазами: от не-го тихо несло бомжом. Хотя пилот клялся, что за бортом минус 56 градусов, но сыру было нипочем. Я немного встревожилась: теперь надо было ехать три часа на машине. И правда, сыр в багажнике не-много, я бы сказала, расцвел.

Немного неловко было перед портье, который до-нес мой чемодан до номера. Он, боюсь, решил, что я привезла мешок застарелого нестираного белья мотоманевренной группы пограничных войск. Мало ли, русские.

Номер мне достался чудесный, не номер, а апартаменты: гостиная, а из нее три двери: в ванную, в спальню и в кухню, а в кухне — холодильник, значит, можно труп за окно не вывешивать. Положила сыр в холодильник.

Ночью встала — пойти закрыть дверь на кухню, в которой стоял холодильник, в котором лежал сыр. Сначала-то мне показалось, спросонья, что прорвало фановую трубу в ванной, но ванная была справа, а кухня слева. С помощью двух полотенец заложила щель под кухонной дверью.

На следующую ночь выключила тепло и распахнула окна. Немножко боялась, что все-таки вызовут полицию, но мой корпус стоял на отшибе.

Перед отъездом осторожно вошла в кухню. Достала сыр, завернула дополнительно в холщовую сумку, которую всегда выдают на книжных фестивалях и которой никто никогда не пользуется, а потом еще в один пакет. Итого на сыре было семь оберток, а если считать слои, то все двенадцать. Но запах переменился. За пять дней в сыре что-то надломилось и умерло.

Последним броском довезла его до Москвы. Держу на балконе. Сегодня пила кофе и ела его ложками. Божественно! Божественно!

Кофточка

О женском.

Вот купила я себе в Нью-Йорке красивую шелковую кофточку. Темно-зеленая с черными какими-то оторочками, дорогая, видно, что непрочная, — не жилец. Но тем более купила и унесла домой, целуя ее и обнимая.

Привожу ее в Москву, смотрю — какая-то она промокшая, что-то на нее вылилось в чемодане, причем только на нее, а все остальное совершенно сухое. Да и выливаться у меня в чемодане нечему. А чемодан при этом подвергался выборочной проверке, как это случается в американских аэропортах: залезают в него и все там ощупывают, а тебе оставляют бумажку: сорри, мы ваш багаж вскрыли и просмотрели. Привет от службы безопасности.

Омерзительная манера; лучше бы произвели ощупывание при мне, а не так-то. Кстати, иногда вещички пропадают, так что класть компьютер в чемодан никому бы не посоветовала. Тащите на себе.

В общем, я решила, что неведомые таможенные насильники совокупились, что ли, с моей дорогой, любезной сердцу кофточкой. Дома я кофточку немножко отмыла водой, но на ней остались разводы, как это всегда бывает с шелком. А мне в ней сниматься.

Ай, думаю, разводы на спине, никому не видно. Снялась в «ШЗ», собрала вещички, прихожу домой — вообще какая-то мистика. Из шести кофточек только одна, только вот эта зеленая, измазана каким-то жиром, которого на три метра вокруг не было и быть не могло.

Пригорюнилась девочка, а делать нечего. Принесла кофточку домой, залила все пятна специальным пятновыводителем, строго ориентированным на всякое масло и майонезы, средство немецкое, хорошее. Да, пятна поблекли, но тем более выделялись на роскошном темно-зеленом фоне.

Еще пуще пригорюнилась девочка. Стала судить да рядить: как быть с несчастной кофточкой? А тут пришлось внезапно снова ехать в Нью-Йорк по делу, вот я там ее в химчистку, подумалось мне, и сдам. Так и сделала.

Химчисточный китаец свою работу выполнил, пятна вывел. Немножко переусердствовал с утюгом: черная оторочка, и без того не очень прочная, словно как бы поблекла и оторвалась, но можно считать, что это такая мода. Как будто какая-то буря страстей немножко поваляла меня по лесному бурелому. Подчеркнула природную хрупкость, тыксыть.

О которой мало кто знает, ну двое-трое, и те не родственники.

Хорошо, везу мою ненаглядную, один раз надёванную и уже столько претерпевшую блузочку (или считать ее кофточкой? вот вопрос) прямо на проволочных плечиках в чемодане. По дороге в Москву заезжаю в город П. в стране Х.

И Х. радует душу, и П. не отстает. Так что на вечерний прием встяжку — с канапе и вином — рассчитываю я надеть свой прекрасный, темно-зеленый, свежеочищенный какими-то отравляющими веществами блузончик. И вот уже снимаю его с плечиков, и вот уже почти; но что-то торкнуло меня, и надевать я его не стала. Вот не стала, и все. Повесила назад в шкаф. Женщины меня поймут. Мужчины считают такие внезапные перемены прихотью, капризами и женской логикой, но мужчины вообще несколько спрямляют кружева наших земных путей, и все эти тонкости, все эти перелеты теней в сумерках, все эти шепоты и перешептывания гардероба проходят мимо их сознания. А женщины меня поймут.

Надела свитер, тоже хороший дизайнерский, сверху еще накрутила шарф, тоже бешеных денег стоил. Пошла есть канапешки и псевдопирожки и пить вино. И что же? Какая-то дама в толпе размахнулась рукой от плеча, как будто пришла физкультурой заниматься, и выбила бокал с красным вином у меня из рук, так что облила им с ног до головы не только меня, но и стоящего поодаль любезного друга Сашу Гениса. С ног, повторяю, до головы.

Тут масса непроясненного, непонятного для науки на современном этапе ее развития. Как могут полстакана вина залить двоих людей, причем не находящихся в объятиях друг у друга? Как может хватить этого ничтожного количества на такое количество одежды? Дама — она же Рука Судьбы — после нанесения ущерба, кстати, исчезла, испарилась, словно ее и не было. Сашкина рубашка, видимо, погибла, а я, разглядывая в своем номере свою облитую одежду, не нашла ни на свитере, ни на шарфе вообще никаких следов. Как будто это была особая винооталкивающая спецодежда.

Но мне понятно было, что этот удар предназначался для зеленой кофточки. Это за ней судьба бежала «как сумасшедший с бритвою в руке», это ее — за что? за что? — должна была изничтожить, погубить неведомая сила; у них там, у кофточек, в их, казалось бы, мирном шелковом мире тоже страсти роковые и от судеб защиты нет.

Я никогда не узнаю, что за карма такая у моей прекрасной, измученной, больной страдалицы. Я не знаю, сколько ей жить осталось. Я ее еще больше люблю, чахоточную мою. Может, и не носить ее теперь вовсе? А укладывать вечером спать, петь ей колыбельные, тушить свет и тихо выходить на цыпочках.

Сумочка

Шли с Иркой по улице в Сохо. Видим — в витрине сумочка. Остановились посмотреть. Сумочка такая красноватая, рисунок — «собачий зуб», но текстура другая. Всмотрелись — рисунок выложен тончайшими пайетками, красными и светлыми, размером куда меньше спичечной головки. И цепочка темно-бронзового цвета, сдержанно поблескивает. И в сумочке — тайна.

Говорим с Иркой друг другу: «Да, это, наверно, 700 долларов, не меньше». Еще всмотрелись — еще больше сумочка начала нравиться. Я говорю: «Нет, Ирка, она на все 1200 потянет. Давай я зайду и посмотрю. В ней, точно, тайна». Зашла. Какой-то аюрведический красавец продавец любезен без подобострастия, но в глазах у него читается: «хрен ты на эту сумочку взойдешь». Делаю индифферентное (по Зощенко) лицо, подхожу ощупать сумочку. «Ручная работа?» — спрашиваю. Как будто в этом дело. «Ручная», — говорит.

А магазин такой — у нас этого пока не понимают, — полы дощатые, стены тоже не ах, потолок как бы в вечном ремонте, — все признаки дикой, нечеловеческой роскоши. Вытащила из сумочки ценник, все еще на что-то надеясь. Вдруг там — 500. Тогда возьму, и пусть смерть нас разлучит.

Авотхуй. 4450 долларов просили за эту сволочную сумочку. 4450! Как за подержанную машину.

Конечно, я могу вот прямо взять и заплатить эти четыре с полтиной. Могу. Где-то после полутора тысяч наступает притупление, вроде некроза кошелька. Вот триста баксов — это больно. Шестьсот — ужасно. Девятьсот — жаба душит до астмы. Полторы — это предел, это пальто от Макс Мары. А потом уже наступает скорбное бесчувствие. Две, три — какая разница?

Да, я могу купить сумочку. Но к ней мне нужно еще будет два пальто (притом что у меня их пять), три платья, две новых пары сапог и ну хотя бы три пары обуви, притом что дома дюжина ненадёванных туфель, приобретенных в аналогичном припадке женственности. А к такому количеству обуви, с другой стороны, разве можно одну сумочку? — нет, минимум три сумочки потребует эта комбинация. И это только в этом сезоне. К следующему сезону дизайнеры, суки, еще что-нибудь придумают. Во что же мне это обойдется? А если принять во внимание, что те люди, на которых я могла бы надеяться произвести впечатление, либо подслеповаты, либо ничего не понимают в одежде и сумочках, либо вообще считают, что покупать надо только книжки, а остальное все никому не нужно, — если это учесть, то почему я должна разориться дотла и пойти по дорогам босая и с картонкой «помогите собрать на билет до Челябинска, украли все документы»?

Через окно витрины я глазами сказала Ирке, ждущей снаружи, что жизнь опять посмеялась над нами, обогнула нас и унеслась вперед шумящим потоком, смеясь и шелестя. Что наша юность погублена, что люди — звери, что не для меня придет весна, не для меня Дон разольется, что сердца наши разбиты навсегда и отчий дом — в дымящихся руинах. Сказала и вышла вон в ущелья Сохо с обугленными от горя глазами и незарастающей дырой в Х-хромосоме.

Шли с Иркой сгорбившись, поддерживая друг друга. Прохожие смотрели сочувственно и расступались.

Про дружбу народов

Есть палочками меня научил Аркадий Ваксберг, писатель, в Канаде. Казалось бы? — а вот же. Иногда, чтобы научиться восточной премудрости, нужно поехать далеко на запад. Правда, после Канады, еще западнее, снова начинается как бы восток — Китай и Япония.

У меня есть красивые темно-коричневые палочки с серебристыми наконечниками, которые подарил мне японский славист Нумано. Раз в год все японские эксперты докладывают императору о состоянии дел в их области знаний. Нумано — главный по русской литературе, так что почетная обязанность доложить Его Императорскому Величеству, в частности, о моем романе «Кысь» досталась ему. А так как простой смертный, пусть даже и славист, не может просто так лицезреть священную особу Императора, Нумано делал доклад из-за ширмы, кланяясь там в нужном направлении.

Так и вижу эту картину: сидит задумчивый Император, и из-за расписной, в птицах, ширмы журчит почтительный голос, пересказывающий сюжет «Кыси». «Какую же херню сочиняют эти западные варвары с коровьими глазами...» — думает Небесный хозяин.

Без разницы

Как-то я нашла в сети словарик полинезийского языка. Коротенький: там были только совершенно необходимые слова. Ну, 90 % лексики означало «ловить рыбу сетью», «ловить рыбу на креветку», «ловить рыбу утром», «ловить рыбу без отдыха» и прочее; остальные же слова описывали всю прочую жизнь полинезийцев.

Вот что я вам скажу: ничем их тревоги и разговоры от наших не отличаются! И полутора десятка слов вполне хватает, чтобы описать их (и нашу) жизнь.

ahirega — смена правительства

апиапи — постоянно сплевывать

апааgа — суетиться, дергаться, беспокоиться, подозревая, что другие сплетничают про вас за вашей спиной

hakage'ige'i — без конца перекладывать что-либо с места на место

hakagogorova'a — проводить жизнь в праздности

hakahere — сообщить сенсацию, например, обнародовав чье-либо имя или действия

hua — тестикула

huira — сверкать, сиять

hakahikohiko — бандит

ka-ka-ka — частица, означающая, что нечто делается либо постоянно, либо повсюду

katikati — выдумывать ложные новости

okooko — забрать все, ничего не оставив

rahuga — остатки, объедки — *ma'u mai au te rahuga mo tooku matu'a* — «заберу недоеденное для своей матери». Речь всегда идет о небольших количествах, отмечает составитель словаря

uruga — пророческое видение

uru manu — понаехавшие; чурки; те, что не принадлежат к племени *Miru* и потому не заслуживают уважения

Единственное понятие, нам чуждое, — это *maki'iki'i* — быть покрытым с головы до ног крошечными предметами, например семенами или чем-то подобным.

Ну, какая-то разница между нами и ими должна же быть?

Фу

Я не люблю, когда говорят: «вкусно написано», «вкусный текст» и т.д. Просто содрогание это у меня вызывает, и я знаю, что не я одна этого не переношу.

Задумалась: почему.

Это не потому, что слова не похожи на съедобные вещи, а текст — на хорошо приготовленное блюдо. Иногда похожи. Более того, листая краем глаза тексты, претендующие на литературность, как-то сразу видишь: это супы, а это — торты. Например, плохие стихи часто похожи на торты, такие навороченные, с масляным кремом, розовым и зеленым. Но это если совсем плохие.

А в детстве хотелось этого ужасного масляного крема, постыдно хотелось, и взрослые говорили: «фу!!!» — и таращили глаза. А продавалась сахарная трубочка с этим кремом, такой кулинарный твердый кулек из особого сахарного, хрусткого и ломкого теста, и внутри — это сладкое мягкое масло, обещавшее, как теперь выясняется, всякие серотонины и эндорфины.

Так же хочется иногда и плохой литературы — немного, но совсем плохой, мне только откусить; и многие подсаживаются на вредное, а коварство в том, что быстро возникает внутренняя бессовестность и безоглядность. А мне нравится, мне нравится, а отвалите от меня все!.. Результат — внутреннее, невидимое ожирение, мутные глаза, тяжелая походка и душевное плоскостопие.

Но это крайний случай, а вообще, конечно, тексты пахнут, имеют тончайшие привкусы, а если у автора устойчивая стилистика, единая, так сказать, манера письма, то и сам автор в сознании читателя словно бы пропитывается этим запахом. Так что, если происходит какой-то сбой, какое-то отклонение, какое-то не то, — так страдаешь, словно что-то пригорело.

Я — про себя, не знаю уж, кто как чувствует.

В Фейсбуке, например, есть авторы, чьи тексты мне обычно нравятся, а ведь хорошо написанный текст — вещь сложная, ощущение от него в двух словах не передашь. Там и запах, и цвет, и криволинейные разные объемы, плавающие, как прозрачные нити в поле зрения, или мотающиеся на ветру, с рваными краями, или это ночное небо с хором невидимых мелких существ: не кузнечиков, нет, не кузнечиков. Или чудесные живые многозубчатые шестеренки, как в часах, когда отколупнешь крышку, сломав ноготь.

А время от времени они мне не нравятся. По разным причинам. Прочтешь — и привкус технического, искусственного ванилина. Или пластмассы. Резины. Мыла. Латуни. Сырой печенки. Гвоздичного масла, которым в былое время пахли зубные врачи; сейчас не пахнут.

И не отплюешься, и это вообще-то целая драма. Иногда одно слово может испортить весь текст (для меня; а для вас, например, нет).

Это все личная идиосинкразия. Аллергик съест одну клубничину — и тебе сыпь, и тебе удушье, и отек Квинке, и привет. А другой тарелку съест — и хоть бы что.

Что я хочу сказать? Я хочу сказать, что, несмотря на вот эти все тонкие ассоциации с вкусами и запахами, я совершенно не выношу, когда говорят: «вкусно написано». И наверно, поняла почему.

Одна женщина мне жаловалась на своего горячо любимого мужа. Она ему супчик сварила, чудо совершенства, все в этом супчике было тщательно продумано, трепетно спассеровано, с пониманием и в нужном порядке вброшено; органный концерт, а не супчик! И она налила и подала, и он с аппетитом съел и похвалил ее:

— Вкусный суп. Теплый!

Вот потому.

Му-Му и Фру-Фру: исчезновение Больших Смыслов

Давно и привычно раздражаюсь при виде конфет «Му-Му». Изображена корова. Но никто и никогда не передает мычание коровы как «му-му». Так же как блеяние овцы не обозначается звукоподражанием «бе-бе». Не принято это по-русски, по-крестьянски, по-деревенски. Городские жители, плохо представляющие себе живую корову, могут, конечно, заблуждаться, но все-таки все учились понемногу чему-нибудь и как-нибудь и уж рассказ-то Тургенева читали. По-моему, все знают, что глухонемой Герасим утопил собачку Муму по приказу злой барыни, конец рассказа.

Но вот какой-то двоечник и лоботряс не знал. Только слышал что-то такое. И корова его мычанием своим не будила. Так что конфету он решил назвать «Му-Му» (раньше она же, или похожая, именовалась «Коровка»).

А теперь появились конфеты (леденцы, что ли? не пробовала) под названием «Фру-фру». (Я знаю, что появились они давно, но по моим мафусаиловым меркам это недавно.) То есть новый, хуже прежнего, двоечник полагает, что так надо называть фруктовые бомбошки на неизвестном иностранном языке. Я не знаю такого языка, разве что, может быть, это эсперанто.

Фру-фру — значит оборки или их шуршание, шелест на французском. Юбки, бантики-кружав-чики. В русской литературе Фру-Фру — имя лошади Вронского, той лошади, которую он погубил по ошибке, на скачках, неловко опустившись ей с размаху на круп и переломив спину пополам (там дефис хрустнул; где тонко, там и ломается; господи, какой гениальный писатель, почитайте, кто не читал), — это, конечно, предвестие гибели Анны Карениной. Любил и убил. Там вообще много всего прекрасного.

Полтораста лет подряд это были собачка и лошадь. Две невинные жертвы людских страстей. Милые такие имена, и за обоими судьба и гибель.

Теперь это кривая корова и недофрукт.

Глупеем.

О том

Бог с ними, с неправильными ударениями и неумением управиться со сложными (и просто длинными) числительными. Происходят какие-то диковинные — на уровне глубокого синтаксического залегания — изменения. Откуда-то выполз и разросся «о том». Мое ухо ловит и фиксирует его, пожалуй, последние лет десять. Но до этого я жила в Америке и все пропустила. Когда он завелся, кто помнит? Вот сейчас тетя, комментирующая легкую гимнастику (брусья), сказала: «Мы сейчас видели о том...» и не поправилась, не смутилась. Показалось ли мне, что после этих слов она запнулась на миг? Или это она просто загляделась на гимнасток?

Я помню свой ужас, когда после десяти лет жизни в Америке я стала ловить себя на синтаксических ошибках в русском языке. Ухо слышало ошибки, но уже после того, как они были совершены. Вот так два-три раза ошибешься (а происходит это автоматически; в основном это кальки с английского) — и потом уже сам себе не доверяешь.

Начинается, конечно, с лексики. В начале девяностых приезжаю после годового отсутствия — все молодое поколение говорит «феньки», «мульки» и «фишки». Если эти слова и употреблялись раньше, то не в Москве и не в таком количестве! А поколение постарше начало говорить «по жизни», чего старожилы (я, например) не упомнят.

Мне нравится смотреть, как язык принимает одни слова и отбрасывает другие, как возникает мода то на одни, то на другие выражения; я примеряю новые слова и прикидываю, подойдут ли они мне или я этого носить не буду. В конце восьмидесятых (когда возникли кооперативы) я зашла в аптеку, в которой было практически пусто — бинты, да цитрамон, да кружки Эсмарха из военных запасов, — и застыла, глядя на ценник. На нем было написано непонятное: «Приспособление под натоптыш». Слова такого я не знала, но через секунд семь я поняла, что имелось в виду. Само приспособление меня не заинтересовало, а слово показалось интересным, нарядным, как вятская игрушка. Правда, больше я нигде и никогда этого слова не встречала.

Через несколько лет, когда возникли феньки, мульки и фишки, я сама не сумела справиться. Пришлось просить молодое поколение объяснить, в чем тонкость дефиниций. Молодое поколение честно старалось, но пояснить не сумело. В этом случае скорее говорят вот так, а вот в этом случае — скорее вот сяк, говорило молодое поколение. Прояснения не наступило: словом «фишка» я овладела, но двух других опасаюсь.

А еще через год-два Москва встретила меня словами: «Купите болюсы Хуато!» Реклама в метро, на улице, в газетах просто надрывалась: вы еще не купили болюсы Хуато? Вам срочно нужны болюсы Хуато! Лживые и продажные люди протягивали мне что-то с экрана телевизора: вот ваши болюсы! У всех уже есть болюсы Хуато! Счастье в болюсах!

Что это такое, я и сейчас не знаю. Лекарственные добавки? Акции нефтяного месторождения? Резиновые изделия? Круглые они или длинные? В порошке или кусками? Не знаю и знать не хочу: если вы знаете, то не говорите мне. Ясно одно: таких слов в русском языке нет и знать их мне не надо.

Но это всё слова, они пришли и ушли. Носили кофточку беленькую в кружавчиках — носим кофточку красненькую в полосочку. А вот синтаксис — это совсем другое. Это как если бы стали рождаться одноногие или трехглазые, и пришлось бы пересматривать покрой брюк или форму очков кардинально. «Видим о том». Что это, Бэрримор?

Яичечко

Интересное явление: огромное количество людей боится, БОИТСЯ уменьшительных суффиксов. Им кажется, что это пафосно, слюняво, сентиментально, глупо, по-детски — что?

Я лично совершенно не боюсь уменьшительных суффиксов. Они — прекрасный инструмент, с помощью которого можно передать много оттенков смысла и настроения. Просто ими надо управлять, а не пугаться.

— Морковочки положить? Хлебца? Колбаску кушайте, — это вот все правильно. Так надо, так угощают, так говорят за столом, словами выстраивая защитный колпак, купол над людьми, севшими за трапезу и потому незащищенными, не готовыми к нападению, отстегнувшими оружие. Слова подают сигнал: тут мирно, тут спокойно, уютно, как в детстве; расслабьтесь.

Вы же не будете говорить: «Ешьте морковь». Она же колом в горле встанет.

«Вот колбаса».

«Жуй хлеб».

Даже на письме слышен грубый голос говорящего. «Рябчиков жуй».

«Картофель остыл».

«Я поел говядины».

Человек за столом раним. Типичное средневековое коварство: позвать на обед и внезапно напасть на доверившихся, мирно евших, а уж тем более пивших. Поэтому все уменьшительные, связанные с едой, отзвучивают не слюнявым сюсюканьем, а поиском безопасного укрытия, огонька избушки в лесу (да, огонька избушки, а не огня избы!), какой-то просьбой о перемирии, снисхо-ждении, дружбе. Отсюда и новые (насколько я могу судить) «мяско» и «сырик».

Услышьте их в этом контексте. Вот жена мужу говорит в магазине: «Какой сырик купим?» Это она не к сырику любовь испытывает, это она воркует с мужем, с его непредсказуемым настроением («То ему — то. А то раз! — и это», — как говорила героиня Мордюковой). А вдруг он будет туча тучей? А вдруг его мысли далеко, не с ней вот сейчас? Суффиксы задабривания, обещания, доверия — вот что такое эти «пищевые уменьшительные».

И наоборот, эти бессуфиксные, холодные приказы от тиранических жен за пятьдесят своим мужьям — «возьмешь мяса, колбасы по 450», *etc.* — какое кладбище чувств. Глянешь краем глаза — а он такой весь в тоске, и бес из его ребра торчит, тща-

тельно прикрытый ковбойкой. Замучила. Теперь до-
мучивает и стережет.

Винцо и водочка. Селедочка под свеколкой. Кар-
тошечка. (С сольцой.) И с лучком. Маслице, особенно маслице. Колбасынька. Яичечко. Сырик. На хле-
бушке. Потом чаёк.

И спатеньки.

Гной

В советское время был распространен такой журналистский говорок, который у нас дома назывался «госзадушевность».

Это были особые интонации на радио / ТВ: открыли, допустим, новую школу или там хлев — и голос у диктора такой теплый-теплый, до рвоты. Но ладно голос, а вот газетные словечки, фразы, клише, пропитанные особой фальшью, были совершенно невыносимы.

«Чуткий», например. Какие-нибудь партийные хряки, гоголевские заматеревшие свинорыла, в своей чиновничьей функции были «чуткими». Менты или пожарники обязательно «дарили людям хорошее настроение». Если случался худо-бедно «творческий» гражданин, художник или музыкант, то он «дарил радость», а просто так, для заработка, работать было неприлично. Надо было обязательно дарить.

А вот педагог или писатель, а то и сам журналист (публицист) «делился наболевшим». Мне в детстве всегда представлялось, что он харкал в лицо или сплевывал туберкулезную мокроту в мисочку, а потом протягивал желающим, а не то охотно предоставлял содержимое гнойных пустул. Как в детской считалке:

Шел солдат с бою,
Нес бутылку гною.
Кто слово пикнет,
Тот ее и выпьет.

При этом пакостная эта фразеология — не советского происхождения, а идет из XIX века, из демократической публицистики, такой честной, порывистой, пафосной, но такой оглушительно, вопиюще безвкусной, антиэстетической, глухими публицистами для слепых читателей с лучшими намерениями коллективно наворачиваемой. Вся вот эта писаревщина, «сапоги выше Пушкина», да, собственно, и сам суффикс «-щин-», подхваченный бойким многопишущим, многоликим ильичом сотоварищи: сначала достоевщина, клюевщина, есенинщина, а там и золотая Колыма, и расстрелы, и круговорот «кровавых костей в колесе» — всё оттуда, всё нечистым, липким, мармеладно-каловым комком.

Но я-то жила в советское время, и этот говорок (по-научному, дискурс) представлялся именно что советским: он расцвел и укрепился в советское время; тонкая материя распадается, а румяные черви только крепнут и плодятся. На короткое время (конец восьмидесятых — начало девяностых) говорок отступил, потому что фальшь перестала быть востребованной. А нынче... погляди в окно.

Как оно всегда и было, южная пышность была куда производительнее северной скудости. Писали-то плохо многие, но я отдаю первый приз с бантом одному украинскому письменнику, напечатавшему в конце восьмидесятых скорбное прощальное слово о своем товарище по перу... вроде бы товарища Евгеном звали. Этот Евген, сообщал нам письменник, был чудо как хорош в моральном, нержавеющем плане: он «снимал врачующим бичом полуду с наших глаз».

Синестезия

Стоя в очереди на кассу в «Перекрестке», вынуждена была раз семь выслушать рекламу шоколада какого-то там. В «Перекрестке» не разнообразят рекламные ролики, а крутят всё один и тот же по многу раз подряд, пока не добьются стойкого отвращения к рекламируемому товару — интересная тактика, не иначе они тайные оппозиционеры, борцы с буржуазным строем.

Поскольку я часто хожу в магазин «Перекресток», у меня уже образовался длинный список товаров и торговых марок, к которым я испытываю непобедимое отвращение. А товары-то, может быть, и неплохие, теперь и не узнаешь. Радостная фальшь актерских голосов, озвучивающих соответствующие ролики, так навредила моей психике, что, даже если я куплю и заварю чай «Такой-то», я не распробую его вкуса / аромата, так как буду чувствовать себя окруженной офисными кретинами, готовящимися отпраздновать корпоративный день святого Валентина.

Вот что наделали песни твои.

И вот теперь эти люди портят мне вкус шоколада. О шоколаде почему-то полагается говорить понизив голос (если рекламирует женщина) или просто густым вязким баритоном (имитирующим тембр голосовых связок при условии, что вся гортань залита липкой массой какао-продукта). Между «к» и «л» — бульк. Манера эта не нашими рекламщиками придумана, в Америке тоже полагается произносить слова *rich chocolate taste* эдаким баском. Разница в том, что в Америке интонации скорее направлены на то, чтобы изобразить сосредоточенное гурманство; басок рисует *темно-коричневое, сладкое, густое.* У нас же — как почти всегда — актеры стремятся изобразить преступную роскошь, элитарный разврат, недоступность товара для всяких там яких. От многослойного смысла американского *rich* (в данном случае «густой, насыщенный») тут остается только слой «богатый». Кто ест шоколад — тот богатый. У него, может, яхта. Ауди А5. Жена в стриженой норке. Дети в Кембридже. Да, он такой. Голос понижен. Сами понимаете. Приходится там-сям переступать черту закона. Нефть, то-се. Офшор на Кайманах. Шоколад. Закрытый клуб. Давайте и вы.

Все это они мне ввинчивают в голову, пока я стою на кассе со своим сельдереем, и при этом сигнал я (и другие чувствительные к этой ерунде граждане) получаю смешанный. Булькающая и вязкая масса, изображаемая актерским голосом, рисует ДЕШЕ-ВЫЙ шоколад. С содержанием какао-бобов меньше 55 процентов. Может быть, даже с соевыми бобами. Молочный, безусловно. Не обязательно «Аленка», но какая-то расхожая дрянь. Может, конфеты, фигурные гробики с охотно вытекающей, если куснуть, розовой начинкой.

А при этом цвет тем же голосом рисуется темный, как у благородного (и более дорогого) горького шоколада. А горький шоколад не вязнет во рту, не липнет, он звонкий, сухой, с обертонами очень чистого горного воздуха. Ну или это сухая пустынная ночь (пустыня, понятно, каменистая). Кремнистый путь блестит. И где же эти голоса, где голоса для чистой, высокой ноты, для твердых и темных квадратиков? Это должен быть голос неиспорченной юности, она ведь и вправду бывает.

А не ворочание жирного купчины с урчащим кишечником.

Глупости всякие

Вот люди любят собирать говорящие фамилии; я тоже это очень люблю. Фехтовальщик *Кровопусков*, повар *Пригорелых*, начальник военкомата *Забирохин*, врач скорой помощи Антон *Лепило* и многие чудесные другие. Но не менее прекрасны названия городов и сел, особенно иностранные. В прошлом году, намереваясь съездить в Баден-Баден (куда ж еще деваться писателю), я изучала карту Германии и обрадовалась большому количеству говорящих имен. Выписала их себе в столбик. Смотрю — слова сами складываются в рассказик, нравоучительный такой. Названия городов выделены курсивом. Тема — вечная.

Один господин встретил *Дамме* и был *Раден*: *Ах, Ухте* и так далее. Вскоре они поженились, и он был к ней *Добриц*. Жили сначала хорошо: разводили *Цапель*, во дворе у них жил маленький *Пёснекк*, в хлеву — *Овен*.

Но шло *Времен*, жена часто *Родах*, и появились *Деттинген* (целых *Восмер*, и все девочки) с обычны-

ми проблемами — то *Моккрена*, то *Какаёль*, то *Горло-
зен*, а иной раз и *Гнойен*. Тяжело стало жене жить:
целый день приходилось ей *Подельциг* — с утра на
Торгау, а потом целыми днями *Варен*: ели *Раков*, или
Устер, или *Хек*. Иной раз некогда было *Гребенау*
в руки взять: не *Даме*, а домашний *Раб*. Голова *Гудов*,
дети *Дерзеков*, а дома завелись *Мольшлебен*, *Мух*
и *Клоппенбург*, и это всех *Мучен*.

Вскоре *Паппенхайн* стал раздражаться, что дома
такой *Бабенхаузен*, начал ходить в *Бар*, налегать на
Бухлоэ, стал *Кривиц* и *Грубе*. Жена *Требель* денег,
а он не *Даден*, так что она часто *Ревен*, и от слез у нее
распухла *Харен*. Муж стал *Хамм*, *Гадебуш* и *Бад-
Кольгруб*. *Редичке* он ее теперь *Гладбекк* — видно,
Люббов прошла.

«*Эхинген*, — часто думала жена, — за что мне такой *Лихен*? Заведу-ка я легкий *Флирш*, наставлю мужу *Рогец*». Как задумала — так и сделала, ударилась
в *Блуденц*, стала *Шлюхтерн*, забыла всякий *Острах*.
Жизнь ее стала *Клеве*: раньше-то одевалась в *Марль*,
а теперь каждый *Любц* дарил ей *Золотурн*, или драгоценный *Камен*, а один *Любарс* купил ей новень-
кий *Мёрс*.

Но тут-то и поджидал ее *Гибельштадт*. Муж
увидел подарки, и все ему стало *Ясниц*. Не мог он
потерпеть такой *Вреден*: каждый *Мудау* может безнаказанно *Пюхау* его жену, каждый может ее *Баха-
рах*, а то и *Руппихтерот*! А соседи за спиной *Айхах*
и *Хахенбург* над ним, над мужем. Эта мысль причи-
няла ему *Болльштедт*. Сначала у него была простая

Целль: нарвать *Вербен* и хорошенько задать ей *Плет-тенберг*, да вышло иначе. Как-то вернулся он в свой *Узедом*, заглянул в одну из *Кемнат*, а там — *Ах-Линц*! Очередной *Берен-Любхин* на его собственной крова-ти *Прирос* к его жене! *Туттлинген* вышла неловкая *Пауза*.

— *Даргун*! — вскричала жена. — *Вер* мне! — Но было поздно. Муж выхватил пистолет, — *Пфраймд*! — и его соперник превратился в хладный *Охтруп*, — даже *Пульсниц* не прощупывался. Увидев, что тот *Уммерштадт*, жена в испуге спряталась *Затруп*. Но и ей пришла *Гибельрот*.

Люденшайд, будьте *Верне* своим супругам!

Двухтыщи

Комментаторы спортивных соревнований говорят: «В двухтыщи первом году», «к двухтыщи двенадцатому году», *etc.* Раньше я этого не замечала — возможно, потому, что в XXI веке практически не смотрела телевизор, а если смотрела, то новости, а там речь аккуратнее. Но ведь и в самом деле, мы же говорим «в двухтысячном году». Почему же не «в двухтыщипервом»?

Мне нравится.

А еще комментатор говорил «ничтожно сомневающийся».

* * *

Анонс премьеры фильма «Галина» (о дочери Брежнева) на Первом канале: *«У ее ног были самые известные мужчины, ее руки были унизаны драгоценностями».*

Очень смешно звучит; не сразу поняла почему. Потом дошло: про ноги — метафора, а про руки — буквальный смысл. Их нельзя перечислять в ряд. Это все равно что описывать хозяйство: «в хлеву — корова, а в доме конь не валялся»; «он разводит гусей, и у него куры денег не клюют»; «он был беден как церковная мышь, и у него был один только кот», *etc.*

* * *

А вот почему можно сказать «он ел руками», но нельзя сказать «он съел руками»?

«Он съел мясо руками».

Разные глаголы.

* * *

Интересно, что они не понимают значения слов. Например:

«Серия "Версаль" относится к классическому стилю английских гостиных начала XIX века». Где Версаль и где английская гостиная?

«...Оснащается механизмом трансформации "Торнадо", что позволяет использовать диван-кровать для отдыха как сидя, так и лежа». Для отдыха торнадо очень кстати.

«Модель "Серебряный век" — представитель классического американского кантри-стиля» — ?!

И мое любимое: «*"Декаданс" имеет классический силуэт*».

На этом фоне модель *«Венисуэлла»* кажется образцом и идеалом грамотности и вкуса.

* * *

Смотрю *Prime Suspect* с Хелен Миррен. Перевод «профессиональный многоголосый», отвратительный, вроде бы официальный.

Хелен: Christ!..
Перевод: Черт!
Хелен: Shit!
Перевод: Боже!

* * *

Из интервью группы «Война» журналисту Олегу Кашину:

«— *Если вдруг Медведев захочет с вами встретиться — пойдете? Если пойдете, о чем будете с ним говорить?*

Коза: Не найдется общих тем. Разворовывание народных богатств нам противно. С равными нужно разговаривать. Равные общаются с равными, тогда интересно. А тут — что я скажу обоссышу Медвежонку? Что магазинные воришки делают для общества больше, чем президент, который четвертый год дупля не отбивает.

Вор: С обоссышами не встречаемся.

Пуша: А я приду на говне. И заберу Путьку, Медвежонка и Нургалиева с собой в ад».

Со стороны анархистов — Вор, Пуша, Коза и Ёбнутый. Со стороны власти — Бородавкин, Колотушкин, Плеткин и Засыпкин.

Живем как при Василии Темном, ей-богу.

Советское ухо

> Воля и труд человека
> Дивные дивы творят.

Вот только сейчас я поняла, что всю жизнь неправильно понимала некрасовские строки, слышала их советским ухом. Я понимала «волю» как упорство, намерение, сильное желание — «воля к победе», «сила воли» и все такое из школьного идеологического словаря. Наша учительница именно так и подавала текст детям, потрясая сжатым кулаком: дескать, стиснуть зубы и работать! Через не могу.

А сейчас я посмотрела — ничего подобного. «Воля» — это свобода.

> Горсточку русских сослали
> В страшную глушь, за раскол,
> Волю да землю им дали;
> Год незаметно прошел —
> Едут туда комиссары,
> Глядь — уж деревня стоит,

Риги, сараи, амбары!
В кузнице молот стучит,
Мельницу выстроят скоро.
Уж запаслись мужики
Зверем из темного бора,
Рыбой из вольной реки.

Да и вообще вся поэма «Дедушка» — про то, что воля, свобода продуктивны и прекрасны, а рабство сковывает.

Советская власть — рабская по сути своей — оглушила меня на много десятилетий.

Шуба

Пипец. В Питере, оказывается, есть сеть меховых магазинов «Боярыня Морозова». Знала бы Феодосия Прокопьевна, как опошлят ее имя, ее муки в земляной яме, ее голодную смерть. «Умилосердися, раб Христов! Зело изнемогох от глада и алчу ясти, помилуй мя, даждь ми колачика». Не дали ни калачика, ни огурчика, ни «мало сухариков». А когда умерла — зарыли без отпевания, в рогоже. Без шубы. Без шубы, блять. Без шубы.

За уксусом

У живущих на Новослободской основной магазин — поганый «Перекресток». Он расположен в строении «Дружба», которым, говорят, владеют китайцы, поэтому в здании продается много непонятной китайской белиберды, а на самом верху сидит (сидел?) не говорящий по-русски китайский иглоукалыватель, который своим иглоукалыванием вылечил меня лет восемь назад от неизвестной смерти.

То есть вот я совершенно умирала неизвестно от чего, падала на ходу и чувствовала, как жизнь словно бы отлетает от меня, а он назначил мне пить отвар одуряюще вонючих деревяшек и 20 сеансов иголок. — А наутро она уж улыбалась-улыбалась под окошком своим, как всегда. — Впрочем, это мне вообще свойственно, наутро улыбаться.

А чего было-то, мы так и не узнаем. Китаец по-русски не говорил, а переводчик перевел только, что, мол, «у вас нарушена нервная система». Я подумала и не поверила: чего-чего, а нервной системы у меня отродясь не было.

Но не суть.

Я про поганый «Перекресток», он расположен так: сначала поддельные брильянты, потом несколько ступенек вверх — и ориентируешься на запах несвежей рыбы.

Ко мне должны были прийти две прекрасные подруги, Лора и Марианна, и я пошла купить уксус и горчицу, так как обещала приготовить маринованные грибы в особом маринаде и селедку в горчичном соусе. Не тащиться же за этими простыми вещами в дорогую «Азбуку вкуса»?

А хозяева поганого «Перекрестка» от людей слыхали, что товары надо раскладывать по особой схеме, чтобы дурить покупателей: пока идешь и ищешь, скажем, вино — пройдешь через стиральные порошки, через колбасную нарезку, через лампочки и фасоль. И не захочешь, а купишь. Поэтому надо все перемешать, чтобы человек не мог сориентироваться. И надписей не повесить: чай, не в Америке живем.

Нарезав два круга по ущельям, стараясь не сбить на пол коробки с яйцами (конечно же, несвежие, проверено: всплывают в воде) и не столкнуться с сумасшедшими старухами (всегда в любой момент времени в любом магазине есть сумасшедшая, хорошо одетая старуха; сегодняшняя брела и разговаривала сама с собой, вопрошая: «Отчего это масло такое дешевое?..»), я впала в ярость: стена с уксусом и горчицей была надежно упрятана невесть где.

Навстречу шла работница магазина. «Где у вас уксус и горчица?» — спросила я. — «Не знаю я ничего!» — «А кто знает?» — «Кому надо, тот и знает», — удивительно ответила работница.

Кипя, я пошла к кабинету менеджера — двери с сейфовым замком. Рядом с ним, в полутьме, кто-то рылся в накладных. «Вы менеджер?» — «Жок». — «Где у вас уксус и горчица?» — «Мен билбептирмин унутуптурмун», или что-то в этом роде отвечал мне роющийся и ткнул в висящий на стене телефон. Рядом была надпись, из которой следовало, что менеджеру надо звонить.

Я позвонила. «По какому вопросу?» — буркнул угрюмый голос. — «Подойдите ко мне, и я задам вам этот вопрос», — отвечала я. Там помолчали. «Где вы находитесь?» — спросил дурак на том конце провода. «Дверь откройте — увидите». Дурак открыл дверь и увидел меня: я, естественно, стояла в метре от него, так как телефон висел именно там. Он вышел с неохотой. «Что вам?» — опять спросил детина, не глядя на меня. «Где у вас уксус и горчица?» — в третий раз спросила я.

«В зале», — ответил менеджер. Повернулся и ушел в свою дверь, под сейфовый замок.

Какая-то женщина посочувствовала мне и взялась отвести туда, где. Там и правда все было, хоть и плохое: оттого, что немец на горчице напишет «русская», она русской не станет. Точно так же, если русский на горчице напишет «дижонская», она не станет дижонской.

Тут я увидела знакомое лицо: приятную и спокойную даму, работницу поганого «Перекрестка»,

терпеливо помогавшую мне в прошлый раз, поза-
прошлый раз и позапозапрошлый раз, когда я иска-
ла фруктозу, а меня гоняли то в отдел велосипедных
шин, то в отдел бельевых прищепок.

«Послушайте, — сказала я приятной даме, — поскольку вы человек адекватный и вменяемый, я вам
просто сообщаю, для общего сведения. У вас там
есть менеджер, так вот, он — кретин и непрофессиональный мудак. Просто для общего сведения».

Адекватная дама приблизила ко мне свое лицо
и шепнула заговорщически: «А я вас узнала. Вы Татьяна Тарасова!» — «Нет!» — отреклась я. — «Да будет вам! Вы Тарасова!» — игриво настаивала вменяе-
мая.

Я взяла свой уксус и пошла. Это еще будни.
А в праздник, под Новый год, тут бродили среди
толпы и играли на гармони Дед Мороз и Панда.
Дом-то китайский.

Музыка сфер

Вообще-то одного Лермонтова я знала. Ну как знала? — видела один раз. Он был бригадиром артели криворуких ремонтников, пытавшихся на скорую руку сымитировать ремонт моей полуподвальной квартиры, еще когда я жила в Замоскворечье, в двухэтажном доме. Это был год 1987-й от Р. Х.

Я про эту артель писала в повести «Легкие миры». Мы с ними вместе воровали плитку, марлю и шпатлевку на складе военной прокуратуры. Галина Константиновна там была, малярша, Виктор Иваныч, паркетчик, считавший, что мой домик построен «еще при Иисусе Христе, до революции», Павел-плотник, пивший исключительно коньяк с сырком «Дружба» в качестве закуси, и вот Лермонтов.

Сначала я думала, — они так шутят. «Лермонтов заплатил? — А хрен он тебе заплатит!» Обычно ведь в таком контексте поминают Пушкина. («А платить кто будет? Пушкин?» — об этом даже научные статьи написаны.) Но оказалось, что самый настоящий Лермонтов; литературные шутки такой малой степени изощренности в мире строительных рабочих не водятся, зато они, будучи народом, без устали наполняют смыслами все три основных великих матерных слова и их производные.

Беспрерывно слышится хтонический гул и могучая семантическая пульсация.

Мне тогда открылись многие тонкости народной картины мира. Народ — он ведь постоянно занят физическим трудом, даже не приносящим результатов. (Осмысленность его действий с точки зрения образованного городского жителя, конечно, сомнительна; так, например, ограбление склада прокуратуры было акцией ненужной: ничто из награбленного не пригодилось ни мне, ни артельщикам, они просто натаскали мешков и рулонов и бросили, не пустив матерьялы в дело. Была возможность взять — вот и взяли.) Зато рабочие процессы четко разделялись на мужские и женские: так, приподнять и укрепить огромную тяжеленную балку, поддерживающую пол, — лагу — называлось «прихуяривать», а выполнить работу мелкую, тонкую, дробную — например, зашпатлевать трещины в подоконнике — называлось «запиздякивать». Инь — ян, другими словами, кто понимает.

301

О каком эгалитэ может идти речь в этом стройном и справедливом мире? Только гармония, только музыка сфер.

Или, тогда же, мне открылось живое существование мифологемы (так выразимся) Марс — Венера, т. е. союз бога войны с богиней любви. Вот, казалось бы, рухнул античный мир, зарос травой, и козы бродят по Форуму, и колонны разбились и раскатились на белые колобашки — ан ничуть; вот же плотник Павел, морщинистый, тощий и пропитой, в лиловой майке и жутких трениках, водрузившись на козлы, весь разрумянился и врет про то, как его любила генеральша, пока генерал бряцал мечом и сиял шлемом на учениях: проходу не давала, висла на шее: «люби меня!» — и как к его приходу она непременно напускала в ванну пузырей с помощью средства «Бадузан», то есть вновь и вновь рождалась из пены, как при начале мира.

Помню хриплый крик Галины Константиновны, она там самая была оторва: «Лермонтов сказал: снимаемся — и на другой объект!..» Так они исчезали на три дня, только пыль оседала на развороченный пол, а потом возвращались как ни в чем не бывало и вновь имитировали строительную деятельность, возюкая шваброй по полу или наклеивая обои кверх ногами.

А Лермонтов приходил один раз. У него было кожаное пальто, очень хорошие, блестящие ботинки, красивые кавказские глаза и немножко золота во рту. Он спросил меня, интимно понизив голос: «А у вас нет возможности французские духи доставать?.. Ооочень нужно».

Год-то был тощий, восемьдесят седьмой.

Синие яйца

Сергей Иваныч был прорабом и в качестве таково-
го управлял шаткой и неверной бригадой строите-
лей, долженствующих превратить купленный мною
коммунальный клоповник в Версаль.

Справлялся он с ними неплохо, учитывая, что
все они — ну все, все — были падки на «жидкость
без цвета, вкуса и запаха», как он кудряво называл
алкоголь. Одну бригаду просто выгнал в одночасье;
я прихожу на «объект» — тишина, и бумажки
какие-то летают на июльском сквозняке. «Что такое, Сергей Иваныч? Где люди?» — «Уволил, Татьяна Никитична. Не соответствовали требованиям».

Клещами я вытянула из него историю: рабочие
выносили на улицу старый дубовый паркет в при-
гнанный (за мой счет) мусорно-строительный кон-
тейнер. Собственно, я не хотела выбрасывать чудесные квадратные плашки, хотя они сохранились
только в одной комнате коммуналки; думала отре-
ставрировать, отциклевать, покрыть матовым ла-

ком... но Сергей Иваныч закричал как сирена-ревун, замахал руками как мельница и победил.

Рабочие выносили паркет, а мимо ехал какой-то бизнесмен на своем дорогом авто. Хищным глазом он обозревал действительность — стояло крепкое, ясное, преступное время, начало 2000-х, — и вот засек рабочих и мои прекрасные дубовые плашки. Бизнесмен подрулил к мусорному контейнеру и предложил рабочим денег за то, чтобы они перегрузили мой паркет в его джип широкий; рабочие согласились на гешефт. На деньги, вырученные от продажи моего имущества, они купили ведро бухла, и прибывший на объект Сергей Иваныч застал группу валяющихся: сантехник, плиточник, плотник, маляр-штукатур (женщина) и электрик Энгельгардт.

На этого Энгельгардта у меня были свои виды: наивная, я полагала, что если человек — немец, то он аккуратен, трезв, любезен, сух и исполнителен. Ха-ха-ха.

Сергей Иваныч уволил всех валяющихся в одно мгновение, и я даже зауважала Сергея Иваныча.

В прежней жизни он был летчиком, врал, что обучался на летчика-истребителя, что синий простор манил и звал его с детства. А то и не врал: мелкий, как жокей, щуплый, как кузнечик, Сергей Иваныч идеально помещался в небольшую кургузую кабину самолетика и вполне мог истреблять врага, покусившегося на наши священные рубежи; но вот страна лопнула и развалилась, и Сергей Иваныч все потерял, однако быстро переучился на строителя; соответствующий диплом он так сильно совал мне в лицо, что я и тут заподозрила обман. Впрочем, проверять не было никакой охоты и возможности.

Как только мы начали ремонт, соседи сели писать доносы. Они были уверены, что я нарушаю законы, ведь законы так и формулируются, чтобы их невозможно было не нарушать. План соседей был красив и прост: они жалуются участковому, участковый, грозно ступая, приходит, аки Каменный Гость; я, от страха еле живая, трясусь и униженно скулю, готовая дать любые деньги, чтобы государство от меня отвязалось; полученные деньги участковый делит с доносчиками; они пируют на белой скатерти — колбасная нарезка, маринованные патиссоны, — а я глухо рыдаю в согнутый локоть.

Не тут-то было. Мы с Сергей Иванычем прежде всего раздобыли и вывесили на козлах в коридоре, небрежно так, казенную голубую милицейскую рубашку. С погонами подполковника. Мол, товарищ подполковник, да, где-то тут, среди мешков с цементом. Упарился, рубашечку снял. Может, ест на ящике каком, может, ссыт. Но сейчас выйдет.

Кроме того, у меня были — и очень пригодились — красные с золотом корочки МВД. Я была какой-то там Член Общественного совета при МВД в те времена, когда Б. В. Грызлов был почему-то министром этого самого МВД. Министр из него был как из говна пуля; такой же примерно и из меня был Член. Но корочки были вещь полезная. Я с их помощью даже одну тетеньку от тюрьмы спасла. А также разрешила себе гнать по трассе Москва — Санкт-Петербург со скоростью 200 км в час. (Меня остановили — и отпустили с поклонами.) Но не суть.

Участковый пришел лютовать во всей своей славе: фуражка, все дела. На лицо напустил казенную строгость и непроницаемость. Мы распахнули пошире дверь и дали ему вобрать в себя голубую рубашечку, шевелившую на теплом ветру короткими летними рукавами. Когда он понял и охнул, я показала на вытянутой руке разверстые корочки.

«Вопросы есть?» — ласково спросила я. — «Нет, нет», — забормотал дядечка. — «Как вообще живется? Как служится?» — наступала я. — «Мы эта... Мы не побеспокоим!.. Мы спросить, не надо ли чего...» — он заврался, махнул рукой и ссыпался вниз по ступенькам.

Видя во мне сообщника и заговорщика, Сергей Иваныч доверился мне и много рассказывал о способах обогащаться за счет доверчивости заказчика, тепло беседовал о методах коррупции, предлагал вместе зарабатывать на таможенном конфискате. Делясь со мной схемами грабежа в промышленном строительстве, он словно бы не замечал, что я тоже заказчик и становлюсь все внимательнее и настороженнее с каждым его рассказом; это не помешало ему хорошо меня обобрать. Так в голливудских фильмах злодей связывает жертву и подробно докладывает ей, как он будет ее мучить, и потом так и мучает.

Воровство было настолько естественным, природным свойством и состоянием Сергея Иваныча, что он сам не замечал его. Так, скажем, интеллигент, по природе своей, находится в перманентном протесте против тирании и в любом заборе видит запрет и несправедливость; Сергей же Иваныч, по природе своей, двигался по миру подобно включенному пылесосу, засасывая все предметы, которые плохо лежали; а если они лежали хорошо, то он отдирал их и тоже засасывал: если встречал забор, то дожидался сумерек, крал его и увозил на какую-то там свою дачку.

Другим свойством Сергея Иваныча была вера в чудеса, магию, глаз, порчу, карму, водосвятие, чернокнижие, столоверчение, пасхальный огонь, домового, барабашку, сон, чох и вороний грай. (Он чуть не плакал, когда я отказалась очищать свежеотремонтированную квартиру котом. Он предлагал принести своего — даром. Думаю, он хотел, чтобы кот принял на себя все строительные недоделки.)

У него была знакомая ведьма, к которой он регулярно ездил не только снимать с себя порчу, коей было немало, но и заказывать наведение порчи на своих должников; так, один мужик задолжал ему, не соврать, десять тысяч долларов, а возвращать не хотел, и Сергей Иваныч безжалостно пожелал ему язву желудочно-кишечного тракта, хотя приятели его, делился он, его и отговаривали: гитлер ты, Серега! Но он — нет, хочу именно так. А ведьме что, ей платят, она и опухоли наводит, ничего личного.

Самого же Сергея Иваныча, по его словам, ведьма эта излечила от загадочной порчи, от которой, за несколько лет до того, у него полностью исчез волосяной покров, то есть не только голова облысела, но и «ноги, представляете, Татьяна Никитична, стали совершенно гладкие, как у девушки. А я выпивал с одним майором, он тоже по строительству, кафель, керамическое покрытие, — я ему говорю: ну совершенно ни одной волосинки, смотрите; брюки засучил и показываю; а он так смотрит, смотрит, потом хвать меня за ногу и гладить начал: люби меня! — говорит, — люби меня! Еле отбился, Татьяна Никитична».

Себя Сергей Иваныч считал философом; в авиаотряде его так и прозвали: философ, потому что он старался говорить книжно, полными предложениями и по мере возможности употребляя пяти-, шестисложные слова. Ему понравилась моя красивая сестра, и он выразился с малороссийским говорком: «Александра Никитична, бум так хховорить, произвела блаххоприятное впечатление».

Вообще же женщины как таковые, реальные и воображаемые, мучили его неотступно, и он желал всех. «Я, Татьяна Никитична, женщину знаю с шестого класса. У родителей была подписка на журнал «Здоровье», я внимательно изучил подшивку за несколько лет от корки до корки. Все знаю. Могу, без ложной скромности скажу, удовлетворить любую. Если есть знакомые у вас, познакомьте меня с ними, Татьяна Никитична, настойчиво прошу».

Страшно было представить себе кругозор Сергея Иваныча. Какие селезенки открывались его воображению? Какие гигиенические процедуры? Какие юридические?..

«В Америке, Татьяна Никитична, есть такой закон. Если женщина выпила с мужчиной водки в ресторане, а потом ему не дала — он имеет право пустить ей пулю в лоб». — «Это еще почему, Сергей Иваныч?!» — «А потому что у мужчины яйца синие становятся! Вот потому! Такой закон!»

Фотографию своей жены Сергей Иваныч показывал, но с осуждением: бывшая тростинка, она за десять лет брака прибавила несколько лишних килограммов, и поэтому больше он ее любить не мог. «Я ей сказал: прости, Валюша, но нет уж того, что было прежде. Я с тобой не летаю. Не-ле-та-ю. Кончен бал». При этом с фотографии также свисала раскормленная на манер колобка дочь-первоклассница со всеми полагающимися бантами размером с капусту и розовыми гладиолусами, но дочери Сергей Иваныч ожирение прощал: любил.

Он не мог, по-видимому, спокойно слышать женские имена, женские окончания глаголов или думать о том, что где-то там, на июльской улице, на сентябрьской улице, по первому ноябрьскому снежку ходят женщины, им не охваченные и не оприходованные. Услышал с другого конца уже почти построенной квартиры, как я разговариваю по телефону: «Да, Ксения! Наверно, Ксения! Давайте, Ксения!» — и пришел, высоко переступая короткими ногами через ящики с метизами и рулоны пленки.

«А вот, Татьяна Никитична, вы сейчас разговаривали... С Ксенией какой-то?» — «Да». — «А сколько ей лет, Татьяна Никитична?» — «Да не знаю... Лет сорок пять, наверно». — «Познакомьте меня, Татьяна Никитична! — вдруг загорелся он. — Очень прошу, познакомьте! Поверьте, она не пожалеет! Я, Татьяна Никитична, такое умею...» — он лукаво и довольно улыбнулся сам себе. — «Да это вряд ли получится, Сергей Иваныч...» — «Получится! Получится! Вы, главное, познакомьте!»

Я представила себе красавицу-царицу, снежную королеву Ксению Юрьевну Пономареву, главреда «Коммерсанта», гендиректора ОРТ, медиаменеджера и главу предвыборных штабов, за бокалом шабли с самоуверенным гномиком Сергеем Иванычем.

«Да она занята, Сергей Иваныч. Замужем, то-се». Он с осуждением покачал головой: легкомысленная Ксения Юрьевна упускала судьбу; корабль счастья уплывал в иные моря, синие яйца и гладкие ноги достанутся другой.

При последней побелке он занял у меня тысячу долларов; я понимала, что не вернет, но, как во сне, дала ему деньги. Он еще советовался со мной, не понимал, почему Лида — работник сбербанка — не хочет предлагаемых ей необыкновенных сексуальных изысков — каких, он не уточнял, — а заводит разговоры о какой-то там надежности, доверии, опоре и тем самым губит их роман на корню. Не хочет и Марина, продавец в «Кальцедонии», на том же основании. Как мне быть, Татьяна Никитична, какой подход вы мне посоветуете?

Он ушел после меня прорабом на какое-то большое строительство; работа интересная, рассказал он: заключаешь договор на наружную окраску здания, выставляешь счет, как если бы краска была немецкая, а сам, конечно, закупаешь белорусскую, Татьяна Никитична, разницу себе в карман. Она через год вся линяет и слезает, пузырями идет и свисает лентами. Но главное — вовремя уйти на другую стройку, Татьяна Никитична.

Иногда думаю о тебе, Сергей Иваныч.

Может быть, свет

Тэнгэр хуйсрах

Был у нас один родственник, француз. Я про него когда-то писала («Вот тебе, баба, блинок!»). Он был жадный и глупый. Ну, не суть. Родственников не выбирают. У француза был сын, еще глупее, чем отец. Плюс к тому он очень плохо говорил по-русски. И опять-таки, оно бы и пусть, но его раздувало от спеси, и он полагал, что говорит прекрасно. Он понимал себя «европейцем», а нас держал за совок. За границу нам ездить нельзя, в «Березку» нам хода нет — стояли глухие семидесятые.

Он вип, а мы срань.

Ну и слава тебе господи.

Вот они приезжают в Питер и приходят к нам в гости. Разговоры с юношей такие. Он спрашивает:

— Откуда этот самовааар?

— С антресоли сняли.

— Она давно умерлааа?

Ну что тут скажешь? Молчим. Вот он и смотрит на нас сверху вниз, с усмешкой превосходства.

Про эту семью надо долго рассказывать; это были не столько люди, сколько персонажи; вот если ослепну — куплю гусли и сложу о них пяток баллад, а сейчас не время; я про них вспомнила на ночь глядя из-за монгольского языка. Сыну захотелось учить монгольский. Бывает. Папаша попросил нас достать русско-монгольский / монгольско-русский словарь; достали и, пока он еще был в нашем пользовании, бросились смотреть, как там обстоит дело со словом «хуй»? Ибо бродили слухи, что это ужасное слово ни в коем случае не могло само по себе изойти из уст стыдливых, голубоглазых, златокудрых славян, а было привезено через ковыль и каменистые пустыни монголо-татарскими (они же татаро-монгольские) захватчиками и силком втиснуто в русские уста и процарапано в русском мозгу, гы-гы-гы.

Слово действительно нашлось, но узус разочаровал. Звучание никак не хотело прилипать к значению, а все норовило как-то мимо — скажем, «хуй-хуй» — голубая сорока. Ну и хуйхуй с ней, с сорокой, а смысл, смысл где?

Но зато фразеология приятно обрадовала. Нашли выражение: «тэнгэр хуйсрах» — «погода испортилась». И сразу же всей семьей — двое родителей, семеро детей — нежно полюбили монгольский народ, может быть, понятия не имевший, кого он там прискакал завоевывать, но зато нашедший правильные, сильные, печальные слова о серой нашей, неизбывной питерской погодке; нет — о погодке российской, от моря до моря, когда в окне — пьяный мужичок идет и падает, и снова, шатаясь, идет, и в магазинах один маргарин, и все евреи уехали и разлюбили нас, и Леонид Ильич все бормочет и живет, живет и бормочет, а мы никогда, никогда, никогда не увидим Неаполя, чтобы спокойно умереть, и Кобзон поет, и дождь идет, и рано темнеет. Тэнгэр хуйсрах.

Сегодня, 4 ноября, идиотский, чиновничий праздник, ничему живому не соответствующий. Впрочем, дороги практически пусты, и на том спасибо. Выходной, и то ладно. Меньше выхлопа. До солнцеворота еще почти два месяца, самое тяжелое время, самое темное небо, самое короткое солнце, если оно вообще выглянет. Кобзон все поет. Какие густые у него волосы. Какое белое лицо. Комсомол отметил девяностолетие. В магазине «Седьмой континент» кончился сахар. Как же пить чай? Зачем же снимать с антресоли самовар? Ведь она давно умерла. Мы — монголы. Погода портится.

Портится погода.

Синяк

Говорят, государь болен.
Мы думаем — это правда:
С деревьев падают листья,
Куда-то подевались птицы.

Говорят, государю худо,
И тому есть верные приметы:
Все примолкли, говорят тихо,
Если и крикнут, то дома.

Женщины смотрят с тревогой:
На золоте выступили пятна,
Хрустали в серьгах тускнеют,
Будто бы их никто не носит.

А недавно солнце затмилось
Черною, червивой луною.
Смотришь с силой, а видишь слабо,
Словно на глазах — бельма.

А намедни с государева подворья
Выбежала черная собака,
На переднюю ногу припадала
И на задние припадала тоже.

А хвост у собаки не собачий,
А будто колбасок связка.
Приглядишься — а это змеи.
Отродясь мы такого не видали.

Да и морда, говорят люди,
Не звериная харя, а птичья.
Что с того, что шерстью покрыта!
Разве у собаки клюв бывает?

А видать, собаку ту били:
Плачет, как малый ребенок,
Головой качает, точно баба,
Пачкает дорогу слюнями.

Через мост собака побежала,
Туда, где богатые усадьбы,
Где большие засовы на воротах,
Под забор метнулась — и нету.

Тут же толкователи вышли
Толковать по звездам и книгам,
К чему, дескать, слюни да слезы,
А то будто мы сами не знаем.

Будто мы и сами слюни
На чужое добро не пускали,
Будто бы не плакали горько,
Ежели случалось разоренье.

А скажите нам, волхвы, чародеи,
Устоят ли три черепахи?
Не рухнет ли свод хрустальный,
Золотые не ссыплются ли звезды?

А то, вишь, государь болеет —
Ни рукой не шевельнет, ни ногою,
Ему в уши кричат — он не слышит,
За плечо трясут — он не внемлет.

Закатились под чело очи,
На устах блуждает улыбка,
Бормочет государь беспрестанно,
Что бормочет — и сам он не знает.

А пашни заносит снегом,
А монету никто не чеканит,
А замки на темницах все крепче,
А звери уже на пороге.

Читай, читай!

Так вот где таилась погибель моя!
Мне смертию кость угрожала!
Из мертвой главы гробовая змия,
Шипя, между тем выползала;
Как черная лента, вкруг ног обвилась,
И вскрикнул внезапно ужаленный князь.

Обычай хоронить коня вместе с его владельцем уходит корнями в индоевропейскую древность. Собственно, и сегодня братки заказывают для своих надгробных памятников полноразмерные мерседесы, а некоторых, пишут, хоронят прямо вместе с любимым транспортом и, ясное дело, мобилой. Понятно, сначала помирал хозяин, и тогда убивали коня, чтобы похоронить их вместе — с любимыми не расставайтесь.

Но бывает — и очень часто, по понятным причинам, — что первым умирает конь. Непорядок. Но что делать! придет черед и князя. Их связь мыслится неразрывной. Ведь что такое князь без коня? — все равно что конь без князя. Только оседлав благородное животное, только слившись с ним, князь обретает власть: он выделяется из толпы, он возвышается над толпой, он управляет, он несется вперед, куда еще не скоро добредет безликая масса в лапоточках.

В этом контексте совершенно очевидно, что «гробовая змия» есть могильный червь, поэтически разросшийся до размеров мифологического чудовища, отнимающего жизнь у правителя. Змея напоминает о смерти, змея символизирует смерть, змея объединяет князя с конем, перевязав этот властный пакет крепкой пестрой лентой. Князь, конь и змея — единая трехчастная конструкция, это и святой Георгий со змием, это и Петр Великий работы Фальконе, он же Медный Всадник: вперед, вперед рвется царь, поднявший коня (Россию) на дыбы, прочь из отсталой старины, в Европу! — но змея, запутавшаяся в ногах коня, тормозит и душит все прекрасные порывы и поливает ядом все прогрессивные мечтания. Хрен тебе, а не Европа.

Власть сакральна, но не потому, что, как учит нас Никита Сергеич Михалков, всякая власть от Бога. (То есть она, безусловно, от Бога, но не от того, с которым Никита Сергеич на короткой ноге.) Власть сакральна, и поэтому она получает знамения, знаки и прочие инсигнии, которые она должна расшифровывать, трепеща и предчувствуя. Если явилась комета, то это царю, а не Сидору Кузьмичу угроза. Если случилось лунное затмение, то поколеблется как минимум одна из ветвей власти — к примеру, законодательная. Большому начальнику — большое знамение, малому — малое.

Но общее разложение общества привело к тому, что власть разучилась читать эти знаки; я огорчена такой невнимательностью.

Так, Господь Вседержитель, весь в синих молниях и косматых кометах, явил тверскому губернатору Зеленину знамение: нормальную гробовую змею, для удобства представленную в виде дождевого червя в кремлевском салате. Змея небольшая? — да, но и Тверь, знаете, не Красноярский край, по сеньке и шапка; редуцированная змея показалась губернатору и предрекла скорую гибель: скоро он выпустит поводья из рук и утратит бразды правления. Вместо того чтобы прочесть свою судьбу в объедках *зелени* (уж куда ясней? адресное знамение-то!), губернатор сфотографировал мифологического вестника и поглумился над ним: выставил в твиттере на всеобщее обозрение. Погнался за инновационным трендом. Из президентской администрации раздался рокот: «слабоумный». Они знают; у них знамения небось по два раза на дню, граффити зловещие и всякое такое. Кремлевская техничка уже запарилась стирать ежедневный «мене, текел, фарес» мокрой тряпкой.

> ...И фонарем на нем я освещаю
> След надписи и наготу червя.
> «Читай, читай!» — кричит мне кровь моя:
> Р, О, С, — нет, я букв не различаю.

А ты различай.

Кремлевские сценарии

Почитала про инаугурационный прием; ну что, скучища и гламурный официоз. Зачем потратили 26 миллионов рублей на «традиционные блюда русской кухни» (морской гребешок, кокос, рататуй)? Если считать, что там была тысяча гостей, то получается, конечно, не так уж дорого: по 900 долларов на рыло, это же не только на кокос и «Абрау-Дюрсо», но и на поваров, стирку и глажку белых скатертей, а еще потом пылесось после них. Охрана опять же: хоть гости вроде личности проверенные, но лишний снайпер никогда не помешает. На каждого дуло надо наставить. А то он сделает вид, что за мобилой полез, а сам как плюнет отравленным шипом в президентско-премьерскую сторону.

Но вот скучно, скучно. Поели и разошлись, ну что это за событие. И людям скучно, и государю. Инаугураций-то больше не будет, теперь это навсегда.

А ведь можно было приготовить по-настоящему здоровский сценарий, театрализованное представление. Вариантов куча.

1. Допустим: только сели, вилку в руку, потянулись ткнуть в рыбную нарезку — вдруг шум за дверями, крики, чей-то долгий болезненный вопль. Свет, допустим, гаснет. Двери Георгиевского и Андреевского залов распахиваются, врывается ОМОН. Крушит столы, сшибает с ног испуганных, повскакавших с кресел гостей, с громким чпоканьем лупит по рёбрам банкиров, депутатов, олигархов там или, например, работников поп-глам-культуры: Марину Юденич, Стаса Михайлова, — зубы в крошку, силиконы полопались, потеха! Доктор Елена Малышева визжит как резаная — это же любо-дорого послушать.

Хорошо отвалтузив гостей, ОМОН рассыпается и улетучивается. Свет зажигается, входят смеющиеся хозяева — Президент и Премьер, с бокалами, с бутербродиками типа канапе на тарелочках. Это шутка была! Сейчас отсмеёмся — и снова за еду! Прибегают официанты, быстро перестилают скатерти, вносят новые блюда. Гости оценивают юмор, облегчённо вздыхают, приглаживают волосы и поломанные рёбра, тоже заразительно, громко смеются. Вытирают кровь с разбитых лиц салфетками с российским гербом. Ничего такого не произошло, а некоторые сразу же говорят, что даже и не заметили, всё как обычно. Ну или Прохоров, к примеру, громко заявит, что даже приятно было косточки размять.

П&П, смеясь, обходят столы, чокаются с ранеными, шуткуют по-доброму. Д. Пескову так: «А что пе-

ченочку на тостик не намазываете? — свеженькая».
Другим тоже что-нибудь индивидуальное.

Этот сценарий чем хорош: хозяева сразу легко проверяют холопов на лояльность. Если кто будет ворчать (Лукин, например), то его и переназначить можно.

Другой сценарий еще лучше.

2. Опять-таки шум, крики за золотыми дверьми, стрельба; некоторым чудится дизельный выхлоп. Рев моторов, треск лопающегося паркета, свет мигает. Двери распахиваются. Врывается толпа с Болотной. Впереди на танке — Навальный (конечно, это загримированный Сергей Безруков), на мотоциклетках — Удальцов, Яшин; на белом жеребце — Лимонов, весь в кожаном черном. Кто-то лысый — на тачанке с пулеметом.

Повара, официанты сдаются, поднимают руки, шеф протокола машет белой скатертью как флагом. Пулеметные очереди сшибают со столов копченые морские гребешки и прочие киви, но соленые огурцы остаются неприкосновенными: у пулеметного гнезда Прилепин.

Крики, смятение; гости путают Удальцова с Прилепиным, мечутся; затем внезапно начинается братание и переход на сторону восставших. Боятся отстать, отталкивают П&П (изображающих притворный испуг), кричат: «Мы всегда были против частной собственности!», «Эгалитэ, фратернитэ!», «Вы жертвою пали в борьбе роковой!» Руководители центральных каналов жмут руку Лимонову, хлопают по плечу, заглядывают в глаза. «Весь эфир ваш, круглосуточно». Кто-нибудь тут же доносит: «А Игорь Иваныч бежал через кухню, не упустите его!»

В зал врывается толпа оппозиционеров с цветами в руках и — да, внезапно цветы преподносятся П&П, невидимый хор поет «Славься», «Лимонов», «Яшин» и «Удальцов» срывают с себя парики и стирают рукавами грим. Гости срочно соображают, что это было; первые ряды соображают быстро, до последних доходит не сразу. Конфуз, путаница. П&П лично выносят актерам ведущим по чарке водки, массовке раздают по сто рублей, на всех не хватает, ибо уже спизжено. «Лимонова» кормят на кухне стоя. Жеребца тоже.

«Так-то вы верны государю!» — шутят П&П; впрочем, тут же ради праздника провинившимся выходит амнистия; можно подумать, правители не знали, какое говно их холопы.

3. Можно назвать гостей, продержать встоячку часов шесть, а потом для смеха накрыть столы из расчета средней потребительской корзины. Например. Фрукты свежие из расчета в день на трудоспособного гражданина — 63 грамма. Яйцо — 0,54 (типа половинка). Рыба — 43 грамма в день, уберите ваши вилки-то. Пусть едят бахчевые (265 г) и бобовые (364 г, это включая хлебушек). «Абрау-Дюрсо» в корзину не входит, зато воды залейся.

4. А можно назначить прием за городом, а дорогу перекрыть, и пусть сидят и ждут, пока не проедет

президентский кортеж, а он для смеха не проедет. Ничего, посидят. День посидят, два посидят. И пусть попробуют пикнуть!

Сценарии 5, 6, 7, да какие угодно, тоже существуют — веселые розыгрыши, включающие возвращение Лужкова, например, или рокировку с Берлускони, — но что ж я буду подсказывать, там же сидят специальные разработчики. Только главное — инаугурацию надо проводить каждый год, и непременно с сюрпризом!

О трехчастной структуре выкрикивания

В начале девяностых я волею судеб проживала в Америке, внимая — на новенького — звукам американского языка, пытаясь постичь культурные парадигмы Нового Света и приспособиться к ним так, чтобы не разрушить свои; чтобы угадать в чужом свое; чтобы подстелить соломки в нужное время и в нужном месте и не попасть впросак. А если попасть суждено, то чтобы этот просак минимализировать.

И все было ново, все было свежо и еще не очень раздражало. Даже привыкать стала. Например, следить за собой и по возможности при американцах не повышать голоса: повышение голоса американец воспринимает как грубость, пугается и оскорбляется. Это пока он у себя дома.

А потом съездила в Рим — а там все другое; нет, не итальянское — не сезон, — а мульти-культурально-космополитически-туристическое, и оно ползет по улочкам как каша («котелок, вари!»), и балабочет на тысяче языков; и жара; и держи крепче сумочку; и форум, и дальние пинии, и желтый, остывающий вечер, и вечность этого вечного города.

И на фоне этой текучей толпы и стоячего времени ухо выхватывает американскую речь уже как родную (русские в те годы еще никуда не ездили). Громким лаем дает о себе знать американец приближающийся, догоняющий, присевший на лавочку, едущий в автобусе, шествующий через музейные анфилады, ложечкой разбивающий утреннее гостиничное яичко. Словно ко рту его приставлен рупор, мегафон, матюгальник, словно он пришел скликать вон тех, что на дальних холмах, словно тихо бормочущие толпы иных культур — не люди, а шумящий кустарник, журчащая вода, попискивающие птицы. Как кабан, как олигофрен, как деревенский подвыпивший детина прет американский турист, будь то старикан в красной бейсбольной кепке или его подруга-ровесница в розовой распашонке и удобной обуви. Родные; они уже родные. Свои. И за них стыдно, как за своих.

И вот где-то на холме, над форумом, на высоте, с которой город кажется еще древнее, еще вечнее, иду по тропинке вдоль проволочной сетки, отгораживающей какие-то запирающиеся на ночь развалины; развалины уже на замке, но солнце еще не село, жара спадает, и воздух стал совсем медовый — и цветом, и густотой. На проволочной сетке сидит и отдыхает кузнечик длиной сантиметров десять, толщиной тоже не маленький. Я остановилась и смотрю. И тут же с топотом подошли три американских подростка лет четырнадцати, совсем американские, один из них был белый, другой азиат, третий наливался смуглотой — совершеннейшая дружба народов. Они тоже увидели кузнечика и тоже остановились. И каждый из них — по очереди — воскликнул нечто об этом кузнечике, а потом они, как сделавшие свое важное дело и отметившиеся, затопали дальше.

Мальчиков было трое, и каждому из них, так сказать, досталось по высказыванию. В целом трехчастное высказывание было завершенным, добавить больше было нечего, событие представляло собой изящную, целостную картину: встреча людей с явлением природы. Мальчики тоже были немножко природой: непосредственные, импульсивные, свежие, еще не приучившиеся обуздывать свои высказывания или уж тем более регулировать громкость голосов.

Вернувшись в Америку, я обратилась к единственному известному мне проводнику в мир субкультуры американских подростков, то есть к собственному сыну Алексею, которому тогда было лет тринадцать-четырнадцать. «Скажи мне, — сказала я, — если три подростка увидели необычно крупного кузнечика / слона / космический корабль пришельцев и каждый что-то крикнет, то что это будут за слова?»

Проводник подумал. «Первый крикнет: *WOW*!»

«Верно», — сказала я.

Проводник подумал еще.

«Второй скажет: *Oh my God*!»

«И это правильно! — закричала я. — Так и было!»

«А третий, наверно, скажет: *What a fucking big cricket*»?

«Да!!! да!!! Только он сказал *huge*, а не *big*, а так — дословно!»

Мы с Алексеем посмотрели друг на друга и засмеялись. Произошло как бы волшебное, необъяснимое угадывание.

Прошло много лет, и я часто об этом думала. Свежесть восприятия Америки исчезла, русское с американским переплелось самыми странными переплетениями и в жизни, и в судьбе, и у меня в голове. На туристских маршрутах и в стороне от них сегодня встретишь больше русских, чем американцев, а они другие, за них и стыдно иначе. Стыдно за брюзгливое выражение лиц, за 12-сантиметровые каблуки, подламывающиеся на европейских, мощенных камнями, площадях, за тяжелый макияж с утра на диком пляже. За попытки панибратства, с которыми к тебе кидается русский человек, словно ты его товарищ по несчастью вот тут вот, в этой сраной Флоренции, где «нормального хлеба не допросишься».

И каждый раз в Италии я вспоминала про кузнечика, а сейчас вот съездила в Рим с другом, и мы снова об этом заговорили, а потом разговор свернул на то, что вот, весна, и мой друг вспомнил про эрмитажную греческую вазу с ласточкой, где трое людей разного возраста показывают на нее пальцами и тоже говорят, что вот, весна.

На вазе изображены трое: юноша, мужчина и мальчик. Они увидели первую ласточку и показывают на нее, переговариваясь. Их слова аккуратненько приписаны сверху, в воздухе, подобно тому, как и теперь в комиксах помещают слова в пузырях. Вот сколько есть ссылок на эту вазу, столько разных интерпретаций порядка высказывания. То здесь будто бы четыре высказывания, то три, а четвертая фраза приписана художником. Лучше же всего привести текст таким, как его дает самый умный и чуткий из всех, М. Л. Гаспаров, в книге «Занимательная Греция»: «Смотри, ласточка!» — «Клянусь Гераклом, правда!» — «Скоро весна!»

Это та же трехчастная конструкция, которую выкрикнули американские мальчики. За 2500 лет ничего не изменилось, да и почему оно должно измениться?

Сначала выкрик простой и вырывающийся сам по себе: смотрите! гляди! о! ааа! *wow*! — с называнием предмета (чтобы указать, куда именно смотреть) или без называния (когда предмет всем очевиден).

Потом подтверждение того, что «я и вправду это вижу» — клянусь Гераклом, о Боже, *oh my God*, святые угодники! *parbleu*, черт побери, силы небесные, — апелляция к силам нездешним, к тем, кто этот мир, так сказать, курирует, к сильным мира сего, будь то нечисть, полубог, бог или форс-мажоры какие.

И наконец — сумма, суть увиденного, называние по существу или подведение итога. Кузнечик — большой. Весна — пришла.

Прелесть греческой вазы, конечно, еще и в том, что все три возраста и словесно, и телесно по-разному реагируют на ласточку. Мальчишка тычет пальцем, он стоит на ногах, он непоседливый и эмоциональный. Юноша посолиднее, он уже сидит, как это присуще взрослому, взмах его руки более округлый и слова его более весомы, так сказать, более ответственны: да, клянусь Гераклом. (Геракл, кто помнит, полубог и взят после смерти на Олимп.) Старший и руку поднимает невысоко — немощь, — и оборачивается на ласточку, как если бы он обернулся на прожитую жизнь, на прожитые вёсны, — и она для него есть обещание еще одной весны, она для него метафора.

И они все трое едины, как мы понимаем и додумываем, они суть три возраста одного человека — вот хоть меня.

Не обязательно собираться втроем, чтобы воспроизвести трехчастную структуру выкрикивания. Мы это делаем постоянно. «О боже, что за нравы!» — высказывание трехчастное: О — БОЖЕ — ЧТО ЗА НРАВЫ.

«Эх, черт возьми, хороша девка!», «Ах, Господи, кому это нужно?», «Ох, дьявол, ключи забыл!» и даже «Фу, бля, напугал!» — все эти эмоциональные сообщения построены по одной модели. Но заметить ее удается тогда, когда перформанс исполняют трое, будь то краснофигурные эллины или возбужденные американские школьники. Даже конструкция «Ой, мамочки, что же мне делать?» прочерчена по тому же лекалу. Вздрагивание (указание на) — обращение к высшему авторитету — само сообщение. Эмоция — хватание за мамкину руку — называние.

Я, собственно, думаю, что это — одна из самых ранних парадигм человеческого высказывания, сложившаяся на заре существования человека членораздельного, когда речь еще только складывалась. Мне нравится думать, что, вырвавшись из обезьяньей стаи, или же изгнанные из рая, первые люди ахнули, увидев мир видимый, помянули мир, от глаз скрытый, и раздали имена тому и другому.

Издали похожие на мух

Френдлента напомнила, что у Борхеса животные делятся на

 а) принадлежащих Императору,

 б) набальзамированных,

 в) прирученных,

 г) молочных поросят,

 д) сирен,

 е) сказочных,

 ж) бродячих собак,

 з) включенных в эту классификацию,

 и) бегающих как сумасшедшие,

 к) бесчисленных,

 л) нарисованных тончайшей кистью из верблюжьей шерсти,

 м) прочих,

 н) разбивших цветочную вазу,

 о) похожих издали на мух.

Из чего для меня, например, следует, что Борхес тоже пытался расставлять книги на полке так, чтобы их можно было найти. Я, можно сказать, целый роман «Кысь» написала ради того, чтобы осмыслить процесс классифицирования; кто не читал — так почитайте, а не спрашивайте, какой рецепт и где взять.

Проблема страшная, проблема нерешенная. Понимаю муки Менделеева, пытавшегося классифицировать элементы, но элементы хотя бы вещь органическая, т. е. Господом Богом замысленная и созданная, а Господь, в неизреченной милости своей, дал нам способность отгадывать те загадки, которые Он сам и загадал. Вот охота Ему было сотворить металлы и неметаллы или там редкоземельные элементы, развлекало это Его на просторах предвечности: се, Аз все перемешаю, а вы, Адамовы дети, соберите пазл и восхититесь красотой Моего творения.

Всякий коллекционер, собирающий марки ли, серебряные ли подстаканники, уже самим процессом собирания и классификации прикасается к таинственному замыслу Творца, к его архитектонике, к его номенклатурам, к его таблицам Брадиса. Хоралы и акафисты звучат в душе собирателя спичечных коробков и наклеечек, винных пробок и картонных квадратиков под пивные кружки. А сахарки, выдаваемые к кофе эспрессо? Сахарки?! Да у меня у самой целый ларь этих сахарков; и в этом козявочном мире тоже есть свои раритеты и шедевры, широкой публике, конечно, не интересные.

Но вот классифицировать книги — задача совершенно неподъемная. Я не справляюсь, Дмитрий

Иваныч; и то сказать, элементов немного, и они конечны; ну отыщется еще какой-нибудь франкенштейниум с периодом полураспада в полторы миллисекунды, так у вас для него и место приготовлено, а нам что делать с распухающей домашней библиотекой?

Вчера приходил любимый племянник, в припадке альтруизма предложивший помочь разгрести и упорядочить завалы. Племянник учится на физфаке, поэтому он ошибочно полагал, что осмысленную расстановку книг на полках он осилит. Больше он так не полагает.

Наивный человек как сделает? Разделит, например, книжки на прозу и поэзию. Или на XIX век и XX. Или на русские и иностранные. А как считать плывущих? А мемуары куда? А культурологию? А ненужную культурологию? А детективы? А детективы на английском? А каталоги? А книгу с ценными ссылками и приложениями, но написанную дураком? А биографию Газданова — ее что, в серию ЖЗЛ ставить? А книги Евгения Анисимова, которые изданы и в ЖЗЛ, и еще отдельно другими издательствами? Разорвать Анисимова, поставив на разные полки? А ЖЗЛ о Чуковском, ее куда — к дневникам Чуковского? Но тогда рядом пусть и Лидия Корнеевна? Но Лидия Корнеевна — это об Ахматовой, так ее, наверно, логично присоединить к Ахматовой? Но Ахматова — как я объяснила любимому племяннику — это Цветаева. Поэтому туда же ставим и Марию Белкину, и Веронику Лосскую.

— А, вот еще один Лосский! — закричал догадавшийся племянник, но я охладила его пыл: Лосский идет к Бердяеву и к ненужной брошюре о старце Софронии, и все они — наверх как невостребуемые.

Принцип книжной классификации так же уникален, как отпечатки пальцев, как склад ума, как сердечная привязанность, и передать свои знания и симпатии другому невозможно. Рядом с Чеховым я поставлю Елену Толстую — «Поэтика раздражения», потому что это про Чехова, но и потому, что это моя сестра, а стало быть, рядом с «Поэтикой» встанет и другая ее книга — «Западно-восточный диван-кровать», отношения к Чехову не имеющая. Сюда же поставлю и книгу Михаила Вайскопфа «Влюбленный демиург». Почему?! — вскричит непосвященный. — Потому что Вайскопф — муж Елены Толстой. Сюда же, например, поставлю и книгу про Александра Чудакова — дневники его и воспоминания о нем его друзей; нелитераторы уже потеряли нить моей логики. Потому что он чеховед, люди!

Куда поставить «Заветные сказки» Афанасьева? В сказки? В фольклор? В неприличные книжки, подальше от детей? В красные-книжки-видные-издалека-легко-найти? А «Великорусские заклинания» — к Афанасьеву или к «Массаж шиатсу — ваше долголетие»? Я бы поставила «Заветные сказки» к Фрейду, но Фрейд не мой, а сестры, а у нее своя классификация и свои полки.

Леонид Цыпкин, «Лето в Бадене». Это — в прозу? Или к Достоевскому? Или — «маломерка, на другую полочку»? Или «вернуть Наташке»?

Пушкин — как градообразующее предприятие. Если на полке Пушкин — он обрастает не только литературой о Пушкине, но и мелкими поэтами своей эпохи. Баратынский там, Веневитинов. Грибоедов, кстати, потому что он не только современник, но и тезка. Лермонтов мыслится как колбасный довесок к Пушкину, его сюда же. А Гоголя сюда нельзя, он вообще отдельный.

Мандельштама, казалось бы, можно к Цветаевой. Но вот эту куда? — спрашивает племянник с высоты стремянки. «Мандельштам и Пушкин» Ирины Сурат. Кто перетянет, Осип Эмильевич или Александр Сергеевич? А вот никто, это в особый раздел «недавно подаренные книги, которые надо прочесть». А есть отдел «недавно подаренные книги, которые читать не надо». А есть отдел «чужая книга, которую надо вернуть». А есть «дубликаты». А есть которые «надо бы выбросить, но рука не поднимается». А есть которые «не лезут на полку вертикально, надо положить плашмя» — независимо от содержания. А есть которые «увезу в Питер». А есть которые «передарю».

А есть которые выбрасываю. На пол швыряю и выношу на помойку. Раньше я не могла. А после того, как в Питере мы продали родительскую квартиру и пришлось выбросить много книг, которые никто не хотел, которые никто уже не стал бы читать, которые некуда было ставить, которые не нужны были с самого начала, которые пожелтели до нечитаемости, потому что были напечатаны в конце восьмидесятых на газетном срыве, которые были написаны и подарены неприятными людьми, и все же, все же... Руки у меня от кончиков пальцев до локтей были красными — аллергия на книжную пыль, но и черными — сама эта пыль. Словно кровь и гарь, и дым пожарищ. А так и есть.

После этой кровавой рубки. После этой бойни, когда я сама их уничтожила. Я теперь могу и убить. На пол бросить и подвинуть ногой. Наступить, вырвать дарственную надпись и — в черный мешок с желтой затягивающейся петлей.

И лучше вам этого не видеть.

Триада

1. Уваровская триада не перестает томить меня своей гениальностью.

«Православие, самодержавие, народность». Это для краткости, и чтобы царю приятно было, и чтобы неповадно было всяким там якобинцам, иллюминатам и карбонариям с их «либертэ, эгалитэ, фратернитэ». А сами головы братьев из-под гильотины таскали корзинами, *fi donc.*

Уваровская же триада, троица живоначальная, собирает в единую подвижную конструкцию три власти, три силы: небесную (религия), земную (царь) и подземную, хтоническую, чьи корни ветвятся и уходят невесть куда, и питаются невесть какими подземными реками, и заплетаются, а может, и цветут мертвыми белыми цветами в подземных пещерах, до каковых поди еще докопайся.

Это же совершеннейшее Мировое Древо, *Arbor mundi,* — верхний мир, средний мир, нижний мир. Верхний гадателен, средний созерцаем, нижний непроглядён и непостижим.

А либертэ, эгалитэ и фратернитэ — просто размазанная по плоскости шебурдень. Не наш это путь.

Каждый элемент триады тоже не так ведь просто тупо элемент, а представляет собой цветущий сад непостижимостей.

Вот первый. Православие. Ну какое, ей-богу, православие? Это просто желательно, чтобы православие; хорошо бы не забывать, что православие; больше обращать внимание на. Народ ведь норовит так или иначе вернуться в теплую сырую мглу язычества, где неясные огни, тревожные голоса, где за плечом ухает и гугукает, а впереди манит и обещает.

Христос упрямствует, ворчит и не хочет показывать чудеса. Ну не хочет он! Ну вот он такой. Лазаря вам — и хватит. Слепого еще, ладно. И все! А человеку нужно чудо, нужно удивительное, живое, праздничное. Чтобы раз! — и. Дверь распахнул — а там! В окошко глянул — и вот! Дед Мороз нужен, на регулярной основе. С подарками. Иначе холодно тут жить и пусто, святые угодники!

Тот факт, что православие и язычество у нас идут рука об руку, совершенно очевиден; в важнейших жизненных ситуациях это просто бросается в глаза. Не успеют невеста с женихом отойти от православного алтаря, как их осыпают языческим зерном, чтобы обеспечить плодородие, чтобы потомство их было как богатый урожай; в тучные годы осыпают пшеницей, а в тощие, как сейчас помню, — стоят две женщины в пустом советском магазине, где уже и пшена не сыскать, и обсуждают, подойдет ли для осыпания кукурузная крупа «Артек».

Или вот очаг? Квартира? Важнейшее, что есть у человека, нора его, гнездо его, частное пространство. Распашонка ли в Нижних Мневниках или пентхауз на Золотой миле — все одно, жилье. Прежде чем въехать, наш человек сначала впустит кота — очистить, потом позовет попа — освятить (можно и в обратном порядке), а уж потом войдет сам. Кот и поп, рука, так сказать, об руку, охраняют нас от зла, разгоняют тьму и веют на нас неизъяснимым благоуханием потустороннего волшебства.

Это при том, что кот, в народном представлении, занимается нехорошими делишками и водится с этой самой нечистью. Зато он же ее и контролирует. Кот — наш делегат в мире нечистой (то есть языческой) силы, наш, можно сказать, предстатель, заступник, василий-угодник. (То же и в Европе, см. Кот-в-Сапогах.)

Есть места, где потусторонние силы так и клубятся. В Изборске, например. Там на заре прихлынут волны на брег песчаный и пустой, там есть дерево, исполняющее желания, очень мощное. Начальник городской администрации, сам бывший военный, нам его показывал: оно стоит там, все сплошь увешанное цветными ленточками; он сам тоже, рассказывал он, узнав об очередной беременности жены, побежал и повесил ленточку, чтобы девочка; и подумайте, родилась девочка. Лицо начальника администрации при этом повествовании чудесно светилось внутренним светом; сам граф Уваров не полез бы со своим православием, а уважительно отошел бы на цыпочках.

Про эти же места мне подробно, минут сорок, рассказывала женщина, торговавшая кубанским постным маслом на рынке; она совершила небольшое получасовое паломничество к тамошним святым источникам. (Я знаю эти источники, один отвечает за деньги, другой за любовь, а третий тоже за все хорошее, но без спецификации; вот отгадайте, к какому больше мужчин в очереди, а к какому женщин. А какой струится невостребованный.) Так вот, эта женщина, с шофером Николаем, они вместе стеганые вещи продавали, сами развозили; а по дороге завернули к источникам, вот она идет, и рядом с ней монах какой-то в черной рясе; он ей дал несколько советов и кое о чем предупредил, чтобы она вот так делала, а вот так не делала; а потом раз — и нет его, а Николай говорит ей: это с кем вы сейчас разговаривали?.. Сами с собой?.. Она туда, сюда, а монаха и не видать.

Это вот православие или как? Черный исчезающий монах — это православие?

* * *

2. Про самодержавие все всем понятно. Даже вообще непонятно, как можно без самодержавия? Без начальника-то куды? У кого разрешения спраши-

вать? Кто за все отвечает? Кто пригреет и накажет, кому пожалуюсь пойду?

Я не понимаю, как можно без начальника. Сейчас же начнутся разброд и шатания и все развалится. И придут чужие начальники, потому что без начальника нельзя.

Вот Большой Белый Начальник прекратил простирать совиные крыла над свободолюбивой Туркменией — страна сразу вздохнула с облегчением, и пришел Свой Родной Сердар, Вечно Великий Сапармурат Туркменбаши, и сделал туркменскому народу тепель-тапель.

Повелел, например, построить зоопарк в пустыне Каракум и населить его пингвинами. (Конфету «Каракум» помните? Невкусная. Камни и песок.) Температура в Каракумах плюс 50, а на почве так и до плюс 80 градусов Цельсия доходит, но это при единоначалии ништяк. 18 миллионов долларов расходы всего-то.

Еще ледяной дворец в горах замыслил построить. И чтобы фуникулер к нему. А пусть будет.

Инфекционные болезни объявил вне закона и запретил даже упоминать про них. Холеру нельзя называть, оспу. Герпес ни-ни. Вообще дал идеологический бой микробам и вирусам. А для здоровья велел министрам участвовать в 36-километровом забеге. Думаю, много кабинетов освободилось и проветрилось по результатам пробежки.

Еще запретил балет, оперу и цирк. Запретил золотые зубы. Запретил видеоигры, бороды, запретил курить и слушать музыку в машине. Секс объявил делом государственным, чтобы только ради деторождения, так как «личное удовольствие не распространяется на прогрессивную культуру туркменского народа».

Велел думать, что туркмены изобрели колесо и телегу. Закрыл Академию наук, уволил 15 тысяч медработников, отнял пенсии. (Повеяло чем-то родным, нет?)

Ввел новый календарь, поставил 14 тысяч памятников себе, один из них — 10 миллионов долларов стоил — был золотой и поворачивался вслед за солнцем; хотел называться Шахом — не срослось; тогда стал маршалом. Пять раз получил звание Герой Туркмении, от шестого категорически отказался, сославшись на скромность.

Был седой, потом волосы почернели (на то была воля Аллаха), сам помолодел и умер.

Сама-то я анархистка, но нежно люблю самодуров и скучаю без Сапармурат Атамуратыча. Кто еще завинтит такую фантазию на ровном месте? У него ведь как было заведено? Французские концессионеры должны были на коленях ползти от золотых дверей к золотому трону, держа в руках договоры на подписание. А он нарочно не подписывал: а вот так вот. Поползаете, пороги-то пообббиваете. И они на коленях, не отводя влюбленных глаз от Начальника, пятились задним ходом.

А русское самодержавие, даже вот хоть сегодняшнее, это, конечно, по сравнению с Атамуратычем —

яблоневый сад в цвету и хрустальные воды ручья в июльский полдень.

* * *

3. А вот народность, третий компонент триады, простому рациональному уразумению не поддается. И то сказать, кто видит, что под землей? Кто там бродит? Зверь Индрик, всем зверям отец? тот, что живет на Святой горе, ест и пьет из Синего моря, никому обиды не делает?

Там, говорю, корни Древа; там подземные пустоты, там что-то совершается; там что-то само с собой говорит и бормочет; знать этого нельзя.

Что есть русский народ? По крови ли считать будем, или по духу, или по лицу, или по языку? сейчас передеремся. «Чудь начудила да меря намерила» — говорил лучший и печальнейший поэт минувшего века, наш Гамаюн, лучший и печальнейший, не спорьте.

Я вот думаю, что народность — термин, осторожно и приблизительно выбранный графом Уваровым, — в применении к русскому народу содержит, в свою очередь, три важнейших черты, три понятия. Это — Удаль, Долготерпение и Авось. Сошлись эти черты вместе — есть русский народ; не сошлись — нет русского народа.

По отдельности эти черты можно обнаружить и у других народов; так, полякам в высшей степени свойственна удаль; вот недавно премию Дарвина получил один удалой пан (посмертно): выпивали они с товарищами, сильно набрались, и один крикнул: «а я вот как могу!» — и циркулярной пилой отпилил себе ногу; тогда другой вырвал у него пилу и с криком «а я зато вот так!» отпилил себе голову.

Но долготерпение полякам зато не свойственно. А вот чехам долготерпение свойственно, а про чешскую удаль никто не слышал. А ведь практически соседи.

Удаль я бы определила как бесцельный выплеск тестостерона без учета последствий. У других народов это может быть возрастное, подростковое; но человеку русскому удаль свойственна до седых волос, а главное, никак не соотносится с календарем. Например, выпить и буянить. Мне один финн рассказывал, что они, финны, тоже надираются в зюзю, как и русские, но только по пятницам и субботам. А в воскресенье уже нет, так как в понедельник надо на работу.

Вот скажите мне, какого русского остановило бы в этом деле соображение о работе?! Пшла она, работа эта!

Образцовый пример удали — рассказ Лескова «Чертогон». А образцовые носители долготерпения — это униженные, оскорбленные и всяко иначе замученные герои Достоевского, как женщины, так и мужчины.

Но, конечно, главная определяющая черта нашего менталитета — авось.

Авось есть фундаментальное отрицание причинно-следственной связи явлений, неверие в материальную природу вселенной и ее физические законы. Запишите это золотым курсивом.

«Надо привинтить эту деталь, иначе она по дороге отвалится». — «Авось не отвалится». — Но почему, почему же не отвалится?! Вибрация, гравитация, наконец, математическая вероятность — все говорит за то, что отвалится! И она таки отваливается! Всегда! Но снова и снова отказывается русский человек привинтить, прикрепить, подпереть, привязать, приколотить, прикрыть, убрать под замок, — и снова и снова оно отвинчивается, отваливается, падает, отвязывается, рушится, намокает, разворовывается, и опять русский человек удивительным образом, с удивительным упорством отрицает и отрицает очевидное.

Значит, не очевидно оно ему. Значит, он видит что-то другое. Значит, он трансцендирует физические законы, математическую вероятность и тому подобную мелочевку, а сразу обращает свое внутреннее око туда, в сердцевину Абсолюта, туда, в неизъяснимый Мальстрём, в предвечный пятнадцатимерный водоворот, где Творец, кружась сам в себе и бросая многорадужные отблески сам на себя, что хочет, то и творит, — например, жонглирует черными дырами, по собственной прихоти искривляет пространство и отменяет законы, придуманные им самим.

А стало быть, русский человек ежеминутно, ежесекундно ждет чуда. А стало быть, он ждет не Закона, а Благодати, ибо Благодать именно оно и есть — явление добра и милости поперек всякой вероятности и всяких заслуг, просто так, потому что Господь так захотел. Ты пьяная и подлая свинья — а Я в неизреченной милости Своей осыплю тебя понятными тебе земными благами — фиалками, бабами, баблом, бухлом и кулебяками — вне очереди. Ибо пришел Мне каприз такой.

Вот что такое русский человек. Вот что такое его вера. Вот на чем зиждется Русский Мир и Русский Путь, гениально предчувствованный русским графом Уваровым, хотя его и обвиняли в том, что он украл казенные дрова, — но кого же в России не обвиняли в краже стратегического топлива?

«Чудным звоном заливается колокольчик; гремит и становится ветром разорванный в куски воздух; летит мимо все, что ни есть на земле, и, косясь, постораниваются и дают ей дорогу другие народы и государства».

Может быть, свет

Прислали открытку: «В наступающий год Тигра поздравляем вас с Новым годом и Рождеством!» Забыли добавить: «во имя Аллаха милостивого, милосердного».

А в одной бухгалтерии видела трогательную инсталляцию: бычок, Богоматерь, снеговик и елочка. Все такое небольшое, умещается на площади A4. В стеклянном шкафу над головой начальницы насчитала пять икон. Дома у бухгалтерши — я уверена — живет небольшой барабашка, и поэтому вещи иногда пропадают. Но если обвязать платок вокруг ножки стула и три раза сказать: «черт, черт, поиграй и отдай», то вещи найдутся.

Понятно, что все это глубокая, истинно народная вера / магия, искоренять ее бессмысленно, смеяться над ней — легко. Впрочем, этнография, как и любая дисциплина, смеха не предполагает. Или наоборот: на себя обернемся-ка.

Одна вера ничуть не хуже другой; к духовности можно лететь верхним путем, а можно ползти нижним; мир по ту сторону завесы, может быть, много-слоен и завинчен воронкой; там, может быть, сад, а может быть, кочегарка, а может быть, лес с огоньками, а может быть, взбитое белое облако, а может быть, свет невечерний, а может быть, пустота и ветер, а может быть, дом с множеством комнат и эшеровских лестниц, а как по мне, так там обязательно должна быть старая дача, и на столе свеча, и за столом все собрались, и никто, оказывается, не умер.

Если прошлогодний бычок или наступающий в день святого Валентина невисокосный тигр согревает сердце бухгалтерши, если она, поставив его под елочку, по мере сил помогает поддержать мировой порядок — наладить ход времени, отрегулировать плавное движение светил, — если она, глядя на него, верит, что все будет хорошо: и дети не вырастут оболтусами, и маму не разобьет паралич, — что ж тут плохого, что тут кощунственного? И Богоматерь, я думаю, не против соседства со снеговиком, чем он хуже серафимов, разве что недолговечный и вместо носа морковка.

Можно подумать, что мы от него сильно отличаемся.

Сарайчик

После снятия ленинградской блокады дед Лозинский с бабушкой возвращались из Елабуги. Михаил Леонидович был уже сильно болен, квартира же в Ленинграде была пока малопригодна для жилья. Я думаю, это был год 1944-й (блокаду официально сняли 27 января).

Поэтому Лозинские задержались в Москве на несколько месяцев, и приютил их дедов старинный приятель Шервинский, Сергей Васильевич. Тоже переводчик. (Из мечтаний о невозможном: о, попасть бы в то время! Послушать их разговоры! Хотя бы под дверью постоять, прислушиваясь к смеху, к звяканью ложки в стакане, к глухому, любимому кашлю!)

Шервинские жили где-то в переулках Остоженки, и у них был свой дом и при нем двор. Их не уплотняли, наверно, потому, что отец Сергея Васильевича, Василий Дмитриевич, был крупным врачом — терапевтом и эндокринологом, надо полагать, кем-то вроде профессора Преображенского (руководил Институтом экспериментальной эндокринологии. Ну?..).

Так вот, в доме были дровяные печи, а дрова для этих печей хранились в дровяном сарайчике, который стоял в дальнем углу двора, как и полагается сарайчику. И дворник носил вязанки этих дров к крыльцу через весь морозный, снежный двор.

Вот в какой-то особо лютый зимний день — дело было еще в двадцатые — Шервинские говорят дворнику: надо бы ваш сарай перенести поближе к крыльцу, удобнее будет. — Оно да, оно и впрямь удобнее бы было, отвечает дворник, да самовольно-то нешто можно двигать? Мало ли! Вы бы написали заявление управдому.

Шервинские написали заявление управдому. — Прекрасная мысль! — сказал управдом, — но я ведь, знаете, человечек подневольный, мало ли, надо написать прошение в исполком.

Написали Шервинские прошение в исполком. — Спасибо, товарищ, за ваш порыв в сторону облегчения жизни трудового народа! — сказал Сергей Василичу исполкомовский человек, — но, знаете, мало ли...

И вот, рассказывал дед Лозинский, Сергей Васильевич Шервинский открыл ключиком шкатулку и показал бумагу, уже чуть потрепавшееся желтоватое прошение, а на нем резолюция и подпись: «Не возражаю. И. Сталин».

Эта бумага сильно помогала в трудные дни и до войны, и во время, и уже после. Ею махали на всех подступавших супостатов. Супостаты пугались и рассеивались.

Лозинские и Левицкие

Перед Первой мировой войной в Питере был строительный бум. В 1915 году строительство не прекращалось, а почему оно должно было прекратиться? На Каменноостровском проспекте, на Петроградской стороне построили дом 73/75. Там мой дедушка Михаил Леонидович Лозинский купил квартиру. А может быть, арендовал, не знаю. Не у кого больше спросить.

Квартира была чудесная, самая современная: в ней был и телефон, и горячая вода из двух кранов: Хол. и Гор. Так было написано синими буквами на фарфоровых ручках. И два туалета. И черный ход — дверь на него вела из кухни, чтобы прислуга могла, не беспокоя хозяев, выносить мусор и вносить вязанки дров. А на парадной лестнице были мраморные ступени, ковровые дорожки, швейцар и чистый, узорный, бесшумный лифт.

Моя мама, стало быть, родилась в этой квартире, аккурат в 1915 году. Ничто не предвещало.

Я в этой квартире была; по моим воспоминаниям, в ней было пять комнат. Две изолированных —

входы из прихожей, направо и налево. Другие три — взаимно проходные, так сказать; по кругу. Из прихожей прямиком входишь в столовую, проходишь ее насквозь, и за ней, после нее, обнаруживаешь подсобные помещения: коридор для прислуги, ванную, два туалета, просторную кухню. И вбок из столовой, как если бы рвануться в сторону, еще две комнаты.

Небольшая квартирка, но уютная. Тогдашний средний класс.

Лозинские прожили в ней всю жизнь, в ней и умерли в один день. С 1915-го по 1955-й всякое было. У бабушки, Татьяны Борисовны, был брат Саша. Вместе они владели дачей в Финляндии; после 1917 года дача оказалась за границей. Бабушка, отличавшаяся небывалым аскетизмом — всю жизнь проходила в одном стираном-штопаном платье, — отказалась от дачи, она вообще считала, что человек ничем владеть не должен (было ли то убеждение экзистенциальное или прагматическое в советских условиях, не знаю); Саша не отказался. Он стал владельцем дачи и продал ее; на вырученные деньги он покупал в Торгсине еду и, может быть, что-то еще; родственники в ужасе говорили: «Саша ест *сливочное масло*». Когда он съел все масло, его расстреляли во дворе Петропавловской крепости — нормальная советская практика; привет всем любителям коммунизма и прочего пролетариата. Мы поименно вспомним всех, кто поднял руку.

В какой-то день какого-то года, не знаю какого, их уплотнили. Уплотнили, как я понимаю, щадяще:

отняли всего одну комнату. И поселили в ней супругов Левицких. Муж был вроде бы тихий бухгалтер, про жену ничего не запомнилось. Левицких вселили в ту комнату, вход в которую был в прихожей.

Я с детства помню: Левицкие — налево. Мнемонический прием.

Левицкие были тихими и вежливыми. Лозинские — тоже.

Левицких смущало, что они живут в чужой вроде как квартире. Лозинским тоже было не вполне чтобы удобно, но что поделаешь-то.

Так и прожили они всю жизнь, весь отпущенный им земной срок.

Мама вспоминала, что Левицкие жили тихо, как мыши, никому не мешали, ни на что не претендовали. Боже упаси, не скандалили, не доносили, не требовали, просто они были всегда. Мама, родившаяся в 1915 году, знала Левицких как руку, как печень, как ступню: часть живого организма, без нее никуда.

Единственное неудобство, происходившее от Левицких, состояло в том, что они писали и какали. А поскольку несчастные были отрезаны от роскошного, модернового, самого современного на 1915 год плана квартироустройства — ну не предусмотрели архитекторы, что придет Швондер, — то и получилось, что супруги Левицкие писали и какали у себя в комнате, а потом проносили утку через столовую Лозинских.

Повторяю: вежливые, стыдливые Левицкие, чувствуя, что они живут, тыкскыть, в чужой квартире, не решались прошествовать по физиологическим своим надобностям в сортир ни вечером, ни утром, а справляли нужду в горшок. А в обеденное время, когда не менее вежливые и стыдливые Лозинские садились обедать (прислуга, кухарка, супница), — Левицкие чувствовали невозможность нахождения в одном помещении с переполнившимся горшком — и проносили горшок через столовую Лозинских туда, в запредельные комнаты, в технические коридоры, в прекрасные, модерновые, облицованные метлахской плиткой помещения.

И каждый раз — вспоминала мама — когда Лозинские садились обедать, мимо них, мимо накрытого, нарядного стола быстро, потупив взор, проходил один из Левицких с полным горшком в руке. Сначала молодой и крепкой руке, а потом все вянущей и вянущей и, наконец, уже покрытой гречкой, дрожащей, артритной, старческой руке.

Ну и что я этим всем хочу сказать? Да ничего такого особенного. Это — жизнь, и Господь с детским, злым юмором следит, чтобы каждый в ней получил свою долю: если ты — Лозинский, то тебе выдадут своего Левицкого, чтобы он не дал тебе беспечно и спокойно пообедать; если ты Левицкий — Он отнимет, отгородит от тебя тихий-мирный, вожделенный сортир, чтобы заставить тебя смущаться, пока ты жив, не знать, куда деваться.

За что это нам, почему — мы не знаем. Но в жизни мы — поочередно либо Лозинские, либо Левицкие, разве нет?

Эмануил

Что интересного случилось в 1757 году? Сразу-то и не скажешь. Ну, родился Уильям Блейк, художник, поэт и мистик. А Богдо-гэгэн II, второй Халха-Джебзун-Дамба-хутухта, наоборот, умер. Султан Мустафа III взошел на турецкий престол. А Китай закрыл свои порты для иностранцев. Жизнь шла как всегда — пышно и таинственно; между тем в 1757 году, неприметно для глаза, случилось важнейшее для всего мира событие — состоялся Страшный Суд и Второе Пришествие, а стало быть, и конец света, и это точно, сведения из первых рук.

Эта истина открылась асессору шведского Горного ведомства Эмануилу Сведенборгу, почтеннейшему профессору, специалисту во многих науках: от минералогии и математики до химии и садоводства. Он и в анатомии понимал, и столяром был отличным, и состоял советником Карла XII, и построил машину для перетаскивания кораблей по суше, и сделал черновой набросок летательного аппарата: широкая корзина с веслами, еще немного инженерных расчетов — и садись себе поудобней да и греби в голубую высь. К пятидесяти шести годам Сведенборг изучил несколько языков, включая древнееврейский, прекрасно играл на органе, написал двадцать пять томов научных и философских книг и теперь работал над опусом «Животное царство» — задумал объяснить существование души с анатомической точки зрения в семнадцати томах, — как вдруг с ним начали происходить необычные вещи. Его стали мучить яркие многозначительные сны.

Какие-то тревожно желтые лошади, женщины, со стоном бросающиеся в мужские объятия, марширующие солдаты; неведомая сила — то ли некий дух, то ли сам Господь повергал его на землю или громом звучал в его ушах, обнимал или хватал за руки; а главное — он понимал, понимал, что это значит. Начал открываться смысл всего мироздания, как видимого, так и — главным образом — невидимого, духовного. Потусторонний мир открывался ему с муками, судорогами и галлюцинациями; несколько раз профессор явственно ощущал, что ему вонзали кинжал то в ногу, то в спину. Голоса диктовали ему разные тексты, кто-то водил его рукой по бумаге, иногда он слышал резкие и неприятные запахи — очевидно, это был смрад его грехов... Часто по ночам его мучили злые духи: причиняли боль, душили, богохульствовали, а то меняли вкус еды, например, сахар на соль. Так продолжалось около полугода, после чего с ним приключилась престранная вещь.

Это было в апреле 1745 года, в Лондоне. Он сидел в трактире, в отдельном кабинете, и жадно ел, так как запоздал с обедом и проголодался. Вдруг комната словно бы потемнела, а пол покрылся жабами и какими-то ползучими тварями. Потом тьма разверзлась и возник человек в сиянии и блеске, одетый в порфиру. «Не ешь так много!» — угрожающе сказал он Сведенборгу. Затем исчез, и комната приняла свой обычный вид. Профессор испугался и поспешил домой. Но тем же вечером незнакомец опять явился к нему во сне. Он сказал, что он — Господь Бог, Творец и Спаситель мира, что он избрал Сведенборга для того, чтобы возвестить людям духовный смысл Писания; и что он сам объявит ему, что именно он должен написать. «И той же ночью, — пишет Сведенборг, — мне были открыты со всей ясностью мир духов, небеса и ад. И с тех пор я оставил всякое писание о земных предметах и посвятил свои труды духовным вещам».

Сведенборг начал с нечеловеческой скоростью писать (на латыни, гусиным пером) и анонимно издавать сочинения о том, как устроен загробный мир на самом деле. Это еще двадцать пять томов, невероятно подробно и скучно излагающие новое учение. Суть его сводится к тому, что люди неправильно понимают Слово. Слово стало миром, Слово — это и есть весь мир, и все, что мы видим вокруг, — солнце, луна, звезды, облака, кони, ослы, золото, серебро, женщины, — все, до мельчайшей детали бытия, суть не вещи сами по себе, а аллегории, или, как называл их Сведенборг, соответствия. Так, люди не понимают слов Апокалипсиса о том, что после Страшного Суда весь видимый мир рухнет и возникнут новые небеса и новая земля. Как это может быть? Неужели вот эти небеса с созвездиями исчезнут? — спрашивают себя здравомыслящие шведы и другие скептические европейцы. Нет, конечно, говорит Сведенборг, никуда не денутся небеса со звездами, так как если постичь духовный смысл Слова, то нам откроется, что Солнце соответствует Господу в плане любви, Луна — Господу в плане веры; звезды соответствуют познанию блага и истины, облака означают буквальный смысл Слова Господня, а слава — внутренний его смысл. Знамение Сына Человеческого на небесах — появление Божественной истины; племена земные, которые восплачутся, — все, что относится к истине и благу или к вере и любви; пришествие Господа на облаках небесных с силой и славой — присутствие Его самого в Слове и откровение; и так далее, и так далее.

Таким образом, смысл Страшного Суда в том, чтобы создать новую церковь, так как старая пришла к концу, никуда больше не годится, увязла в лицемерии; то есть это духовный Страшный Суд. Что, впрочем, не мешает людям продолжать жить себе как ни в чем не бывало, ведь у них есть свобода выбора.

Но что же за гробом-то, что за гробом? А вот что, говорит Сведенборг. Когда человек умирает, он сначала этого не замечает. Так же продолжает жить, как раньше жил, работать в своем кабинете, ездить в экипаже, посещать гостей. Только все становится немного ярче, а чувства обостреннее. Потом к нему приходят добрые духи (недоразвившиеся до ангелов праведники) и деликатно намекают, что он того-этого. Умер. Это мир духов. Сначала он не верит. Потом смотрит — да, действительно. И опять живет дальше, пока не сориентируется, с помощью ненавязчивых ангелов, куда ему отправляться.

Всего в загробном мире три царства: небеса (состоящие, в свою очередь, из трех слоев и из бесконечного множества «обществ»), мир духов и мир адов (так как ады тоже множественны и разнообразны). В зависимости от духовных заслуг человек отправляется туда или сюда, но не все так просто: грешники не горят тупо в огне, а очень даже наслаждаются смрадом и негодяйством, в котором они пребывают, потому что грех их радовал при жизни, радует и после смерти. Вонь в адах стоит великая, но ведь все надо понимать аллегорически, так что это вонь духовная.

Соответственно, небеса тоже устроены сложно-иерархически. Ангелы (а это бывшие люди, только и всего) рассортировываются в зависимости от своей способности любить Господа и полностью отказаться от любви к себе (то есть от гордыни и приписывания себе каких бы то ни было заслуг). При этом они еще делятся по интересам. Высшие ангелы, небесная элита, ведут между собой тонкие интеллектуальные разговоры, тем же, кто попроще, это неинтересно и не по силам, а случись им приблизиться к, так сказать, *VIP*ам, они от этих бесед начинают как бы задыхаться и с облегчением возвращаются на свой привычный уровень.

Мир духов расположен между небесами и адами, и его обитатели в зависимости от того, как они себя позиционируют относительно Господа, блага и истины, имеют шансы отправиться либо туда, либо сюда. Но опять-таки никто нигде не страдает, а каждый селится там, где ему по сердцу. Небеса для грешников невыносимы и удушливы; им просто не надо добра, они и не завидуют. Также и праведники не завидуют высшим ангелам с третьих, внутренних небес; высшие ступени любви к Господу им просто не открываются; им это не дано.

Чем небеса ближе к Богу, тем они внутреннее; главное и основное, что должен сделать человек, чтобы достичь максимально высокого положения в небесной иерархии, — это верить в Божественное начало, в то, что от него исходит всякое благо и истина, всякая мудрость и разумение, и желать, чтобы оно им управляло. Вот тогда-то вышеупомянутые аллегории, или соответствия, покажут себя во всей мощи: такому верховному ангелу будет представляться, что он живет в дворцах неописуемой красоты и гуляет среди деревьев и цветов тоже неописуемых. На самом деле при попытке все же их описать получается обычная ювелирная ерунда: стволы золотые, листья серебряные; от профессора минералогии все же ждешь большей фантазии, а от Господа — тем более.

Главное условие спасения — добровольно-принудительное сотрудничество с Богом, так как Бог никого не понуждает, а лишь предлагает, но, если человек не идет на сотрудничество, Бог от него отвернется. Все небеса в совокупности составляют одного человека. Понятно теперь, почему Новый Иерусалим — это новые небеса; старые людишки-то никуда не годятся, веруют притворно, напоказ, а сами грешат вовсю. Надо менять.

В целом учение Эмануила Сведенборга невыносимо скучно и добродетельно. Некоторое оживление вносят нетривиальные расклады небесного царства: напримерно, ангелы там женятся, и не обязательно на прежних своих земных женах, а на подругах по вкусу; но любовь там существует только супружеская, а на сторону ни-ни, да и что за радость, помилуйте, сознавать, что твоя благоверная — такая же, в сущности, аллегория, как твой стол, дворец, сияющий каменьями, или грядки с радужными цветами? Относительно протестантской церкви Сведенборг в своем учении-видении допустил ересь, но и ересь добродетельную: Кальвин, Лютер и Меланхтон учили, что для спасения достаточно одной веры, Сведенборг же мягко уверял, что нет, недостаточно. Нужны добрые дела, милосердие нужно. Славный был старикан, добрый и скромный. В Лондоне, еще в период снов, он, бывало, заказывал к себе в номер несколько мясных блюд, а после возвращал их нетронутыми. Хозяину гостиницы он пояснял, что угощает являвшихся к нему для беседы духов. Есть они не ели, но обоняли жаркое с удовольствием.

От скромности, а еще от боязни прославиться, получить от этого приятствие и тем самым впасть в гордыню он вначале печатал свои сочинения анонимно, но желание возвещать открывшиеся истины все же было, так что шведское общество о нем прознало, и на него ходили посмотреть. У него был домик, садик с зеркалами, расставленными так, чтобы на перекрестках можно было видеть все цветы всех аллей сразу — как мило, — а еще он играл на органе и угощал посетителей изюмом.

Его любили как дворянство, так и король (тут надо зачем-то напомнить — так, для просвещения, — что в Швеции король и дворянство традиционно принадлежали к разным партиям. Короля поддерживало крестьянство, а знать парламентским путем сдерживала абсолютистские порывы). Смотрели на него как на безобидного сумасшедшего. Тоже вот интересно: дедушка еретик, у дедушки совсем поехала крыша: вообразил себя пророком, разговаривает с духами, и никто его живьем не закапывает в землю, никто не сжигает в срубе, не гонит босым в веригах за Полярный круг. Один знатный господин в письме другому пересказывает еретические чудачества старого профессора: якобы апостолы его навещают, и ангелы водят его пером, — и призывает: сдержим улыбку, не будем обижать старика. Каково! «сдержим улыбку!» — а не то чтобы вырвать ноздри и бить кнутом. И Сведенборг еще упрекает шведов в развращенности! «Шведская нация — худшая в Европе за исключением итальянцев и русских», — пишет он.

Мы испорчены Ближним Востоком: пророк представляется нам кудлатым, пыльноногим, в рваной хламиде и без юмора; богатым и знатным от него одно хамство и угрозы. Эмануил Сведенборг, напротив, был приятнейшим во всех отношениях, всеми уважаемым членом общества. За свои ученые заслуги он получил дворянский титул и фамилию Сведенборг (отец его носил фамилию попроще: Сведберг). Богатому, утверждал он, столь же легко войти в Царство Божие, как и бедняку; главное — любовь к Богу, далее по тексту. Язычники бывают лучше христиан. Африканцы ближе к Господу, нежели цивилизованные европейцы, ибо простодушнее и добрее. Некрещеные младенцы ни в чем не повинны, а потому попадут на небеса после некоторого обучения. Если древние пророки питались акридами и диким медом, а то и изнуряли себя голодом и жаждой, то наш пил чай и очень сладкий кофе с булочкой, любил миндаль, изюм и шоколад. После того как Господь шуганул его в лондонском трактире, мяса он уж не ел, но в сладком себе не отказывал. В гости надевал бархатный камзол лавандового цвета, черный шелковый жилет, туфли с золотыми пряжками. Лицо было бледное, рот широкий.

Все это, конечно, давно и подробно описано в специальной литературе. «При галлюцинаторном варианте параноидной шизофрении возникают вербальные иллюзии, отдельные вербальные галлюцинации типа окликов и бранных слов в адрес пациента с последующим развитием истинного вербального галлюциноза комментирующего содержания... "Внезапное озарение", тревога, страх, голоса в голове, приказывающие или запрещающие... больные начинают говорить о появлении у них необычных способностей узнавать мысли окружающих и влиять на их самочувствие... возникают типичные для парафрении идеи величия фантастического, абсурдного содержания: больные утверждают, что являются особыми личностями, на них возложены особые миссии, что они влияют на судьбы людей и вселенной; галлюцинации запаха и вкуса. Больной убежден, что одновременно находится в двух местах...» Читая жизнеописания Сведенборга и его собственные труды, словно бы листаешь иллюстрации к учебнику по психиатрии. А заглянуть на любой интернет-форум, посвященный параноидной шизофрении, — и там те же переживания: «Никакие псевдотеории меня не убедят, что это мои мысли. Это было вторжение извне. Называйте это как хотите — бесы, инопланетяне, подселение и т. д. Но то, что этот род уходит от сильной концентрации благодати, — это я вам гарантирую. Я вот тут два дня назад решила собороваться, так у меня сразу — как научно, не скажу — сонный паралич ночью случился. Схватила мразь за горло какая то. Но я уже навострилась и во сне их прогонять молитвой. И перед посещением мощей Матроны то же самое».

Служанка Сведенборга рассказывает: «Раз, войдя в комнату, я заметила, что глаза его блестят подобно пламени. Я испугалась и сказала:

— Ради Бога, что с вами, почему вы так глядите?

— Чем же я так необыкновенно выгляжу?

Я сказала.

— Хорошо, хорошо. Не пугайтесь. Господь так устроил мои глаза, чтобы через них духи могли видеть все, что делается на этом свете».

Это XVIII век, а в XIX веке жандармы напускали на больных электричество, а в XX больные чувствовали, что их облучают лазером, а в XXI — КГБ или ЦРУ вживляют им в голову электронный чип, чтобы через их глаза читать секретные документы, а также навязывают им развратные мысли и желание воровать. Подобные же ощущения мучали и Сведенборга: он с сокрушением отмечает, что в лавках у него возникает неодолимое желание что-нибудь украсть, ну а от развратных мыслей о «сиренах», ясное дело, укрыться некуда.

Все это было бы локальным историческим курьезом или еще одним медицинским случаем, если бы не необыкновенные способности Сведенборга к визионерству. Ангелы и духи запросто сообщали ему вещи, которые никто не мог знать; те из них, что можно было проверить, не объяснены никем до сих пор.

Самый знаменитый эпизод случился в 1759 году, во время купеческого обеда, на котором Сведенборг присутствовал среди большого количества свидетелей. Дело было в Гетеборге, в 400 километрах от

370

Стокгольма. Сведенборг вышел из-за стола и отправился в сад, как он часто делал, чтобы поговорить со своим ангелом. Вернулся он чрезвычайно взволнованным: «Господа, в Стокгольме сильный пожар! Он движется в направлении портовых складов!» Купцы обеспокоились: у всех там была какая-то собственность, — но не знали, что тут можно сделать, да и верить ли. После Сведенборг опять выходил в сад и сообщал, какие здания охвачены огнем, а какие еще держатся. Наконец он вернулся успокоенный: «Слава Богу! Пожар остановился за три дома от моего, он потушен!»

Когда — через два дня — прискакали из Стокгольма гонцы, они подтвердили: все именно так и было. Это необъяснимое знание наделало много шуму в обществе. Никакого обмана тут быть не могло. Иммануил Кант, современник и практически тезка Сведенборга, интересовался этим необыкновенным случаем и расспрашивал о Сведенборге.

Другой удивительный случай произошел с мадам Мартевилль, вдовой датского посланника. Незадолго до своей кончины посланник заказал ювелиру большой и дорогой серебряный сервиз. И вот теперь к вдове пришел ювелир и заявил, что счет за сервиз не был оплачен. Вдова точно знала, что оплачен, но квитанцию найти не могла. Жулик ювелир требовал либо сервиз, либо деньги — воистину, хуже шведов только итальянцы или русские! — и вот мадам Мартевилль обратилась к Сведенборгу с мольбой: раз он говорит с духами, так, может, он поговорит с покойным мужем, спросит, где квитанция?

Через несколько дней духовидец сообщил вдове, что видел ее мужа и передал просьбу, на что муж ответил: «Я сам этим займусь». Еще через пару дней покойник явился к жене во сне и сообщил ей, по ее словам, следующее: «Дитя мое, я прослышал о твоих тревогах. Не волнуйся же, а пойди в спальню к комоду и выдвинь верхний ящик. Квитанция завалилась за заднюю стенку ящика». Вдова проснулась, помчалась к ящику, и о чудо — нашла квитанцию, а заодно и драгоценную шпильку, которую считала потерянной.

Третья история произошла с шведской королевой Ульрикой. В светской беседе она в шутку спросила Сведенборга, встречал ли он в загробном мире ее брата, прусского принца? Нет, не встречал. Ну, если встретите, передайте привет. Через неделю Сведенборг явился к королеве — она как раз играла в карты со статс-дамами — и попросил разговора наедине. «Да говорите при всех!» — сказала королева, но пророк настаивал, что сообщение очень личное. Вышли в соседнюю залу, некий граф Шверин был поставлен при дверях и наблюдал всю сцену. Точно неизвестно, что именно покойник передал Сведенборгу, а Сведенборг королеве, но та «побледнела и вскричала: только он мог это знать!» Тут Шверин-то все всем и рассказал. Эта история была не пустяковой и опять-таки вызвала большое волнение в обществе, так как королеве не доверяли и считали, что она принимает решения в пользу Пруссии; подозревали, что в переписке с братом (при его жизни) она строила какие-то планы по ущемлению шведского парламентаризма. Как бы то ни было, она напугалась, стало быть, ей было что скрывать.

Три эти случая хорошо задокументированы и подтверждены, но помимо них сообщают еще об огромном количестве других случаев ясновидения разной степени достоверности. Так, некто, обедавший со Сведенборгом, передает, что тот вдруг вздрогнул и произнес: «В этот момент в России в тюрьме задушили Петра III, запишите этот день и час, потом прочитаете об этом в газетах!» Тут непонятно, можно ли верить этому свидетелю, так как больше никто об этом не сообщает.

В другой раз Сведенборг, гуляя в парке, рассказал какому-то графу, что недавно почившая русская императрица Елизавета Петровна вышла замуж (на том свете) за дедушку этого графа, и они оба счастливы. А это как проверишь? Предсказывать он мог только про знатных особ, царей и королей и знаменитостей, а также своих знакомых; такая вот у него была особенность. Про кого попало не предсказывал.

В конце зимы 1772 года Джон Уэсли, основатель методизма, получил от Сведенборга письмо с приглашением навестить его. На небесах мне сказали, что вы очень хотите со мной познакомиться, писал ясновидец. Уэсли написал в ответ, что сейчас он занят, но вот через полгода он с удовольствием, на что Сведенборг отозвался: «Нет-нет, через полгода я уже умру. Я умру 29 марта».

И действительно, умер 29 марта, «с большой радостью», по словам домочадцев.

В сказках обычно человеку даруются три желания, и он по неразумию тратит их на чепуху. Так и профессору минералогии и анатомии, философии и химии, геологии и математики, пророку и духовидцу даровано было нечто великое и неслыханное, а он на что потратил свои чудесные силы? Помог вдове с квитанцией, послужил почтальоном для королевы, поволновался о пожаре — а что пожар, когда уже два года к тому моменту, как состоялся Страшный Суд, и у нас уже новая земля и небеса новые? Казалось бы, гори оно все огнем! Ан нет. Все прилично, вежливо, аккуратно, пресно. «Я получил письмо с извещением, что в течение двух месяцев было продано не более четырех экземпляров книги, и это было сообщено ангелам. Они удивились этому».

Как нетаинственно.

А что мы, собственно, хотим? Чтобы было что? Чтобы было как? Есть известный анекдот: «Почему если я говорю с Богом, то это молитва; а если Бог говорит со мной, то это шизофрения?» И в самом деле, а что если один из способов Бога или его посланников, ангелов говорить с нами — это шизофрения? Эпилептики перед припадком на мгновение понимают смысл всего, им открывается тайна бытия — да вот только припадок начисто смывает это приоткрывшееся знание, и остается эпилептику всего-то прикушенный язык да обмоченные брюки. Аутисты видят математические поля, где огромные числа и корни из чисел растут, как прекрасные цветы. Судороги височных долей вызывают видения небесных городов — волшебных четырехугольных крепостей, но ведь это не значит, что этих городов нет; они есть, но, чтобы их увидеть, нужно, чтобы случились судороги. Человеческое тело — это только одна сторона монеты, но не бывает монет с одной только стороной. На обороте — дух.

Может быть, Эмануилу Сведенборгу, хорошему, трудолюбивому человеку, и правда открылись потусторонние тайны; открылись по его силам, по его мере, по его разумению, по его запросам. Может быть, другому они откроются иначе; тревожному — как пламенеющие квадраты, невинному — как тихие воды, злобному — как рваные спирали. У Господа обителей много, он сам решает, сам раздает, сам целует.

Которое по счету доказательство бытия Божиего

Не устаю поражаться: вот сейчас, когда на улице жара и духота невыносимая и человеку необходимо для продолжения жизнедеятельности съесть ледяного свекольничку, — Господь, в неизреченной милости Своей, посылает нам свеклу молодую, нежненькую, алую и быстро варящуюся. Более того, Он создал тонкокожие луховицкие огурчики и свежую редиску в пучках, ибо все желания наши открыты Ему, и Он знает, что нужно класть в свекольничек.

Когда же придет зима и метель и у нас застучат от холода зубы и затопают замерзающие ноги — Господь уж знает и посылает свеклу старую, тяжелую, темно-красную, венозного цвета, для того чтобы борщ был огненным, аж задохнись. Господь придумал, что водка должна быть 40-градусной, и открыл это Дмитрию Иванычу Менделееву; Господь позаботился, чтобы были сало и чеснок, дабы веселились наши души и тела, Господь предусмотрел и крепко засоленный огурчик.

(Впрочем, Господу угодна и 50-градусная водка, но на летний период Господь все же советует обратиться к холодному белому вину.)

Слава Тебе, Царю Небесный! Забываем поблагодарить-то, а ведь Ты создал этот прекрасный мир для нас, легкомысленных дураков, и показываешь нам чудеса без перерыва. За все спасибо, но за свекольничек — трижды и особо.

Другие миры

У Борис Борисыча есть диск «Русско-абиссинский оркестр». Текст написан на неизвестном языке. То есть на языке, не известном самому ББГ. Я его специально спрашивала про это. Не знает. Рот открыл и спел.

Дело в том, что я слушала этот диск примерно 288 раз, невыразимо наслаждаясь, и где-то после 67-го раза начала понимать грамматику — где тут существительные, где глаголы. А после еще нескольких десятков повторов мне стали понятны не то чтобы значения отдельных слов, нет, — а как бы весь смысл стал проступать сразу.

Нечто подобное, но в иной сфере, произошло со мной в ресторане «В темноте». Кто не был — объясню. Вы приходите в этот ресторан, сдаете все предметы, могущие служить источником фотонов — зажигалку там, мобилу, — крепко хватаетесь за плечо официанта, и он отводит вас за черные занавеси по извилистому коридору. Темнота стопроцентная.

Вас сажают за столик; вы ощупываете его. Вы ощупываете столовые приборы, тарелку, хлебницу с хлебом. Скатерть, стул, на котором вы сидите. Бокал. Потом официант начинает приносить вам еду. (Все официанты — слепые, так что им все равно, есть свет или нет.) Чувства у вас — смешанные: немножко жутко, немножко смешно, жалко слепых официантов и неудобно им эту жалость показывать, но и не показывать тоже неудобно.

И вот вы должны есть неизвестно что, стараясь не попасть себе вилкой в глаз и по возможности ничего не пролив и не разбив. Мой спутник промучился, так и не получив никакого кайфа от этого эксперимента: он испытывал гнетущие ощущения и рад был, когда вернулся на свет божий.

А у меня произошла какая-то сенсорная компенсация. Минут через десять мне стало казаться, что я почти все вижу, но дымно. Вижу стол, тарелки, стенку, идущую вдоль стола (я ощупала ее: она была синего цвета. Якобы). Я знала, где стоит бокал, а где хлебная корзинка. Это были ложные ощущения: мрак был абсолютный. Но мне казалось, что я вижу почти все, только как будто через темный-темный фильтр.

Потом я с размаху схватила что-то, чего в реальности там не было, и нечто со стуком упало на пол. Я не знала что.

— Ножичек уронили, не страшно, сейчас заменим, — весело сказал из адовой ночи слепой официант. Он по звуку знал, что это ножичек, точно знал, и точно его поднял, и вручил мне новый. А я продолжала существовать в параллельном своем, иллюзорном, но вполне годном мире.

Так и «Русско-абиссинский оркестр». Там есть чудный язык, и чувство, и молитва, и обещание, и просветление, и благодарность, и кому какое дело, что таких слов на свете нет, и даже сам Борис Борисыч их не знает, потому что они рассыпались в пыль сразу после того, как он закончил петь для записи диска? Он их забыл и больше не воспроизведет. Они жили только в миг пения. Но ведь они были же.

А поскольку каждому читавшему «Вавилонскую библиотеку» Борхеса известно, что в Вечности есть все книги, все тексты, все слова, все звуки и все значения, то никто не может сказать, что этого «абиссинского» языка не существует. Из Вечности пришло, спелось Борис Борисычем, улетело, оставило только следы на песке. Придет волна — смоет и их.

Но без Борис Борисыча — что бы мы знали о других мирах?

Домовой

Время от времени мне по домашнему телефону звонят вежливые женщины и просят Зинаиду Васильевну. Я вежливо отвечаю, что они ошиблись номером и Зинаида Васильевна тут не проживает. Женщины уточняют номер. — «Да, — отвечаю я, это мой номер, совершенно верно. Но Зинаиды Васильевны тут нет». — «Очень странно, — удивляются звонящие, — всегда она тут была. Я часто ей звоню».

Но этого быть не может, потому что ни раньше, ни даже много лет назад никакая Зинаида Васильевна тут не проживала. Квартиру я купила пять лет назад, когда еще человек мог себе позволить купить в Москве квартиру, и была она коммунальной, и жило в ней множество народу, в том числе даже некая Флорида Михайловна, но Зинаиды Васильевны тут не было.

Если бы звонила одна и та же женщина, то можно было бы подумать — например, — что у нее не все в порядке с головой, но нет, это звонят разные, и даже как-то звонил мужчина.

Я уже привыкла к существованию Зинаиды Васильевны и иногда представляю ее себе: на ней зеленая вязаная кофта с растянутыми карманами; в карманах трубочка валидола, носовой платок, расческа. На ногах яркие китайские тапки. Ей лет так 65. Зинаида Васильевна жарит рыбу и складывает в эмалированный тазик. Потом прикрывает его перевернутой тарелкой и уносит к себе в комнату.

Думаю, она действительно тут живет, но только в параллельном пространстве. Ведь параллельное пространство существует, и тому много свидетельств. Телефонные звонки — тоже свидетельство, пусть косвенное. Я заметила, что эти параллельные миры соединены между собой в нескольких точках, где ткань пространства / времени как бы истончилась, протерлась; эти точки всегда связаны с потоками и коммуникациями. Трубы, провода, электронные пучки; другими словами, водопроводы, электричество, компьютеры, даже лифты — тупая, грубая вещь лифт, но, бывает, и он, и он. Стиральные машины, как всем известно, это вообще такие черные дыры; в них бесследно пропадают носки, и наука стыдливо отворачивается от объяснений этого феномена.

Зинаида Васильевна, конечно, где-то тут, и если в пустой квартире скрипнет половица или что-то словно бы упадет за стеной — это она. Я думаю, она часто смотрит в окно, навалившись на подоконник, бездумно, отмечая лишь сезонные перемены: вот дом сносят; вот магазин был — и нету; вот афишу наклеили на заборе: «Легенды РетроFM — Юрий Антонов», или что там у них в параллельном мире клеят на забор. Она выходит в коридор, идет на кухню, и я иногда сталкиваюсь с ней, прохожу сквозь нее, может быть, спотыкаюсь об ее яркие китайские тапки. Когда сталкиваешься вот так, напрямую, лоб в лоб с домовым — на миг возникает словно бы изжога. Или будто мутит. Но быстро проходит.

У вас в квартире наверняка тоже есть такой домовой: ведь параллельный мир — он всюду, за очень малыми исключениями. Я спрашивала свою подругу Авдотью Андреевну — у нее есть. Часто звонят и спрашивают. Фамилия Авдеюк. Пол неизвестен.

Бывают странные сближенья

Как-то раз, давным-давно, я купила стиральную машину какого-то скандинавского производства, шведскую, наверно; у них тогда была маркетинговая мода на панибратство.

В инструкции для пользователя — на почти русском языке — стиральная машина обращалась ко мне на «ты» и разговаривала доверительно. «Здравствуй! Я — твоя стиральная машина. Прежде чем начать мною пользоваться, внимательно прочти инструкцию до конца».

Я прочла. «Спереди у меня расположены четыре кнопки и два циферблата». «Слева наверху, над кнопками, ты найдешь выдвижной ящик с двумя отделениями». «Перед стиркой отдели светлое белье от темного». «Налей в меня средство для смягчения белья».

Я зачиталась и даже увлеклась: по жанру инструкция была ближе всего к софт-порно.

«Если ты не хочешь, чтобы я дула горячим воздухом, отключи эту функцию».

«Во время отжима я могу начать сильно содрогаться и даже подпрыгивать; во избежание этого укрепи меня путем фиксации ножек к полу (скобы А1 и А2 прилагаются)».

«По окончании стирки я подам продолжительный звуковой сигнал в виде гудка; его громкость ты сможешь регулировать».

«Не допускай попадания в меня детей и домашних животных!»

О сила простодушного искреннего слова, о сила прямого обращения и замены пустого «вы» сердечным «ты»! Каких-то семь или восемь страниц этого нескладного лепета, и я уже сроднилась с ней, она стала мне странно родной, как становится порой почти близким случайный спутник, с которым разговоришься в электричке, возвращаясь с букетом пионов с дачи, а потом он — досада какая — сходит на станции Кушелевка, а тебе ехать до Финляндского. Она уже почти женилась на мне, эта автоматическая, с фронтальной загрузкой, на пять кило сухого белья особа, и хорошо, что я женщина, а если бы я была мужчиной? Как бы сложились — или как осложнились — наши с ней отношения?

А под конец, когда она уже практически стала человеком или, во всяком случае, глубоко вошла в мою жизнь и дала почувствовать, как она мне необходима, она вдруг делала последний рывок и проявляла чудо самопожертвования, самоотречения и какого-то высшего, почти уже и недоступного человеку смирения:

«А когда я стану не нужна тебе, отрежь у меня электрошнур, открой дверцу и вынеси меня на место сбора мусора»...

...День, что ли, сегодня такой; я вспоминаю ее, думаю о ней; я думаю, что чему-то, пожалуй, я могла бы у нее поучиться. А я даже не помню, как ее звали.

...а когда я стану не нужна тебе, отрежь у меня электрошнур...

Юдифь с мечом

В конце восьмидесятых — когда все казалось возможным и вообще цвело и обещало — я дала какой-то газете интервью. Спрашивали про литературу или историю, и я сказала, что, будь моя воля и имей я возможность, я издала бы такую книгу: XX век в письмах, причем один год — одно письмо.

Это было бы очень трудно, потому что были десятилетия, когда письма лгали; ничего нельзя было правдивого написать. И в дневниках-то лгали, боясь арестов и обысков, а уж в письмах врать сам бог велел. Но все же как-то, может быть, всенародно удалось бы собрать такую книгу, сказала я. Есть же литературные архивы, есть чердаки с сундуками. И вообще, какое счастье и какой страх — читать чужие письма. Это как заглядывать в чужие окна — и стыдно, и любопытно, и как в кино. И там чужая, другая, единственная и неповторимая чья-то жизнь.

И вскоре после этого интервью меня разыскал какой-то человек (я до сих пор не знаю, кто он) и дал мне толстую пачку писем: почитать. Может, пригодится. Мне не пригодилось, письма я прочитала и вернула. Все они были написаны одной женщиной, жившей в Рязани: имени ее я не помню, так что пусть она будет Марьей Васильевной. Я так и не поняла, кто она, и что, и откуда, и кому она писала, а таинственный посланник ничего мне не захотел объяснить. Работала Марья Васильевна водителем трамвая, но жизнь ее была преисполнена духовными и культурными запросами. Писала с орфографическими ошибками, но ее интересовало все — от каких-то напечатанных в газете стихов до похорон А. Ф. Лосева, на которые она отправилась в Москву как на торжественное событие, и стояла в культурной толпе, и благоговела.

Но одно письмо я выпросила себе. История, рассказанная в нем, чем-то ударила меня в сердце. Двадцать пять лет прошло, расскажу.

Перескажу.

У них там в Рязани, в одном из разваливающихся домов напротив автобусного вокзала, жил себе художник с женой и детьми. Долго копил он деньги на спальный гарнитур. Жена хотела, чтоб было все — и тумбочки с двух сторон двуспальной кровати, и шкаф-гардероб с внутренним зеркалом, и резьба, и чтобы все было так богато, так художественно. И вот он накопил деньги и поехал в Москву, походить по антикварным магазинам.

Тогда вся Фрунзенская набережная была сплошным антикварным магазином. Всякая чудная рухлядь продавалась там задорого: и «пламя», и черное с золотом, и белое с золотом, и на кривых львиных лапах, и с крыльями грифона. Там были кровати, комоды, кресла, овальные и восьмиугольные столы, столики-сороконожки, столики-бобики, консоли, вазы, люстры, хрустальные нити, статуэтки, картины, часы, и все такое прекрасное, прекрасное.

И он бродил среди всего этого великолепия с толстой пачкой денег во внутреннем кармане пиджака, зашпиленном булавкой, чтобы не вытащили в метро, и цепким глазом художника выискивал самое лучшее. И там, в Рязани, жена, понятно беспокоясь об этой скопленной многолетним трудом пачке, волновалась и мечтала, представляя себе, как волшебно преобразится их супружеское ложе, как таинственно, по-новому ляжет полоса лунного света на тихо сияющий лак тумбочки, как обновится их любовь, как обзавидуются подруги.

И в одном из магазинов, у задней стенки, он увидел скульптуру. Белую, мраморную, в человеческий женский рост. Юдифь с мечом.

И пропал.

Уж наверно, наверно он слыхал про Пигмалиона, изваявшего и полюбившего Галатею; это даже в школе тогда рассказывали; был такой расхожий набор романтических мифов, безвредный и потому доступный для советского человека: для юношества — Орфей и Эвридика, для женщин бальзаковского возраста — верная Пенелопа, ждущая мужа из странствий, вот и Пигмалион тоже; Май Фэр Леди, кто же не знает.

Но одно дело быть в курсе, а другое — насмерть влюбиться в каменную женщину. И когда я говорю насмерть, я имею в виду: насмерть.

Художник спросил: сколько? — Столько-то. Поторговался, но все равно выходило дорого, так дорого, что денег не хватало; он послал жене телеграмму: вышли еще. Она забегала, занимая у соседей и друзей: наверно, красного дерева, наверно, с завитками, с бронзовыми накладками!

Он купил свою любовь на все огромные деньги; осталось только на билет в Рязань и на грузчиков. Юдифь замотали тряпками, но грузчики были советские, пьяные, неквалифицированные; когда ее волочили по платформе и запихивали в вагон, кончик меча отбился.

Он приволок ее домой, на свой второй, кажется, этаж. Да.

Вот вы — жена, вы ждете домой мужа с улучшенным, украшенным супружеским ложем с сопровождающими его тумбочками — сакральными предметами, что говорить. Мысленно вы уже раскинулись, разметались на матрасе, снова юная такая и сладострастная. И тут он вваливается в дверь — с новой бабой.

Ну и что, что она мраморная? Тем хуже.

Жена, — рассказывает Марья Васильевна, если вы еще не забыли, кто она, — бежала вон, вместе с детьми. Больше ее в Рязани с тех пор не видели.

А мы, — продолжает Марья Васильевна, — наконец договорились и попали к нему в гости. Взяли торт, с зелеными розами такой. Но оказался вкусный. Он поставил чайник. Он очень приятный человек, вежливый. Картины у него интересные. Живет один. ЕЕ, — в священном ужасе пишет Марья Васильевна, — мы тоже видели: ОНА стоит у стенки, белая, опустив глаза, волосы убраны на прямой пробор, и сзади узел. Кончик меча отбит. В квартире чистенько, — пишет далее Марья Васильевна, — но под шкафом я заметила какой-то странный серый коврик; я нагнулась рассмотреть, а это пыль; то есть он ее лет восемь не убирал, пыль эту. А так он совершенно нормальный.

...Вот такое было письмо, и все это осталось там, за барьером, и нет уже, наверно, ни Марьи Васильевны, ни художника, ни всего этого мира.

Только любовь есть, внезапно и необъяснимо, и всегда та же история: и постыдно, и бессмысленно, и на все деньги. И молчит.

Молчи, но только будь.

Чечевица

Каждый раз, как варю чечевицу, вспоминаю.

Начало шестидесятых годов. Мамина подруга, Вера Кракау, купила в магазине редкостную редкость: чечевицу. Обрадовалась! Последний раз перед войной ее видела! Позвала гостей: художника Боба Крейцера с женой. Съездила в Елисеевский, купила рыбки красной и белой, хорошего сыру, ананас. Хлеб «ленинградский», длинный, замена французскому багету. Масло вологодское. Паюсная икра.

И как вершина всего — чечевица.

Вежливый Боб Крейцер чечевицу ест, но видно, что ему не очень.

Вера Кракау, обеспокоенно: «Вам не нравится?»

Боб Крейцер, меланхолически: «Да нет, ничего, я привык. Десять лет, каждый день, в лагере-то»

Крейцер сидел, сначала в тюрьме, потом в лагере как английский шпион. Должны были расстрелять и уже вывели на расстрел, но на последней перекличке что-то там не сошлось. Фамилия такая-то? Такая-то. Год рождения такой-то? Такой-то. Все надо было повторить «полным ответом», как в школе. Место рождения такое-то? По документам он родился в Орле, а на самом деле в Берлине. Он и возразил. Немножко удивились: а чего это он в Берлине родился? — отвели в сторону, слово за слово, а потом как-то шестеренки расстрельной логики дали сбой, и убивать его не стали. Отправили в лагерь. Сидел с уголовниками. Эти его тоже не съели, потому что он хорошо «романы тискал». Пересказывал Жюль Верна, Гюго, Майн Рида — что там читали мальчики из хороших семей? (Кстати, хозяйке на заметку. Учите детей читать книги, может пригодиться.)

В него влюбилась дочь начальника лагеря. Такая — с глазами в пол-лица. Тамарочка. Восемнадцать лет. А ему, наверно, лет сорок пять уже, коротконогий, доходяга, очки, веснушки, картавит. Родители Тамарочки били ее смертным боем, чтобы разлюбила его, но она не разлюбила. Они выгоняли ее на мороз, и она застудила себе женские органы, и у нее никогда потом не было детей.

Когда его срок вышел, его выпустили на свободу, и Тамарочка бежала вместе с ним. Они скитались по дальним, разрешенным к проживанию городам, ища работы и пропитания и опасаясь преследования, и оно было. Однажды ночью, зимой, принесли телеграмму. Боб читал ее и не мог понять ничего — чушь какая-то. Но одно слово было его детским именем, прозвищем, которое было известно только близким, и очень немногим. Это был тайный знак, не иначе. Кто был этот неизвестный друг? Что он знал? Как смог предупредить? Они так и не узнали этого, а просто наспех оделись и бежали из этого города. А утром пришли их арестовывать, но опоздали.

Так они перебегали несколько лет, чувствуя, что спасение в движении. Боб-то был покрепче — все же он читал Майн Рида, Жюль Верна, Гюго и другие укрепляющие дух и разум книжки, — а Тамарочка начала сходить с ума от страха. Она сидела на табуретке и раскачивалась часами: взад-вперед, взад-вперед. Боб боялся, что она правда обезумеет.

Но если подумать, то зачем бы ей был нужен ум, Тамарочке? Все ее существо было чистая безрассудная любовь.

Так они дотянули до 1956 года, и была амнистия, и Бобу разрешено было жить в Ленинграде, вы подумайте; и у него даже была своя отдельная однокомнатная квартира, и все вообще кончилось хорошо, так сказать. Вот только детей не могли завести и чечевица казалась на вкус не очень.

Я теперь думаю: вот потому и не было ее до начала шестидесятых, чечевицы-то. Весь урожай шел в лагеря. А когда лагеря позакрывали — потоки чечевицы направили в магазины для гражданского населения. Ешьте. Теперь ваша очередь.

Временно.

Желтые цветы

Лютой ненавистью я ненавижу салат «Мимоза». Нельзя сказать, чтобы он был невкусным, — нет, почему, вполне съедобная, в меру вредная пищевая глина, пародия на селедку под шубой. Ненавижу я его по соображениям эстетическим и идеологическим; я через него всю эту среднебрежневскую эпоху ненавижу, перемежающуюся хромоту застоя, постоянную, не дающую ни на минуту забыться нехватку всего необходимого для жизни: билетов, мяса без костей, книг, лекарств, книг, кранов-смесителей и каких-то болтов и прокладок к ним, книг, детских игрушек, гречки, купальников, книг из серии «Библиотека поэта», батареек нужного размера, мест в гостинице, лосося в собственном соку, книг из серии «Литературные памятники», кофе, питьевого чая (непитьевой был в продаже всегда), книг, стирального порошка, дрожжей, книг, оправ для очков, сапог, книг. Книги как бумажный продукт в магазинах были, но только поддельные, комсомольские, с говнозадором: «С ветром споря», или стихи Игоря Кобзева — про то, например, как грабитель напал на кассиршу, а та смело вступила с ним в борьбу («Кассирша знала: бой они вели // Не только за народные рубли»), или проза Антонины Коптяевой — не хочу даже начинать думать, кто такая. Все, кто сумел, нашли какой-нибудь блат, но и у блата была своя иерархия. Так, я, конечно, пристроилась к Союзу писателей и еженедельно получала свою гречку, чай со слоном, банку рыбных консервов, зефир в шоколаде, полиэтиленовый кулечек развесного «Мишки на севере» и, в общем, каталась как сыр в масле, но уже в Лавке писателя на Кузнецком мосту выходил облом: я была всего лишь Член Семьи Покойного Писателя, жалкая маргинальная козявка, и хорошо помню, как мне отказались продать «Тараканище» Корнея Чуковского — кишка тонка, это не для вас, девушка.

В то же время летом сияло прекрасное солнце, а зимой шел чудесный снег, и если б даже с неба сыпались головешки или конский навоз — мы бы тоже как-то перетерпели бы, приспособились, носили бы колпаки, сделанные из картонной тары, что ли.

Но все же хотелось жить с достоинством, поелику возможно, и женщины семидесятых в творческом порыве изобрели салат «Мимоза».

Я, конечно, не знаю точно, кто и когда его изобрел, но помню, что с начала семидесятых он начал набирать бешеную популярность, и в вечных разговорах о том, кто что как приготовил, «Мимоза» обсуждалась самым оживленным образом, как удивительная, яркая и, я бы сказала, динамическая новинка. «Мимозу» можно было приготовить из всего: она бывала с рыбой и без рыбы, с сыром и без сыра, с луком и без лука, в зависимости от настроения и от того, какой продукт был в дефиците на тот конкретный момент. Главное в ней было — майонез и натертые на терке вареные желтки, из-за сходства коих с шариками мимозы салат и получил свое название.

Семидесятые — это повесть Юрия Трифонова «Обмен» (она написана в 1969 году, но время тогда стояло куском, и с середины шестидесятых по середину восьмидесятых почти не менялось, а потом изменилось все сразу). Это повесть про интеллигенцию, про совесть, про предательство, про продажу души. Нет, не так, это нежнее, чем продажа, это именно *обмен*. Какая при застойном социализме «продажа»? — никто не торгует, так что и не продает. Ты если даже хочешь купить что-нибудь — книги, гречку, билеты, сапоги, дополните список сами, — ничего у тебя не выйдет, либо их нет, сапог этих, либо денег твоих не хватит. А вот обменять можно: работаешь в мясном магазине — меняешь мясо на билеты в театр (например), а эти билеты — на меховую шапку, и так, понемногу, можно дойти до чего-нибудь остро нужного. Интеллигенты, правда, не работают в мясном магазине, но где-то же они работают? Я вот работала в издательстве, и у меня тоже был свой товарец, хе-хе: я обменяла пачку труднодоставаемых книг нашего издательства Восточной литературы — сказки народов Кении или там Южного Йемена — на глазную операцию вне очереди. А это вам не жук чихнул.

Но я интеллигент не настоящий, а богемной молью траченный. Я в юности и на рынке торговала, правда, один только день, скучно мне стало стоять и от мух отмахиваться. А дело было так: у моей мамы из сумочки украли 100 рублей, большие деньги, между прочим. Обидно. А у нас на даче случился огромный урожай яблок. Девать их было некуда. Мы с братом решили набрать мешок яблок и продать на рынке, а деньги отдать маме, чтобы не жалела об украденном. Так и сделали, и я простояла несколько часов под деревянным навесом рядом с мужичком-куркулем, который тоже привез яблоки, желтые. А мои были с красным полосатым боком, штрифель. Пятьдесят копеек платишь за выдачу весов — двухтарелочных, с красными гусиками-носиками; на одну тарелку кладешь яблоки, на другую — гирьки, пока весы не уравновесятся и гусики не встретятся носиками; часа полтора было очень увлекательно. На 60 рублей я наторговала. Потом стала зевать. Захотелось домой. Покупателей было мало. Мужик ворчал, ругая народ. Мимо шли дети лет семи-восьми, я подозвала их и дала им яблок, они с опаской взяли. Мужик онемел. Потом пришел в себя, тряхнул головой и трагическим, удушенным голосом вопросил: «И чтой-т-ты такая простая? Али в горе жила?!»

Так вот, герой Трифонова, интеллигент, женат на куркульского склада женщине, Лене. Мать у героя — ясен пень, интеллигент, любовница Таня — тоже интеллигент, она герою в постели шепчет стихи Пастернака, и он думает, что она была бы ему лучшей женой, — но и Лену эту свою куркульскую он любит, хотя она за годы брака с ним и отяжелела (читай: ела лишнее), но эта ее прибавочная плоть все же желанна ему, и он ею и пленен и подмят. А она, дрянь такая, любит комфорт, любит жилплощадь, любит вкусную, редкую, труднодоступную, деликатесную еду — сайру. И — незаметно для себя — он совершает обмен, подмену, предает идеалы интеллигенции и переходит на сторону вот этого грубого потребительства.

Совершенно замечательная повесть, да и вообще Трифонов писатель совершенно замечательный, и сейчас, когда эта эпоха безвозвратно отошла, проза Трифонова — едва ли не единственное окно в ту жизнь, в то время и в те интеллигентские душевные муки. Ибо каждый будет предан и каждый предаст, но интеллигенту, в отличие, скажем, от куркуля, предавать тяжело, болезненно: ведь у него есть совесть, и ее так просто не задушишь.

Спектакль по повести «Обмен» был поставлен в Театре на Таганке. Я ходила на него. Там была такая сцена: герой с авоськами в руках — а в авоськах баночки, баночки, баночки — стоит перед глухой кирпичной стеной. И медленно и задумчиво сам себе говорит: «Лена любит сайру. Ле-на лю-бит сай-ру...» Вот как бы это понял сейчас зритель из поколения тридцатилетних? А интеллигенция, сидевшая в тогдашнем зале ошую и одесную, читала текст как открытую книгу: ну и сволочь эта Лена. Зажралась совсем. Сайру ей подавай.

Сайру в собственном соку *доставали*. Бывало, в магазине ее внезапно *выбрасывали* — и тогда можно было прикупить несколько баночек, но не десять, как думают сегодня ностальгирующие по советским временам идиоты, — десять вам никто не *отпустит*, — а две, максимум три *в одни руки*. Если вы пришли с детьми, то детские руки тоже считались, и тогда больше. Поэтому, когда гуляешь с двумя малыми детьми, то имело смысл не бродить по аллеям парка, а прогуливаться по улицам, поглядывая в окна магазинов: не выбросили ли чего-нибудь? не выстроилась ли помимо обычных очередей одна особо злокачественная очередь? а, выстроилась?! — кидаешься туда, потрясаешь детьми, другие тоже потрясают своими; минут через сорок — час ты с продуктом. Румяные и довольные... так прошла молодость. Сайру в масле купить было легче, но ели ее ругаясь: вот зачем испорчен драгоценный продукт? Это как если бы сейчас торговали развесным трюфелем — в томате, с луком и тертой морковкой.

Сайра — один из компонентов «Мимозы» рыбной. Добытую баночку приберегали к празднику. Вместо сайры можно было намять вилкой консервированного лосося, популярны в этом качестве были и шпроты. Получалось *нежно*.

«Нежность» тут вообще ключевое слово.

Второй компонент — вареная, натертая на терке картошка или, у некоторых хозяек, морковка. Это неправильный компонент, добавляемый для сытости, но из песни слова не выкинешь. К тому же картошка и морковка, пусть черные и гнилые, были в совке всегда. Коммунисты, пляшите, ударяя в ладоши: всегда. Если вам не хотелось черного-гнилого или вы были богатенький, можно было купить картошку на рынке, да не очень дорого она там и стоила, потому что росла вон там, в Подмосковье, делов-то. И вдоль дорог всегда ее продавали — едешь летом на машине, а у обочины выставлено ведро картошки, другое с георгинами — купи. В Питере мы всегда покупали картошку в Буграх — что за аномалия такая в Буграх, не знаю, но там всегда продавалась картошка у обочин.

В благородную и дорогую «Мимозу» класть картошку, конечно, было преступно. Зато сыр — это был компонент обязательный. Спрашивать, какой сорт, неуместно, в совке сорта сыра существовали только номинально: «костромской» с крупной дырочкой, «российский» с мелкой дырочкой, «советский» твердый — и обчелся, мало ли что в книгах-то пишут, а на вкус они к семидесятым годам перестали различаться. Зависело от места производства, мог попасться совсем приличный. Еще был иногда литовский с тмином (ну, все литовское вообще с тмином), латвийский копченый (он употреблялся в особый салат), пошехонский (без лица и характера) и, к счастью, очень часто — рокфор, правда, бракованный, белый насквозь, незрелый. Спросишь рокфору полкило — продавщица скорбно отвечает: «Сыр с плесенью». Или предупреждает: «Сыр с душком!» Бывал и камамбер советской выделки, тоже незрелый, но это легко поправлялось: кладешь его на полочку в теплое место, и когда завоняет помойкой — значит, созрел. В «Мимозу» сыр было желательно класть среднемягкий, поострее, опять-таки преследуя цель добиться *нежности*.

Потом шел мелко нарезанный и ошпаренный лук. (Можно было дать луку постоять в кипятке несколько минут, а потом облить его холодной водой.) Вот, казалось бы, лук-то тоже должен был быть всегда? Ан нет, ошибочка. Был один год — не помню, который именно, — когда лука не было, — позорище, пришлось закупать в Польше — и радио врало, что это оттого, что климат у нас вот такой, дождливый и тяжелый, и лук не уродился, сорри, «и мы все сразу ощутили, как нам не хватает этого полезного и вкусного продукта». Косыгин тогда был премьером — а он считался не подлецом и даже человеком порядочным, — но и он выступил с сообщением, что неурожай объясняется непогодой! Где именно непогодой? Одна шестая часть суши! Так власть плодила либералов и диссидентов — отнимая базовые овощи.

Еще один компонент — яблочко. Крупная терка. Ноу комментс, яблоко в России не переводилось никогда. Вот и я им приторгнула.

И наконец, яйца. Тоже не сказать чтобы дефицитный был продукт, хотя невкусный, как и сегодня, — потому что кур кормили рыбной мукой, и яйца пахли рыбой. Но если вы все равно кладете яйца к сайре или шпротам, то какая вам разница, правда? На банку консервов, считайте, уйдет штуки четыре яиц. Варите их, отделяете белки от желтков, трете то и другое, отдельно, на мелкой терке — и укладываете все вышеперечисленное слоями, прослаивая все слои, кроме последнего, майонезом. А сверху будет этот тертый мимозный желток.

В Питере майонез был прекрасный, он тек, как разбавленная сметана, и в нем было мало уксуса. За ним охотились. Когда его продавали в маленьких («майонезных») баночках, то его можно было накопить и запасти. А когда продавали в мягких пластиковых, то случалась беда: крышечки на этих баночках не держались и держаться не могли, они практически не прилегали к баночкам («советское — значит отличное!»), и майонез вытекал к вам в сумку. Поэтому с собой носили полиэтиленовые пакетики — купишь майонез, он потечет, но далеко не уйдет, и мы его дома ложкой из пакетика выскребем. И съедим. Но пакетики ведь тоже дефицит. Поэтому если у вас запачкались пакетики, то их надо отстирать и просушить на веревочке над газом, прищепив прищепками. А потом хранить в том ящике, где веревочки.

В Москве майонез был хуже, но тоже ничего. Главное — молодежь, учись — в те далекие времена майонез был жидким, а не таким, как сейчас. Почему? Да потому, что из него было украдено все, что можно, вот он и струился. В Питере из него украли уксус, а в Москве, наоборот, яичный порошок. И этот легкий, текучий майонез очень хорошо ложился струйками между слоями «Мимозы».

Некоторые — хоть и трудно в это поверить — добавляли в качестве очередного слоя, все для той же нежности, натертое на терке холодное, из морозилки, масло. И сверху тоже майонез, а как же. Окончательную же нежность этому продукту придавало название, ибо растение мимоза — символ мимолетности, недолговечности, капризности. И то: этот тертый желток на крыше салата засыхал очень быстро, эфемерная красота превращалась в твердые катышки, попахивающие луком и рыбой. Так что его готовили, а потом сразу накрывали перевернутой тарелкой или тем же пакетиком, чтобы салат пропитался к приходу гостей, но не заветрился.

Вот все это — консервы, талоны на зефир, очереди с детьми, мечты, чтобы не в масле, а в собственном соку, в-холодном-автобусе-от-метро-до-окружной, хватит ли сыра, а вы что кладете, пакетики, шевелящиеся над газом, — всю эту эпоху, тонущую в майонезной нежности, в зимних сумерках, молодость мою, как я ее возненавижу? — никак, это моя жизнь, я ее прожила. Только «Мимозу» ненавижу, за все, за все, пусть ответит за все. Кто-то должен ответить.

Состав
1 банка рыбных консервов
1 яблоко
1 луковица
1 картошка или морковка
100 г масла (по вкусу)
100 г сыра
4 крутых яйца
майонез
сквозняк из балконной двери по ногам
далекие одиночные огни в январском мраке с высоты восьмого этажа
вечность.

Хряпа тоталитарная

В семидесятые годы ходила легенда, что Леонид Ильич Брежнев оттого такой крепыш и здоровяк, что ест всякую волшебную еду. Мы тут чахнем и на маргарине жарим подгнившую картошку, а он у себя в кремлевских горницах питается совершенно исключительными продуктами. И если бы не эта чудодейственная пища, то он давно бы умер.

Это, конечно, типичный миф: еще олимпийские боги пили нектар и ели какую-то амброзию (в то время как мы, простые древние греки, питаемся рыбешкой, горохом и маслинами). Колдуны и тираны в народном представлении обязательно владеют секретом долгожительства, и вся шарлатанская медицина активно этим пользуется (всякие там БАДы, акульи плавники, мечниковская простокваша, чеснок). Кремль — место таинственное, там и едят непросто.

Кстати, когда Ельцин был на пике своей популярности (то есть до 1991 года), противостоял Горбачеву и мыслился народным заступником — а для этого катался на троллейбусе и осуждал стяжательство — то ему приписывались и простые кулинарные предпочтения. Помню стихийный митинг у «Московских новостей» на Пушкинской площади (тогда вроде еще не подожгли ВТО и не построили там галерею ненужных дорогих предметов). Толпа волновалась, не помню уж по какому поводу, восхваляя БН. В центре бесновалась пожилая женщина в желтом мальчиковом пальтеце; зубов у нее было раз, два и обчелся. Она вертелась вокруг своей оси и завывала: «Ельцыыыын! Ельцыыыыыыын! Он ест как мыыыы! Он пьет как мыыыыыы!»

На самом деле в Кремле едят не как мы, а много хуже, потому что там сидят обычные чиновники, а у них принято пить мерзкий растворимый кофе и грызть печенье в форме рыбок. В качестве запредельной роскоши их секретарши выносят хозяевам кабинетов и посетителям миски разноцветных — зеленых и красных — цукатиков, сделанных из крашеной репы, и простенькие орешки. В полированных стенных шкафах чиновники держат дорогие коньяки — это для крутизны, а не потому, что они на работе пьянствуют. Так разве, рюмочку. Насчет президента Медведева не знаю, не скажу — может, жена ему заворачивает с собой на работу пару бутербродов, колбаса к колбасе, — но остальные едят мусор, потому что нехрен высовываться. После работы — пожалуйста, а тут давай поскромнее, ты на государственной службе.

Но товарищ Брежнев был не чиновник и даже не президент, а Генеральный Секретарь, лицо сакральное и как бы даже недоступное уму, — вроде бы не мог связать двух слов, принимал французского посла за немецкого, надевал один ботинок желтый, другой черный, на ритуальное восклицание: «Христос воскресе!» отвечал: «Мне уже докладывали» и вообще отлично укладывался в формат анекдота, а при этом создавал литературные эпопеи, повелевал огромной, на одиннадцать часовых поясов, страной и признаков старения не выказывал — а причиной тому была Волшебная Кремлевская Еда.

И рецепты этой еды передавали друг другу, понизив голос. Якобы у одной знакомой дача недалеко от дачи кремлевского повара, и вот она разговорила повара и вытянула у него секретные материалы. Один такой рецепт есть и у меня, прилежно записанный в тетрадочку.

Вот он:

2 свеклы
2 морковки
2 луковицы
1 килограмм капусты

Все это мелко нашинковать, но ни боже мой не натирать на терке, а резать хорошим острым ножом, чтобы получилась соломка толщиной, скажем, в две спички. Лук и капуста, понятно, имеют естественную толщину слоя.

Сварить рассол:

3 стакана воды

1/2 стакана уксуса (столового, стандартного)

3/4 стакана постного масла (лучше подсолнечного)

1 столовая ложка соли (обязательно грубой)

15 кусков сахару (1 кусок — примерно чайная ложка)

Все это вскипятить и горячим рассолом залить нашинкованные овощи. Оставить постоять, пока не остынет (на ночь), а потом положить в холодильник. Через 1—2 дня можно есть.

Получается ярко-алый овощной салат не салат, закуска не закуска, но нечто очень вкусное, хрустящее — и не только на каждый день, но и к праздничному столу. Это гораздо вкуснее той поддельной капусты, которую на рынках выдают за квашеную. Это даже вкуснее корейских салатов, и, главное, вы можете быть уверены, что все ингредиенты чистые, а не приготовлены черт знает в каких антисанитарных тазах. И никакого майонеза.

Рядом, за стеной

Вещи, как известно, пропадают — часто при странных обстоятельствах — и больше не возвращаются. Ну, то, что происходит со стиральной машиной и носками, знают все. Это общемировая загадка, и по-американски стиральная машина вообще называется *sock eater*, носкоед.

Конечно, существуют рациональные объяснения такому странному выборочному исчезновению. Их три.

1. Машина всасывает носки через дырочки крутящегося барабана при отжиме.

Это объяснение невежественное и смехотворное.

2. Носки запутываются в другом белье, например заваливаются в угол пододеяльника и там тихо лежат, как плоские мыши.

Это не объяснение, а попытка увильнуть от него, так как опытный стиральщик, в бешенстве от очередной пропажи, выворачивает и перетряхивает все белье, а пододеяльники так даже и гладит утюгом; не уйдешь.

3. Вам так кажется.

А вот не кажется. Я прожила около десяти лет в квартире на Полянке (это была лучшая квартира в моей жизни, и я когда-нибудь напишу про нее, а в рассказе «Легкие миры» я уже писала про то, как я воровала стройматериалы для ее ремонта).

Всякое счастье кончается, и из этой квартиры мне пришлось съезжать. Квартира оголилась до обоев, которые, впрочем, я тоже ободрала, чтобы досадить попу-комсомольцу, неправедным путем выгнавшему меня, как зайчика, из моего домишки. Обои содрала и двери вынесла. Так что все-все открылось моим взорам, и в углах, под призраками диванов и кроватей, нашлось некоторое количество исчезнувших носков. Штуки четыре, чтобы быть точной, непарные.

А я давно затаила тяжкую думу против своей стиральной машины и потому одиночные носки, доставаемые из нее, не выбрасывала, а аккуратно хранила в отдельной коробке. Хотя время было советское и купить хорошие носки было проблемой, а у меня дома было трое мужчин, не фунт изюма, но хранила я носки не из бедности и бережливости, а из мстительности. Звали ее «Ока». Полуавтомат. Ненавижу!

Так вот, найдя четыре носка и подобрав к ним пары из коробки, я посчитала остальные, и носков-одиночек оказалось 47. Сорок семь! Вот что съела «Ока» за восемь лет! Так что не кажется, совсем не кажется!

Еще теряются разные дорогие сердцу предметы, они всегда лежали вон тут, и теперь пропали неизвестно куда, и никто не мог их взять, и объяснить это невозможно! Вот эта баночка. Была на этой полочке! Где она? Куда делась?

Но не бывает так, чтобы вы открыли шкаф — а там стоит невесть откуда взявшаяся баночка. Или к паре обуви добавляется третий сапог.

А это значит, что мир несимметричен! Я когда-нибудь напишу историю мироздания и опишу структуру мироустройства, какой она мне открывается. Но не сейчас! А пока я хочу сказать вот что: если вещи исчезают НЕИЗВЕСТНО КУДА, то где-то есть то место «НЕИЗВЕСТНО ГДЕ», и там они все лежат, сваленные грудой или разложенные по полочкам, мы не знаем. Может быть, тот мир совсем как наш, но миниатюрный, весь поместится в ореховой скорлупе, *in a nutshell*. Или там все вещи сильно вытянуты в длину. Или скручены в рулоны.

У меня в Питере есть квартира. Я редко туда приезжаю. Там все как во сне: вещи стоят на своих местах, и ничего не сдвигается и не меняется. Изредка там ночуют мои друзья и братья, но от деликатности и вежливости они не шуруют мебелью туда-сюда и не разбрасывают свое барахло, а проплывают по стоячему воздуху, поджав ноги и не касаясь паркета. Разве что в морозилку розовой рыбки пакетик забросят, чтобы мне был сюрприз, когда я войду.

Так вот, в этой квартире кто-то завелся. Он маленький. В этом году я, приехав, нашла крошечный — сантиметра три — кинжал, или кортик, не знаю. Такой черный с золотом, морской. Спросила всех, кто мог ко мне заходить: нет, не знают ничего. Сами дивятся.

Потом обнаружился хрустальный шарик с небольшой — тоже сантиметра три — цепочкой. Что за шарик?.. — думала я в ужасе от ощущения сквозняка, дующего из других измерений. Что это за шарик?! Граненый, размером с большую рябинину или недоразвитую вишню.

Тут что-то происходило, пока меня не было. Насельники иных пространств — параллельных нашему или же перпендикулярных — Николай Иванович Лобачевский умер, и некому меня спокойно и дружелюбно просветить, — насельники этих пространств что-то делали на моей жилплощади. Выбрали ее для своих — чего? Ристалищ? Жертвоприношений? Романтических свиданий?..

Последнее больше всего импонирует моему воображению. Он и Она, маленькие — сантиметров 25, наверно, — назначили друг другу тут свидание, встречу. Он был с мечом, она с сияющим шариком; не спрашивайте меня, какую роль он играет в той невидимой, потаенной стране, но ясно, это женский шарик, вы бы его видели. Они встретились, обрадовались, говорили, любили друг друга, это очевидно. Он отстегнул свой меч, она отбросила шарик. А потом кто-то спугнул их, и они бежали, обронив свои вещички, они перелезали через изгородь, через колючий заборчик, и он подавал ей руку, и она подбирала юбки, и их сердца колотились, а щеки горели. Они успели, ничего тут от них больше не осталось.

Я взяла их вещи, положила на голубое кружевное блюдечко; есть у меня такое, тоже из стародавнего, утонувшего сто лет назад мира. Я поставила блюдечко в спальню на комод к зеркалу; вещи удвоились в зеркале. Пусть приходят, пусть придут зазеркальные любовники, я все сохранила, можно в любой момент прийти и взять.

Я знаю, что однажды зайду в комнату, посмотрю, а блюдечко будет пустое. Разве что будет на нем извилистая царапина, сделанная неизвестным предметом.

Pakastin

У меня холодильник терпеть не может огурцы.
Когда положишь в него другую какую-нибудь еду: мясо там, картошечку вареную вчерашнюю, творог, лук, масло — да боже ты мой, что угодно, — он ведет себя спокойно и равнодушно: положила и дверь закрой, иди себе.

Но стоит положить в него огурцы — ооо! — такой сердитый становится, батюшка! тут же начинает набирать свои обороты, наливаться тихой ледяной яростью, включает внутреннюю якутию и, пока не убьет врага, не успокоится. Два часа ему обычно нужно. Я уж знаю. Зазеваешься — вытаскиваешь огурцовый шербет, ни на что не годный, кроме как на маску для лица; но там нитраты, так что я побаиваюсь личико-то свое единственное портить, ежедневно омолаживаемое волшебным кремом *Dr. Burov*!

Причем к соленым огурцам он совершенно равнодушен. Помидоры или фрукты тоже пропускает мимо своего темного, злобного сознания. Только огурчик! Только свеженький зелененький!

414

Сколько раз бывало: лежат в нижнем, овощном ящике редиска, помидоры, кабачок. День лежат, другой; все тихо. Прикупишь огурчиков и думаешь: ай, рискну. Не держать же их на прилавке в тридцатиградусную жару? Рискнешь. И пожалте: погибло все, погибли все, а мороженая редиска — это такая гадость, доложу я вам.

Переключение температурного режима, кручение циферблатов ничего не дает, заранее скажу.

Зато я эмпирическим путем нашла способ регулировать температуру, не прикасаясь к циферблатам. Делается так. В овощной ящик закладываете нейтральные овощи типа помидоров. Руки держите свободно, движения медленные, ладони развернуты кверху — как если бы вы, под дулом револьвера, показывали американскому полицейскому: нету, нету у меня оружия. Закрыли дверцу, подождали. Он привыкает к мысли о помидорах. Хорошо. Теперь через полчасика-час вы резко открываете дверцу и вбрасываете в ящик штуки четыре огурца, захлопываете! *Yes!* Он принял! Немедленно начинает он свою антарктическую деятельность, а вам только того и надо: вы на самом-то деле хотите быстро охладить свекольник или морс! А он-то и не знает!

Через два часа вытаскиваете огурцы; они еле живы, но морс — ледяной. Если положить не четыре, а два огурца, то действия холодильника те же, но скорость убийства снижается.

Сегодня я поставила в него мясной бульон. На ночь. Тут тоже тонкости: он же хочет, чтобы бульон скис, поэтому любит устроить теплую ночку супчику. Будто бы он и не холодильник совсем, а так, горка с посудой. Так я отрубила пол-огурца (для соблазна ему, чтобы ярился на голые части!) и — в ящик. Хе-хе, обманула: бульон чудо какой холодный, разве что не с ледком, а стойкий инвалид даже и не промерз, только мелко стучал своими луховичными семечками!

Если взяться с умом, подойти научно, отладить калибровку, то можно и запатентовать этот метод, я думаю.

По-фински «морозилка» — *pakastin*. Финны знают суровый нрав этих приборов, финнам можно верить.

Обедом навеяло

Мужчина — эволюционно — совершенно не способен не только посыпать молодую вареную картошку укропом. Он не в состоянии догадаться, что если ты купил и несешь в пакете картошку, то следующим твоим шагом логически будет движение к зеленному ларьку с целью приобретения укропа.

Но даже если мужчина прочитал на выданной ему бумажке слова «и укроп», даже если он сообразил купить траву и принести ее домой, он все равно теряется в догадках, как поступить дальше. Он не может вымыть, высушить (ни в центрифуге, ни между двумя бумажными полотенцами) этот укроп, не способен нарезать и положить на тарелочку, а если укроп уже на тарелочке, он не в состоянии употребить уместное в данном случае троеперстие и перенести зелень на картошечку.

Не говоря уже о том, чтобы полить ее душистым подсолнечным маслом кубанского рыночного разлива.

Многолетнее сожительство с мужчиной, конечно, выработало во мне великое долготерпение. Я знаю, что мужчина полагает, что женская рука устроена как швейцарский ножик: там и пивная открывашка, и ножнички, и штопор, и какая-то чикалка, и крючок, и пинцет, и пилочка, и отвертка, и пассатижи. В нее встроены хваталки для горячего и клещи для приема грязных тарелок. Поев, мужчина протягивает опустошенную тарелку в пространство, и она сама куда-то там девается и, вероятно, моется.

В следующих поколениях будут рождаться женщины со встроенной солонкой и перечницей; эволюция, я убеждена, движется именно в эту сторону. Ведь когда мужчина, отложив книгу, вставленную между тарелкой и салатной миской, обводит глазами пространство вокруг себя и задает вселенной вопрос: «А у нас соль есть?» — он же не имеет этого в виду, правда? Он хорошо знает: соль у нас есть. Он просто ждет, чтобы у женщины отвинтилось, протянулось, посыпало и завинтилось обратно.

Каго

На островах Меланезии, на холмах и заливах Папуа — Новой Гвинеи, в архипелаге Новые Гебриды с конца XIX века то в одной, то в другой деревне вспыхивали культы *каго* (*kago*). На пиджин-инглише, местном варианте английского языка, так звучит слово *cargo*, то есть «груз». Верующие ожидали, что духи предков пришлют им ценные грузы. В англоязычной литературе с 1945 года это явление называется *cargo cult*, и этот термин используется весьма широко, хотя сами культы пошли на убыль, а то и исчезли. По-русски сектантов можно, наверно, называть грузопоклонниками, но надо иметь в виду, что «груз» здесь включает блага как материальные, так и духовные. Прежде всего изобилие хороших вещей, но также внезапное наступление перемен к лучшему: черная кожа островитян станет белой, горы станут морем, а море — горами, к старикам вернется молодость, и болезни исчезнут.

Я, пожалуй, буду называть эту веру как местные: *каго*. Так как-то правильнее.

Каго возникает при столкновении технически неразвитой цивилизации с высокоразвитой. Когда на примитивное общество, живущее магией и верой в могущество умерших предков, обрушивается вал продуктов и предметов, созданный обществом бесконечно более развитым, случается шок, а то и умопомешательство с психосоматическими проявлениями. Первый отмеченный в Папуа случай безумия такого рода, Ваилальское помешательство (*Vailala Madness*), случился в 1919 году; местные называли его «головокружением». Оно включало глоссолалию, тряску, одержимость, выкрикивание, впадание в транс, прорицательство. Основным содержанием прорицания было ожидание Парохода Духов под командованием умерших предков; пароход вез груз: консервы и инструменты. Из своей штаб-квартиры сектанты переговаривались с миром умерших; для этого рядом с хижиной в землю был воткнут высокий шест, а на него насажена тыква.

К концу двадцатых годов Ваилальское помешательство прекратилось, зато аналогичные верования начали возникать по всей Меланезии и Микронезии.

Приверженцы учения о прибытии груза веруют в то, что *каго* посылают им предки, а белые люди просто захватили причитающееся черным людям добро и не отдают. С этим связана еще одна черта культа *каго*: подражание белым людям. (Не все церемонии понятны антропологам, например, подражание европейскому чаепитию никак вроде бы не связано с культом предков, а заключается оно в том, что папуасы садятся на табуретки вокруг стола, украшенного ветками кустарника кротона (*Croton tiglium*), и едят что-то там свое; наблюдавший это антрополог Ф. Уильямс писал, что это может быть только магической церемонией, так как ничто иное не может заставить аборигена претерпеть такое мучение, как сидение на табуретке.)

Белые люди знают какие-то такие правильные ритуалы, в результате которых возникает *каго*. Так что участники культа вырубают кустарник и строят взлетно-посадочные полосы для грузовых самолетов, которые прибудут из царства мертвых, изготовляют и сами самолеты в натуральную величину из подручных средств; делают из соломы диспетчерские будки и сажают туда «радиста» в наушниках. Наушники вырезаны из кокосовой скорлупы. Те, кто работал на плантациях или наблюдал за муштрой американских солдат во время Второй мировой войны, подметили и другие полезные ритуалы: маршировка на плацу, комендантский час, поднятие американского флага, — делай так, и к тебе придет *каго*.

Голоса предков нашептывали обещания в кокосовые наушники, сплетенные из соломы радиоприемники передавали, что пароходы уже близко, посадочные полосы манили сесть; все глаза просмотрели меланезийцы, но ни самолетов в голубом море, ни пароходов в голубом океане так и не появилось. *Каго* не пришел, и понемногу экзальтация стала спадать. Культы сходили на нет.

В самом конце тридцатых годов на острове Танна (это между Фиджи и Новой Гвинеей) уверовали в белого бога по имени Джон Фрум (*John Frum*, или *Jonfrum*).

Непонятно, кто это был и откуда взялся; предполагают, что *frum* — это искаженное *from*, «из». Джон из — ну, Америки, например; в сороковых годах американские войска, числом около 300 000, разместились на Новых Гебридах (с 1980 года архипелаг переименован в Вануату). Увидев столько удивительных людей в белой морской форме, владевших огромным *каго* и даже делившихся им с аборигенами, верующие поняли, что Джон Фрум — американец, и культ его, в отличие от прочих грузовых культов, окреп и существует до сих пор. Считается, что островитяне больше всего впечатлились тем, что среди матросов были и чернокожие люди, и они ели вместе с белыми! Те белые, с которыми местные имели дело раньше — европейские миссионеры, — всегда ели отдельно от черного населения островов. А совместная еда — это древнейший знак доверия. Так американский демократизм превратил неведомого Джон Фрума в бога и короля: Дядя Сэм и Иисус в одном лице, он живет в действующем вулкане Ясур и под водой пробирается иногда в Америку.

Каго, поступавший к американцам, превосходил всякое воображение. Джипы, обмундирование, холодильники, кока-кола, консервированные персики, ружья, будки из гофрированной стали, сигареты, конфеты, стиральные машины, мотоциклы, радиоприемники, тушенка, лекарства в ящиках с красным крестом! Все это посылали духи предков, да не нам, а американам. Вот какая сила была у Джон Фрума! Американцы строили аэродромы, мосты, госпитали, причалы, а предки все слали и слали *каго*.

Жалкие попытки белых людей объяснить абориге-нам, что все это добро не дар мертвых, а плоды рук живых, встречались «со скептицизмом», пишет ан-трополог. Не надо ля-ля, как говорится. Знаем!.. Ни-кто не видел, чтобы американцы сделали своими руками бутылку с кока-колой или холодильник. А вот если перекладывать бумаги с места на место или посидеть в наушниках, то *каго* приходит.

Когда война кончилась и американцы ушли, культ Джон Фрума только окреп. Важную часть его состав-ляет почитание красного креста, американского фла-га и каких-то плоских зеленых камушков. Жрецы вре-мя от времени разговаривают с ним «по радио». В пя-тидесятые годы для этого какую-то пожилую сивиллу обматывали проводами вокруг талии, она впадала в транс и начинала вещать, а жрец переводил этот разговор на понятный язык. Как и всякую религию, культ Джон Фрума сопровождает ересь: пророк Фред, работая на корейском рыболовецком судне, узрел бога, и ему открылось, что высокогорное озеро Сиви про-рвет дамбу и воды рухнут в океан; сойдя на берег, он начал пророчествовать, и многие пошли за ним, при этом вероотступник — страшно сказать — отрицал *каго*! А через полгода озеро рухнуло в океан. Понятно, что началась братоубийственная религиозная война, но обошлось без жертв, только 25 человек ранили.

Второе пришествие Джон Фрума состоится 15 фев-раля какого-нибудь года. В этот день жители Танны маршируют босиком, нарисовав красной краской на спине и груди слово *USA*, на плече у каждого — ружье, сделанное из бамбука. Они поют и славят своего бога, приносят цветы и просят у него много *каго*.

Считается, что в основе культов *каго* лежит ошибочная модель причинности: логика аборигенов путает необходимое условие с достаточным. Так, чтобы получить груз, *необходимо* иметь посадочную полосу, но *недостаточно* ее иметь. Термин *cargo cult* в англоязычном мире сейчас применяется не только в антропологии; выражение *cargo cult science* было запущено в обиход великим Ричардом Фейнманом по отношению к псевдонауке.

В нашем же, русском мире мы имеем постоянное, неистощимое удовольствие наблюдать буйный расцвет *каго*. Нет такой области, будь то наука, политика, законотворчество, общественные отношения, судебная система, где бы не толпились верующие с цветами и зелеными камушками. Еще хрущевская Программа КПСС обещала советским людям, что материальное «изобилие польется полным потоком» и этот *каго* придет от умерших предков — Ленина и большевиков, а будет это «через 20 лет», то есть 31 октября 1981 года.

Перестройка тоже обещала *каго*, и он пришел, но его забрали белые люди.

Недавние выборы — типичное отправление культа: голосовательные урны из соломы, кокосовые бюллетени, — все поддельное, фейковое, папуасское. Если сунуть этот кокос вон в ту солому, то из-за горизонта, из-за коралловых рифов, по голубым волнам к нам придет демократия.

И будет наша Папуа сильной и могучей.

Студень

Собственно, я его всегда боялась, с детства.

Его готовят ведь не просто так, не когда попало, а все больше на Новый год, в сердцевине зимы, в самые короткие и жестокие дни декабря. Рано темнеет, вокруг уличных лампочек — игольчатые нимбы: сырой мороз. Дышать приходится через варежку. От холода ломит лоб и немеют щеки. И вот, пожалуйста: надо делать студень или холодец — от одного только названия падает душевная температура, и никакие пуховые платки, серые, оренбургские, тут не спасут. Это такая религия — варка студня. Это ежегодное жертвоприношение, только неясно кому, неясно для чего. И что будет, если его не сварить, тоже неясно.

Но вот почему-то надо.

Надо идти по морозу на рынок, всегда полутемный, всегда нетеплый. Мимо тазов с квашеньем, мимо пахнущих девичьей невинностью сливок и сметаны, мимо артиллерийского склада картошек, редек, капуст, мимо фруктовых холмов, мимо сигнальных огоньков мандаринов — в дальний угол. Там колоды, там кровь и топоры. «К топору зовите Русь». Вот к этому, впившемуся лезвием в деревянную чурку. Русь пришла, Русь выбирает кусок мяса.

«Игорек, даме ноги наруби». Игорек замахивается: хрясь. Раскалывает белые коровьи колени, нарубает голяшки; некоторые покупают куски морды: губы, ноздри, а кто любит свиной бульон — тому свиные ножки с детскими копытцами; взять такую в руки, коснуться ее желтоватой кожи страшно: а вдруг она в ответ пожмет тебе пальцы?

Они не вполне мертвые, вот в чем дело-то; смерти же нет; они разрубленные, покалеченные, они уже никуда не дойдут, даже не доползут, они убитые, но они не мертвые. Они знают, что ты за ними пришла.

Теперь купить сухое и чистое: лук, чеснок, коренья. И домой по морозу, хруп-хруп. Стылый подъезд. Лампочку опять кто-то вывинтил. Нашариваешь кнопку лифта, загорается его красный глаз. В лифтовой клети сначала показываются, тускло, кишки лифта, потом сама кабинка. Наши старые питерские лифты едут медленно, отщелкивают этажи, испытывают наше терпение. Сумка с раздробленными ногами оттягивает руку, и кажется, что они в последний момент все-таки не захотят в лифт, задергаются, вырвутся, бросятся прочь, отстукивая дробь по метлахской плитке: тыгыдык, тыгыдык, тыгыдык. Может быть, это и лучше? Нет. Поздно.

Дома их помыть — и в кастрюлю, на большой огонь. Вот закипело, забурлило, вот поверхность покрылась серыми грязевыми волнами: все плохое, все тяжелое, страшное, все, что страдало, металось и рвалось, хрюкало, мычало, не понимало, сопротивлялось, хрипело — все вышло грязью, вся боль, вся смерть вышла, свернулась пакостным легким войлоком. Конец, успокоение, прощение.

Теперь вылить всю эту смертную воду, как следует промыть успокоенные куски в проточной воде и вернуть их в чистую кастрюлю с новой чистой водой, — теперь это просто мясо, обычная еда, все страшное ушло. Спокойный синий цветок газа, маленькое тепло. Пусть тихо варится, это затея на пять-шесть часов.

Пока оно варится, не спеша приготовим коренья и лук, мы их забросим в кастрюлю в два приема. За два часа до конца варки — первую закладку и за час до конца — вторую. И хорошо посолим. Вот и все труды. К концу варки завершится полное преображение плоти: в кастрюле будет золотое озеро, душистое мясо, и на этой стадии ничто, ничто не напоминает нам об Игорьке.

Дети пришли, смотрят и не боятся. Теперь этот суп им можно показывать, и они ни о чем таком не спросят. Процедим, разберем мясо на волокна, нарежем острым ножом, как в старину. Как при царе, как при другом царе, как при третьем царе, как до изобретения мясорубок, как при Василии Темном, как при Иване Калите, как при половцах, как при Рюрике и никогда не существовавших Синеусе и Труворе.

Расставить миски и тарелки и в каждую продавить чесночину. В каждую положить нарубленное мясо. В каждую половником влить золотой, тяжело-густой от желатина бульон. Вот и все. Дело наше сделано, остальное сделает холод. Осторожно вынести тарелки и миски на балкон, прикрыть могилы крышками, затянуть пленками и ждать.

Постоять заодно уж на балконе, укутавшись платком. Курить, смотреть на зимние звезды, не узнавать ни одной. Думать о завтрашних гостях, о том, что скатерть не забыть отгладить, хрен заправить сметаной, вино нагреть, водку заморозить, масло натереть на терке, квашеную капусту переложить, хлеб нарезать. Голову вымыть, переодеться, накраситься, тон, тушь, помада.

А если хочется бессмысленно плакать — поплакать сейчас, пока никто не видит, бурно, ни о чем, нипочему, давясь слезами, утираясь рукавом, туша окурок о балконные перила, обжигая пальцы и попадая не туда. Потому что как попасть туда и где это туда — неизвестно.

Колдовство.
Послесловие

Писатель Татьяна Толстая — о магических свойствах русской речи, о том, есть ли достойная замена литераторам на колдовском поприще и о том, вопреки чему мы все-таки любим родину[1].

Иван Давыдов: Я бы хотел, как ни странно, порасспросить вас, Татьяна Никитична, о вещах довольно банальных. Мы — страна логоцентрическая. Это банально. В центре логоцентрического мира долго, ну, может быть, последние лет двести, стоял писатель. Человек, право которого распоряжаться словами не оспаривается. Законный распорядитель слов. И одновременно — учитель жизни, знаток всего, мудрец.

И вот мне кажется — извините, конечно, что я вам, живому классику, такое говорю, но что ж поделаешь, —

---

[1] Беседа с Иваном Давыдовым была опубликована в журнале «Слон» в декабре 2013 года.

мне кажется, что писатель эту позицию утратил. Упустил. Она больше не его. Откуда и тема — кто дальше? Не что, а кто. Кто теперь будет распоряжаться словом и учить нас жизни? Ну или можно еще так вопрос сформулировать: что будет после литературы?

Татьяна Толстая: Очень много разных поворотов в вашей мысли. И на каждом повороте можно зарулить влево, зарулить вправо или пуститься сразу во все стороны. Если принять эту посылку, этот тезис и дальше рассуждать, развивая его, то легко показать, что — да, слово перестало играть свою роль в нашей жизни. Но можно посчитать, что оно не перестало этой роли играть, а просто посмотреть, куда оно делось.

И.Д.: То есть роль его все-таки как-то изменилась?

Т.Т.: Базово не изменилась. Наша культура — кто бы мы ни были и что бы мы ни были как общество — держится на определенных ритуалах, в которые входят мантры обязательно. Вообще, всякое колдовство, заколдовывание — оно требует слова. У кого-то куриная лапка, и, конечно, куриная лапка — мощная вещь, но у нас не так. Слово — да. И мы, по-видимому, каким-то образом умеем им оперировать. Умеем. Не все народы умеют. Лучше всех умеют, по-видимому, палеоазиаты с их шаманизмом. Они лучшие.

И.Д.: Знаете, я всегда восхищался короткой (и, чего уж там, довольно затасканной) фразой Хайдеггера про то, что язык есть дом бытия. Мне кажется, про русских это в гораздо большей степени, чем про немцев, потому что у нас вообще больше ничего нет.

Т.Т.: Конечно, конечно. И поэтому это даже не просто нам так кажется, что русская литература XIX века — самая великая в мире. А это и в самом деле так. Потому что — о-о-о, как черпанула! А большая, прекрасная, с незапамятных времен существующая западная литература — она же вся основана на античной, хочешь не хочешь, а можно хоть от шумеров начинать отсчитывать, они хоть и Восток, но все равно Запад — западная литература, западные писатели, они все равно идут по какому-то другому пути. Поскольку человек в принципе одинаков, что на Востоке, что на Западе, то, конечно, они немного забегают на нашу территорию, а мы на их территорию забегаем, и тем не менее стоит вот такая вот великая Берлинская стена, которая отделяет Запад от Востока.

И здесь, по нашу сторону, слово работает на более глубоких уровнях, чем на Западе. Там надо специально привести гипнотизера, он тебе скажет: «Спи!» А здесь не надо приводить гипнотизера. Здесь тебе этот гипноз и морок наведут, вот просто пока ты пойдешь купить себе копченой рыбы и спичек. О, уже морок навели. И все заманивают словами, все говорят. Говорят при этом криво.

Вот смотришь американский телевизор, например. Вот что-нибудь сгорело там. Вот прибегают корреспонденты. Вот они с пожарным поговорили, вот они с ментом поговорили, вот они поговорили с глупым американским человеком, который тут погорел. Все говорят, используя прекрасный чудный синтаксис. Ну, с не очень богатым словарем. Ну какой словарь? — вот, я сгорел, не знаем, что делать, я очень расстроен, что же я скажу детям. Ясно, четко говорит. А ведь он не обязывался давать интервью. Не готовился. Тезисы не писал. Но речь такая четкая и ясная, как будто он в университете учился.

И вот спроси любого нашего от и до. От мента до члена «Единой России». Типа: почему это у вас вот тут перегорожено? Это ж какие-то мутные комья пойдут. Рот открыт, а смысловой структуры, синтаксиса нет. Но это не значит, что у него хуже со словом, чем у человека западного.

И.Д.: А почему тогда?

Т.Т.: Наоборот, лучше, лучше у него! Потому что он берет слово не на том уровне, где существует рабочий, протестантский синтаксис, который отсекает ненужное, идет к цели, организует тут же себя, людей, пространство, то есть движется к тому, как выйти из создавшегося положения. Разгрести головешки, эвакуировать кого-нибудь...

А здесь нет. Нет такой задачи — организовать и помочь. Посмотрите, что после Крымска писали. Все мутнее и мутнее, начинаются какие-то пляски, какието скачки с рукавами, воу-воу-воу! СМИ бьют в бубны, свидетели видят знаки в тучах, начальство городит что попало без разбору. Сейчас можно читать уже: «Семь тысяч, семь тысяч человек потонуло, специально было залито это все, чтобы коммерческое освободить»... Что коммерческое, какое коммерческое? Освободить коммерческие какие-то земли, поэтому залили, сейчас там заборы стоят, не пускают, даже одна дама написала, что едешь через город, а в люках еще кто-то шевелится.

И.Д.: Стучат. Помните «Курск» и стуки?

Т.Т.: Да-да. Все темный лес, чудеса, леший бродит. Всякий разговор непрямой, он чтобы запутать, замотать, накрутить колтуны. Все эти выкрикивания во время танцев, это не такой дискурс, который направлен на расчищение ситуации, нет. Он создает тут некоторые миры, вешает занавесочки невидимые, туманы...

И.Д.: Если я правильно понимаю вашу мысль, она такая двоякая: с одной стороны, русский человек сразу пытается залезть в метафизику, когда он говорит все равно о чем, даже если речь о каких-то простейших вещах, которые у американцев описывались бы в операционных терминах, «возьми-принеси», но при этом он замутняет картину. Так все-таки он хочет в основах разобраться или он хочет себя обмануть как-то? Или не себя?

Т.Т.: Нет, он не хочет в основах разобраться. Это мифопоэтическая, то есть мифотворческая, мифопорождающая деятельность как она есть. Вот спрашивают: откуда сказки взялись? Как работает мозг создавателя сказок? А читаешь Проппа — все эти архетипы, тотемические инициации, сакральные тексты — все это вы можете видеть в любом сколько-нибудь длительном обсуждении любой проблемы со средним русским человеком. Вы увидите, как варится это варево.

И.Д.: То есть любая русская дискуссия на любую тему...

Т.Т.: Народная.

И.Д.: Вы говорите именно о народе?

Т.Т.: Образованный класс высунулся немножко из этого. Он поэтому не может работать мифопоэтически, образованный класс, сейчас. Университетское и другое всякое образование — оно убивает мифотворческое настроение в человеке, да даже школа хорошая — и та убивает. Ну, конечно, не до конца, тем более что и образование сейчас хуже с каждым днем. Связь с народом в этом смысле не до конца разорвана.

Так что у нас тут продолжают жить колдуны. Но колдуны плохие. Как мудак, который занял второе место на конкурсе мудаков. Но они продолжают существовать в этом мире, мире мифопоэтики. Я про это целый роман написала, «Кысь». И написанное в нем все время подтверждается. Я писала его в самые неподходящие для этого годы, когда, казалось, все схлынуло, исчезло. Ничего подобного. Ну, например — много раз я про это рассказывала и даже где-то писала, но это неважно, — поймала я тачку, мужик меня везет. В машине музыка — романс «Не для меня придет весна». Я говорю: «Ах, какое исполнение чудесное, это что, радио или запись у вас?» А мужик мне: «Нет, это я пленочку для своих огурцов записал». Я: «В каком смысле — для огурцов?» А он: «Ну, я им на грядке музыку включаю, чтобы лучше росли, я читал, что они это любят». Вот нормальное колдовство, да? Единственное что, будь я огурцом и услышь я такой печальный прогноз — что не для меня придет весна, — я бы заплакала, завяла и не выросла. А мужик, наверно, хотел, чтобы я была зелененькая, крепенькая и в пупырышках.

И.Д.: Моя гипотеза в том, что все величие русской литературы было связано с особым статусом слова, с особым значением слова и с особым взаимоотношением со словом. Тут непонятно, что первично, а что вторично: русские так полюбили свою литературу, потому что они уже были колдунами, или литературе нечего было описывать, кроме этого колдовского мира, и она встроилась в те же структуры, но вот связь налицо. Я пытаюсь построить какую-то схемку. Такой способ взаимоотношения с языком и с миром через язык литература как-то легализовала, что ли, крышевала. А вот теперь других способов нет.

Т.Т.: А литература, вы считаете, куда-то делась?

И.Д.: Я просто вижу, что по крайней мере значение ее девальвировано. Во-первых, писателей хороших мало, но это ладно, их всегда мало...

Т.Т.: Да, их всегда мало.

И.Д.: Хороших всегда мало, сказал хороший писатель. Это как раз неважно. Тут речь больше не о писателях, а о читателях.

Т.Т.: А это взаимосвязанные вещи.

И.Д.: Конечно. Статус — извините еще раз, что я именно вам про это говорю, — но статус писателя уже не тот, что был.

Т.Т.: Да и ни у кого статуса нет.

И.Д.: В советской России и в XIX веке... помните, у Чехова в «Чайке» девушка удивляется: как же так, писатель приехал и рыбу удит, когда от него должно сияние исходить.

Т.Т.: Да, да. Сейчас вообще нет ни у кого статуса, статус есть только у этого самого, как это называется, ну, который пляшет на сцене-то? Шоу-бизнес. Вот у этих людей статус, а у остальных нет.

Но понимаете, то, что у советского писателя какой-то статус был, — это тоже условно. Конечно, они считались достаточно важными и создавали миф вокруг собственной важности в глазах народа. Я не видала великих писателей, видала хороших, но великих-то не видала, они в моем понимании к XIX веку относятся. И я так понимаю — там вокруг Льва Толстого был большой культ создан, и только. Ну, Пушкин еще, но его уже не было в живых. Лев Толстой удостоился культа, потому что он вел себя странно. Это не культ писателя, это культ старца. Колдуна. Все вокруг этого.

И.Д.: Мы все время возвращаемся к этой теме.

Т.Т.: Я думаю вот о чем. Я совершенно согласна, что здесь все разрушается, остается одно слово, и на слово ложится гораздо бо́льшая нагрузка, чем где бы то ни было в мире, и оно работает как в психиатрии. Психиатрия ведь тоже вид колдовства.

Слово работает действеннее, оно работает иначе, оно работает сильнее, но не прямыми средствами. Не то чтобы как сказано — так и будет. Постоянно возникают попытки заколдовывать. Все советское время, если вы помните: «Расти, урожай!», «Крепни, мощь Военно-морского флота!» Это же совершенно прямые мантры. Но они не работали, потому что они неправильно произносились.

И.Д.: Ну, местами работали. Урожай не всегда рос, а мощь ВМФ явно крепла.

Т.Т.: Но не от мантр. У меня племянник работает психологом, и к нему как-то пришла женщина. Она лает. Такой у нее вид кликушества. Лает, и все. Он и так и сяк пробовал, она облаяла его раз, два, ушла, снова приходила. Никак. Не снять. Все методы испробовал. Чего делать — не знает. Вот у него была какая-то книжка заговоров, листал-листал. Вдруг видит — против лая заговор. Она пришла — он ей прочел.

И.Д.: Перестала?

Т.Т.: Перестала. Вот это была правильная мантра, а бывают неправильные. Я даже книгу под рукой держу. Это заговоры, сборник Майкова. «Для утоления вихря». «Чтобы оттерпеться от пытки». «На подход ко властям или на умилостивление судей». Очень злободневно. «Господи, Боже, благослови. От синя моря силу, от сыры земли резвоты, от частых звезд зрения, от буйна ветра храбрости, ко мне рабу Божьему имярек. Стану, раб Божий, благословясь, и пойду, перекрестясь, из избы дверьми, из двора воротами, пойду я, раб Божий, на белый свет, в чистое поле, под красное солнце, под светел месяц, под частые звезды, под полетные облака. Стану я, раб Божий имярек, в чистое поле на ровное место, что на престол Господа моего; облаками облачуся, небесами покроваюся, на главу свою кладу красное солнце, оболоку на себя светлый младый месяц, подпояшусь светлыми зорями, облачуся частыми звездами что вострыми стрелами — от всякого злого недруга моего! И буди у меня, раба Божьего, сердце мое — лютого зверя льва, гортань моя, челюсть зверя волка порыскучего. Буди у супостата, моего властелина имярек, сердце заячье, уши его тетерьи, очи его — мертвого мертвеца». И дальше, дальше, дальше, дальше. Это вот на умилостивление судей. Уверена, если бы это чаще читали...

И.Д.: Судьи были бы милостивыми?

Т.Т.: Нет, просто они бы, может быть, обомлели, с ними бы что-то произошло. Это же не запрещено читать?

И.Д.: Сейчас нет, но это то, что называлось потаенной литературой. Конечно, церковь с этим боролась, когда церковь была в силе, это было запрещено читать. То есть скоро опять могут запретить. Но вернемся к нашей теме. Я когда сказал про статус, я же не имел в виду машину, дачу, положение в иерархии и т. п. Это неинтересно обсуждать.

Т.Т.: Нет, конечно. Вы имеете в виду как бы силу.

И.Д.: Да, силу. Как раз такую официальную позицию колдуна. Может быть, советские писатели не воспринимались так. Но люди же знали, что есть какие-то правильные писатели. В самиздате, допустим.

Т.Т.: Конечно, качество самиздатского писателя невероятно завышалось. Существовали мифы. Существовал культ «Доктора Живаго», когда Пастернак был запрещен. А роман-то очень средненький, хотя я страшно хотела его достать и прочитать, помню, чтобы знать, про что говорят. Удалось достать. Все при желании можно было достать. Хотя и опасно — ты же не знаешь, кто тебе книжки, рукописи дает. Возможно, провокация. Многие на этом погорели, а кто и сел. Тем не менее достала, почитала — неинтересно.

И.Д.: А мне понравился в свое время. Правда, я давно не перечитывал.

Т.Т.: Да? Ну вы попробуйте заново, вы увидите.

И.Д.: Я иногда боюсь. Я стараюсь книги, которые сильно мне нравились в детстве, не перечитывать. Это травмирует.

Т.Т.: Это правда. Но я вот была очень разочарована. Я хотела, я рвалась, я то, я се, и не могу... И скучно. Стихи прекрасные, а все остальное как-то не то. А уже потом я читала переписку Пастернака с Ариадной Эфрон. Он прислал ей текст и хотел обсуждения. И она очень умно — она вообще была очень умная баба, — она очень умно и деликатно, но и неприятно для него сказала по поводу этого романа. Тут не так, это длинно, это путано, это надо убрать, это надо очистить... В общем, он обиделся. А она сидит на Крайнем Севере, в вечных льдах, там нечего есть и нечем греться. А он ей открытку. А она идет на почту — там на лайках почту привозят раз в три месяца. А он — расцвела сирень, писать не о чем, чудный майский день.

И.Д.: Интересно, как мозги форматируются. Я задумался на секунду над словом «лайки».

Т.Т.: Я поняла. Когда вы сказали «статус», я тоже вспомнила о Фейсбуке. Ужасно, ужасно, как нас интернет портит.

И.Д.: Да, это тоже, кстати, к вопросу о размывании статуса. Теперь все писатели. Вы, наверное, тоже ощущаете этот разгул равенства и беспредела полнейшего. Все писатели, писательство — вот оно, в одном шаге, — какой там статус...

Т.Т.: Я человек отдельный, я человек надменный, я никогда не участвовала ни в каких кругах...

И.Д.: Я просто обращаю ваше внимание на то, что теперь это стало наглядным.

Т.Т.: Это всегда было наглядно. Всегда этот мир копошения советских писателей — он находился где-то вот там, внизу, а диссидентский мир где-то сбоку, и ни то ни другое мне не импонировало. Мне нравились только старые умные книги и всякие полеты поэтические. А вот эти вот современные речи — нет. Да и сейчас то же самое. Хотя сейчас нет, сейчас очень смешно, я каждый раз получаю большое удовольствие от знакомства с разными писателями. Писателей на самом деле хороших много. Их только не найдешь и не вытянешь. Их больше даже, чем я надеялась.

И.Д.: В продолжение разговора: то, что хороших писателей стало больше, — это ведь тоже работает на понижение статуса. Не может быть такое стадо колдунов. Последствия всеобщей грамотности, всеобщего доступа к письму...

Т.Т.: Ну да, но не совсем так. Дело не в грамотности, писатель и грамотность соприкасаются, конечно, но там важнее нутряной талант.

И.Д.: Нет, это естественно, я не это имел в виду.

Т.Т.: Ну хорошо. Грамотность ведь мешает человеку писать. Чем грамотнее он, тем больше его смущает масса прекрасных классических текстов. Как это — и я туда буду лезть? Что это такое? Это же очень тяжело. Тут нужно как-то затуманиться, задуматься и тихо петь твою песенку. А когда оглянешься — и твоя песенка устоялась, и ты особая птичка, не такая, как другие. Когда человек начинает писать, он всегда себя относительно каких-то шкал меряет. И все страшно, все его пугает. Он боится, что его засмеют. Или что выяснится, что сам того не хотел, а он плагиатор, например. Или что все уже сказано, или он не понимает, что сейчас носят. Прежде всего, надо перестать понимать, что носят. Вот это должно быть убрано. Я не знаю, в чем смысл литературы, но я думаю, смысл всякого искусства — в постижении абсолюта. И все эти глупости, что Бога нет, — это страшно мешает всему. Отсюда дикое количество белиберды типа того гона, который Катя Деготь гонит. Статья на *Colta*, я думаю, вам понравилась?

И.Д.: Я не дочитал ее, не буду вам врать. К середине я понял, почему она не будет там работать, и стало неинтересно.

Т.Т.: Послушайте, она не будет работать на *Colta*, а до того она там работала, потому что там платили. Когда выяснилось, что платить не будут, она им сообщила, что они фашисты. И что Серебряный век — это цитадель, колыбель фашизма, потому что там была эстетика.

И.Д.: Ну вот я и говорю, примерно к середине стало понятно, о чем это, так зачем дочитывать? Пишет Деготь тяжело, я бы не сказал, что это какой-то очень уж приятный язык, чтобы было интересно читать ее труды сами по себе.

Т.Т.: Просто она во всей своей чудовищности не успела даже из норы выпростаться. Там еще плавники и чешуя ползли. А вы уже сразу бежать. Вот безбожие-то, истинное и глубокое, к чему ведет-то.

И.Д.: Мне-то как раз эта линия не кажется очень интересной, потому что это такое клонирование современного европейского левого дискурса. Копировать неинтересных людей вдвойне неинтересно.

Т.Т.: Среди западных интеллектуалов были, конечно, интересные люди, но, на мой взгляд, это все интересно только с точки зрения словесной и умственной игры, но ни в коем случае не с той точки зрения, какая от этого польза, извините, пролетариям и прочим рабочим, на что пытается всякий левак сослаться. Да наплевать мне на пролетариев.

Меня всегда вот что интересовало. Интеллектуал западный — он пролетарию что-то хорошее хочет сделать, а у нас интеллигент — крестьянину. Там, на Западе, просто крестьянина нет давно уже. Не считать же крестьянином французского фермера, который производит рокфор, правда?

И.Д.: Он буржуазия, конечно.

Т.Т.: Вот, стало быть, интеллигент. Русский интеллигент. Все сто пятьдесят лет своего существования — хотя можно откуда угодно начинать отсчет — он все время подавал руку народу, все время совестился, виноватился, заглядывал в глаза народу: это ничего, что я такой умный? Можно я буду образованный? А народ все время плевал, харкал, пилил дубы Льву Николаевичу и вообще вел себя безобразно. Ни одного случая, насколько я знаю, не зарегистрировано, чтобы человек из народа затуманился, и пригорюнился, и подумал: а что ж вот интеллигент — бедный, не пьет, не ест, только курит, на чердаке сидит, кровью харкает. Вот как он там, очки надел, значит, глаза у него совсем ослепли, детей моих пытается учить. Вот что бы доброго сделать этому человеку? Где такой крестьянин? Их же много. Как посчитать — так сорок миллионов, если не сто.

И ни один. Ладно, они безграмотные, но некоторые пошли в города и даже стали делать рыбу жюльен в ресторанах. Ни один человек из народа никогда не сказал доброго слова о вот этом вот добром, мягком, жалеющем их и пытающемся помочь интеллигенте. Он им то химическую формулу принесет, то книжку-копейку... Аз, буки... А они — никогда!

И.Д.: Я пытаюсь вспомнить обратные примеры. Мне все-таки кажется, что были.

Т.Т.: Не-а. Если получил образование и стал так называемый интеллигент из народа, ну, он в лучшем случае ходил ровно. Но никогда не жалел, не обращал внимания, руку помощи не протягивал, а ведь интеллигенция была бедна. Интеллигенция — бедные люди. Их сейчас все с кем-то путают, то с евреями, то с комиссарами, то с богатыми, то с менеджерами, никто не понимает, что такое интеллигенция, это вообще разговор такой тяжелый — в том смысле, что каждый лезет со своим понятием. В ЖЖ тут читала: один мужик, симпатичный такой мужик, не знаю, кто он, пишет про всякое краеведение, живет в Архангельске. Такие милые местные вещи. Ну, я его для пейзажу включила во френды. Мне нравится Север, я там была. Вот он возмущен фразой Юлии Латыниной, которая пишет: «Вроде бы я интеллигентная московская дама, а когда на Дальнем Востоке ментов стали мочить, обрадовалась. Вот ничего не могу с собой поделать, извините».

И ее мысль понятна. И я, надо сказать, тоже, когда узнала, что стали мочить ментов, прямо от радости задрожала. И не жалею об этом. Мои, конечно, все интеллигентные знакомые — ах, как ты можешь, как ты можешь? Ну как?.. Вот когда бандита убивают, я рада. Я люблю, когда жертвы живы, а преступники наказаны. А то, что они называются «менты» в данном случае, — что ж тут поделаешь. Весь сыр-бор-спор пошел из-за того, что она сказала: я интеллигентная, но обрадовалась, что кого-то убили. Вот мужика зациклило на слове «интеллигентная». Длиннейший спор пошел, длиннейший. Как всегда, началось: вот Латынина, стрелка осциллографа. О господи. Я бы каждого, каждого, кто еще раз скажет про эту стрелку, куда-нибудь в сортир головой: освежи головку, новое что-нибудь найди, шевелись. Боже мой, да мало ли чего человек не знает! Но интеллигента обидеть может всякий. А народу глупость простительна: так, Захар Прилепин, народный любимец, пишет: «полу-остров Сахалин».

И это как-то закономерно, согласитесь: вот Антон Палыч Чехов был интеллигент, и он знал, что Сахалин — остров; Захар же Прилепин интеллигенцию бранит и презирает, вот у него Сахалин и выходит недоотделившимся от суши. А все почему? — потому что Антон Палыч из народа вышел, отделился, а Захар не вышел, а даже еще больше назад в народ всосался: поменял городское имя Евгений на раздольное, подсечно-огневое Захар. Но это в скобках, между делом.

Так вот, меня поразило, что вот мужика заклинило. Он, по-видимому, сам понимает себя как архангельского, чистенького, приличненького интеллигента. И он не может понять, вот как это: интеллигент, а рад, что кого-то убили.

И.Д.: Тут ситуация, конечно, сложнее. Я понимаю то, что вы говорите, но могу и его понять. Это не просто «убили бандита». Это шаг к серьезному такому слому основ.

Т.Т.: Я понимаю. Но он даже туда не пошел. Там были в обсуждении попытки пойти по этому направлению. Он уперся на одном. Не может интеллигент хотеть кого-то убить. Понимаете? Вот это меня поразило. Потому что интеллигент может быть какой угодно. Интеллигент может быть глупым. Может быть необразованным. Не все вместе, но он может иметь эти пороки. Подлым может быть. Особенно высокоразвитые, так сказать, интеллигенты, которые уже институализированы как интеллигенты. Я не знаю. Какая-нибудь питерская богема восьмидесятых, например. Запросто там подлецов таких найдешь махровых. Творческие работники. Никак ты не можешь их из интеллигенции вырвать. А они будут подлые.

И.Д.: Дефицита подлецов и сейчас нет.

Т.Т.: Конечно, нет.

И.Д.: Зачем же вы ссылаетесь на восьмидесятые?

Т.Т.: Нет-нет, только потому, что сейчас никто себя к интеллигенции не приписывает. А тогда четко — вот интеллигенция, вот остальной народ. Интеллигент может быть каким угодно. Я к тому, что определение интеллигенции очень сложное и хитрое.

Но тем не менее интеллигенция XIX века была в массе своей бедная, самобичующая и желающая помочь народу. И я считаю, что они структурно ближе всего ранним христианам.

И.Д.: Вот как.

Т.Т.: Да. Обратите внимание, что, поскольку они в основном-то разночинцы, многие — поповичи, то у них и в анамнезе это есть. Они знают что к чему, они в этом круге идей росли, воспитывались, его же они и отрицали. Они, как правило, атеисты. На небе бога нет, а все одна химия. Но они верят в другого бога. Они верят в народ. Чем не бог? Они верят в народные чаяния. Верят в народную силушку. И что он цепи порвет — и как взлетит прям.

И.Д.: Я понял вашу параллель, и мне кажется, это опять нас возвращает туда же, с чего мы начали.

Т.Т.: Да.

И.Д.: То есть на самом деле это опять такой колдовской дискурс. Это мантры, которые как-то не так сработали.

Т.Т.: Да-да-да.

И.Д.: Он цепи порвал, силушка обнаружилась, дальше начались проблемы.

Т.Т.: Дальше Кущевская, Цапки и прочее. Хотя это немножко более мутный народ, мне больше понятен северный, но это все тот же народ. Народные чаяния — это стать мелким буржуа, потом стать средним буржуа, а потом крупным буржуа. А если повезет — сразу крупным буржуа, тоже очень хорошо. Это и есть народные чаяния, естественные, здоровые.

А вот как раз у такого хитрого, более злобного невротика, каким является интеллигент, у него чаяние может быть — все раздать. Пойти по миру. Отрубить себе что-нибудь. Вообще всякое членовредительство — это велкам. То есть смотрите, это действительно какие-то сектанты типа первых христиан, если не вообще ессеев, про которых не очень понятно, что это. А народ — это вполне понятная вещь: разбогатеть, приобрести, подвинуть соседа. Бабу здоровую. Детишек, если он чадолюбив. И вообще, чтобы тут все доилось, и росло, и цвело, и считать эти самые деньги... Потом, конечно, тоска, потом загул — но это с возрастом приходят всякие разные вещи... Погром бессмысленный.

И.Д.: Вы знаете, я же довольно долго на самом деле жил в деревне, и меня всегда поражали в книгах рассуждения об особой какой-то общинности русского крестьянства. Более разобщенных, эгоистичных, зацикленных только на себе, причем сугубо материально, людей, наверное, нельзя найти. То есть они не плохие, скорее, наоборот, хорошие, но они такие.

Т.Т.: Они такие, да.

И.Д.: Какая там общинность, я не знаю. Ну, может быть, она куда-то делась вместе с общинным землевладением.

Т.Т.: Ну, я не могу сказать, какими крестьяне были, когда были эти общинные отношения, но, мне кажется, вся эта общинность — только чтобы не дать соседу вырваться вперед. Главный элемент общинного — следите, чтобы он-то вперед не побежал.

И.Д.: Я думал об этом, я думал, что для русского человека ощущение того, что соседу плохо, важнее, чем ощущение, чем обещание того, что мне будет хорошо.

Т.Т.: В современном фольклоре часто встречается такой мотив: жители такого-то города — очень жадные, скупые, зимой снега не дадут и т. д. Самим не жить, только чтобы соседу плохо было. И это как бы удивительная и необычная особенность. А у нас это можно сказать решительно про любого. Может быть, сибиряки другие, я не знаю. Просто вся Сибирь кончилась в семнадцатом-восемнадцатом году... Были они как-то вольнее, и там был какой-то вольный дух, и там вот вроде бы такой гадости не было. Крепостного права не было. Черт его знает.

И.Д.: Про Сибирь не знаю, но к чему я вспомнил эту общинность. Ведь люди, которые про нее писали, — они в русской мысли занимали не последнее место. И, базируясь на этом общинном духе, там много чего строилось. Но это сразу стояло на ложных посылках, описывало каких-то несуществующих людей. Тем не менее эти слова сыграли свою роль. Это, видимо, в струе рассуждений о принципиальной разрушительности и вредоносности нашего языка, который мы так любим.

Т.Т.: А вот Дуня очень любит пример, она его приводила пару раз. Это чьи-то воспоминания. О думских заседаниях после революции 1905 года. Некто выступает там с трибуны и говорит: вот крестьяне наши замечательные, вот какое у них чувство справедливости, вот какой общинный дух. Сожгли какую-то усадьбу и рояль оттуда вытащили. И порубили его на мелкие куски, и все взяли себе по клавише. Справедливо потому что это. Кому-то черненькие, правда, достались.

И.Д.: Черненькие тоже красивые.

Т.Т.: Это сразу рождает, конечно, глухую зависть: отчего у другого беленькие? Я сказала про Сибирь и тут же подумала: ведь мы ж не понимаем причин вот этого упорства какого-то, формулы уклада. Это сильнее традиции. Это что-то глубинное, глубоко расположенное, это парадигма, это как геном. Или что-то соответствующее ему в социуме.

Привожу пример. Есть представление, что двигательная активность способствует снижению уровня сахара в крови. Это важно для диабетиков. Вот, чтобы снизить сахар в крови, они крутят педали, занимаются пробежками, кто чем. Одним помогает, другим нет. Я тут сделала себе анализ ДНК в американской лаборатории. Там тьма всего замечательного, интересного и пугающего, но, в частности, вот по этому конкретному признаку я отношусь к группе людей, у которых — горе, горе! — физическая активность не снижает уровень сахара. Хоть марафон беги. Зато мне не грозит раннее мужское облысение, ха-ха-ха.

И вот хоть вы меня ссылайте на тот же полуостров Сахалин, или судите в Хамовническом суде, или взывайте к моей совести, а я все равно буду упорствовать в своей волосатости и засахаренности. И вот я размножусь, и от меня родится целый народ и, возможно, унаследует эти неотменяемые признаки, пока случайные мутации не породят какую-нибудь другую ветку уродов. Лысых с рождения.

И я сказала про Сибирь, что там, может быть, немножко другие люди вроде, и подумала, что тогда надо вводить понятие «гений места», потому что здесь гений места у нас очень плохой. Именно вот на Руси. А там дальше — там другие гении места-то. Например, действительно ведь туда, насколько я знаю, украинцы выселялись большими такими бригадами. И ничего там жили. Я имею в виду, до сталинских выселок, в XIX веке.

Для того чтобы там жить, в Сибири, надо работать, а не лежать на печи и не петь заунывные песни про лучину. Хотя, кстати, наша «Лучина» — дворянская песня. Не народная. Но уныние в ней истинно народное; «умиление над собственной погибелью», по словам Бунина. А старые сибиряки — это, как я понимаю, ближе к американским пионерам. Вот кто меня поражает. Вот люди были.

Я, знаете, прожила десять лет в Америке, я купила там дом. И я вам скажу, что я сдалась, махнула рукой, из этого дома уехала, Америку бросила, и в частности, я впала в отчаяние от борьбы с этим домом. Маленький дом, одноэтажный, плоский, несколько комнат, и купила я его, потому что он стоял в глубине участка. Мне хотелось, чтоб вокруг меня были зелень и всякая прочая книжная прелесть, буколики и георгики. А там был лес. И вот этот лес на меня шел. Утром шел, днем шел, но особенно ночью. Я ночью слышала, как он на меня идет. Просыпаешься утром, выходишь на балкон с чашкой кофе — а он придвинулся. Я не могла с ним справиться. Там есть такая лиана, ядовитый плющ, которая растет спиралью, как колючая проволока по забору у новорусских. Мимо пройдешь, даже не касаясь, — волдыри по всему боку. Ее уничтожают в ноябре, когда все соки у нее кончились, надевают респиратор и перчатки, обрезают секатором, но она и при этом опасна. Даже если ее сжечь, дым от костра ядовит. Обрежешь, а через месяц — опять. Это уж не говоря про все остальные стволы, лианы, мхи, кусты какие-то. Прет и прет. И вот я сидела на своем балконе широком, глядела в темный лес и думала: вот как они шли через все это, первые поселенцы?

И.Д.: Из вас не вышло пионера, значит?

Т.Т.: Не вышло. У меня там был сосед — фермер. С барашками и черникой. Позвал: придите с детьми чернику собирать, у меня очень много, я не знаю, куда девать. Ну, думаю, сейчас будет радикулит, наклоняться-то. Прихожу, а он открывает такую калиточку и пускает меня под сетку высокую. И там двухметровой высоты черника. Она там такая. Как развесистая клюква.

Но как они шли? Во-первых, даже просто пробираться через этот лес, среди этих гигантских деревьев, неслыханных, невиданных, хороших, толстых, через какой-то бурелом, чащу, через колючие ядовитые кусты, которые не отличаются с виду от неядовитых, — это уже подвиг. Тут же жены, дети, какие-то молебны свои протестантские. Во-вторых, индейцы. Там индейцы, сям индейцы. А куда идти? В какую сторону? Просто через лес куда-то от океана. Поэтому они и правят миром, потому что этот пионерский дух не выветрился. Идти напролом и выжить. Расчистить. Построить. А не охать на печи. Это такая концентрация религиозных сектантов европейских, это же и до сих пор не рассеялось.

И.Д.: Итак, гений места. То есть, наверное, территория довлеет, но это уж совсем материи мистические, тут тяжело рассуждать.

Т.Т.: По-моему, все здесь мистическое. Я предлагаю ввести некоторые ненаучные понятия, некоторые мистические маркеры, потому что на них тогда хоть какое-то объяснение будет держаться. Потому что не вижу я такого человека, который мог бы что-то объяснить в рациональных терминах. Ни философы — их три-четыре сейчас бродят в нашем обществе, разной степени мутности, — ни научный человек, никто. А уж сколько через нас прошло богоборцев! Эти вообще не знают, что делать. Они молекулы предъявляют свои: вот, вот, — как будто это доказательство отсутствия божьего замысла. А по-моему, это доказывает его присутствие.

И.Д.: Возвращаясь к истокам беседы: мы, конечно, не можем ничего объяснить, такой уж язык у нас.

Т.Т.: Поэтому я и предлагаю ввести и оставить в разговоре несколько маркеров мистических.

И.Д.: Я только за.

Т.Т.: Они такие, традиционные. Вот этот *genius loci*, гений места, пусть он тут постоит. Он что-то значит. Делает. Потом, действительно, какая-то ориентированность на слово. Я предлагаю также понятие «дологического сознания» реабилитировать и пользоваться этим. Это при том, что, заметьте, дологическое и логическое сосуществуют в одном человеке, хотя они на разных уровнях каких-то работают, и, например, у европейца университетского почти нет дологического сознания, у нашего народа почти нет логического, а мы с вами почему можем в обоих мирах путешествовать? Потому что у нас есть и то и другое. Мы переключаем рубильник с левого на правое полушарие.

И.Д.: Не всегда получается.

Т.Т.: Ну конечно, и тем не менее. Вот я стараюсь: на одной ноге калоша, а на другой резиновый сапог. Вот так вот и жить по жизни.

И.Д.: Я спорить не буду. Задача ведь не в объяснении. Задача в построении текста, который будет красиво читаться.

Т.Т.: Да, да, да. Поэтому нужны формулировки, коробочки такие. Я просто предлагаю те маркеры, которыми мне удобно пользоваться, и на них можно всегда навинтить какой-то текст. Гений места. Нужно понять, почему русский человек бежит от «куда», от точных географических координат.

И.Д.: В таких пространствах в общем-то неважно куда. Какая разница? И это злит.

Т.Т.: Нет, ну он бы мог просто отмахнуться — неважно куда. Но он именно злобствует. «На кудыкину гору», — отвечает.

И.Д.: Но вот я все пытаюсь, видимо плохо, свернуть разговор к разрушительности среды языка и к тому, кто сменит писателей. Глупо ведь думать, что мы изменим свой способ языкового отношения к действительности. Наверное, нет.

Т.Т.: Нет, наверное.

И.Д.: Просто непонятно, как это может быть.

Т.Т.: Тогда мы будем не мы!

И.Д.: А поскольку мы все-таки остаемся мы, мне интересно, где будут новые колдуны. Кто будут люди, которые имеют в глазах народа право распоряжаться словом.

Т.Т.: Какое-то время политтехнологи были колдунами.

И.Д.: Очень короткое на самом деле время.

Т.Т.: Но были.

И.Д.: Были, да.

Т.Т.: Были, и поскольку все это было на новенького, то народ-то обалдел.

И.Д.: Но все-таки это быстро кончилось и явно не повторится, к печали моих друзей некоторых.

Т.Т.: Ну, всегда можно найти какого-нибудь дурня.

И.Д.: Но это уже не вопрос миростроения, не вопрос магии и колдовства. Всегда можно найти дурня, обуть и срубить с него немного денег.

Т.Т.: Ну да, это не то.

И.Д.: Конечно, как без этого. Вот в каком-то виде выборы губернаторские возвратятся, наверное, опять люди будут ездить по стране, деньги собирать.

Т.Т.: Ну да, это не колдовство, это набор команд скорее. Пойди туда, сделай то.

И.Д.: И вот еще что, раз у нас речь о политтехнологах. С точки зрения внутренней русской мифологии понятно, что, о чем бы таком мы ни говорили, мы говорим все-таки, видимо, о взаимоотношениях образованного класса и власти. То есть тут всегда двойная точка зрения. Эта речь — она так или иначе почти всегда политическая. Может быть, вы сейчас со мной не согласитесь, но интеллигенты, которые думают о народе, — это пример политического мышления. Думая так, они противостоят или содействуют власти, а власть, соответственно, разрешает им или мешает. Это и есть точки распоряжения словом, и какой-нибудь сельский знахарь в этой же струе: власть ему мешает, а вступая с ней в контакт или, наоборот, избегая контакта — это тоже форма контакта, — он оказывается в рамках политического, видимо.

Т.Т.: Надо просто фигурантов обозначить.

И.Д.: В этом и интерес. Видимо, вы пытаетесь меня опровергнуть, но все-таки не совсем опровергаете. Я думаю, что писатель в этом плане долгое время был самой яркой фигурой. Не единственной, конечно, но понятной и важной в этой схеме. Для всех понятной. Очень четко маркированной.

Т.Т.: Я про это писала для американцев в конце восьмидесятых. Тогда мне это было ясно, а теперь я забыла про эту конструкцию, потому что она перестала работать. Такая была конструкция в русской системе сложившейся: почему писателей, поэтов в России всегда гнобили, били — Пушкин, Лермонтов, Герцен, то-се, диссиденты?.. Потому что мыслятся два мира. Один мир земной с его земными благами — золото, бриллианты, тому подобное. А другой — мир духовный, небесный, не от мира сего. Это разные царства, и власть в них имеет разную природу. И вот в этом духовном мире располагается поэт, который, соответственно, не может быть уловлен земным царем иначе, кроме как убит физически, потому что там, где он витает, туда земной царь не может пройти.

Причем они не могут пройти взаимно: поэт отказывается от злата-серебра (подобно Христу, искушаемому в пустыне и отвергнувшему всю эту мишуру во имя высших благ), а земной царь не может пройти в духовные пространства, нет у него такого могущества. Так эти две силы себя мыслят. Земные цари ревнуют поэтов к идее власти. Они убивают их физически, сживают с этого света. Вроде бы победа за ними. Но если посмотреть под другим углом, то победа за поэтом: царь земной рассыпается в прах, поэт же бесплотен и вечен, слово его крепче меди и долговечней пирамид, далее по тексту.

И вот эта дихотомия приказала долго жить. Умерла вместе с советским режимом. Земные цари пошли чисто за деньгами. Не хотят поэты денег — ну и хрен с вами, на что вы нам сдались-то, нам же больше достанется. А поэты пошли на своих дешевых лирах чего-то бренчать и добренчивать, но волшебная сила их покинула, и их никто не слушает. Все развалилось. Спрашивается: народ, население в этой системе куда попало? То есть получается, что земные цари высасывают из народа соки — будем прямо говорить, они это делали, и делают, и дальше будут делать, не слушая никаких возражений, ни криков, ни слова поэтов. Они не интересуются поэзией и литературой, потому что у поэтов и литераторов вообще нет власти и отнимать нечего. Может быть, слово возникнет у бунтовщиков, анархистов, Удальцова, вот как-то так, наверное.

И.Д.: Ох, пока не видно.

Т.Т.: Пока не видно, и слава богу, я не хочу, чтобы оно там возникло.

И.Д.: Я об этом даже писал, не знаю, согласитесь вы или нет, но вплоть до самого последнего времени вот эта конкретная путинская власть — она была, что называется, не про слова. У них был минимальный интерес к слову, и это создавало как раз какую-то очень свободную атмосферу. До последнего времени говорить можно было безнаказанно практически все, потому что их это на самом деле не интересовало.

Т.Т.: Да, это правда, эта власть была не словесная, она со словом не работала вовсе.

И.Д.: Ее совершенно это не занимало. Поэтому такие люди, как Павловский, недолго были в фаворе. Потому что он про слова. Несостоявшийся писатель.

Т.Т.: Он очень сильно про слова.

И.Д.: Такие люди им очень быстро стали не нужны, и вокруг оказались очень простые люди.

Т.Т.: Я говорю про маркеры, и, наверно, надо как-то пояснить, что я под этим имею в виду. Всякое интервью — разновидность исповеди, человек докладывает, как устроен его взгляд на вещи. На каких черепахах стоит его мир. Вот это будут эти самые маркеры. Так вот, русский мир, который я на самом деле обожаю...

И.Д.: Какие ж там черепахи?

Т.Т.: Вот, слово, вы с этим как бы пришли, и это совершенно правильно. Но тут же тысячи подстрочных примечаний. Это слово волшебное, это слово заколдовывающее, это слово как... «И в Евангелии от Иоанна сказано, что слово это Бог», да? Слово как часть заговора или мантры. Вот такой инструмент, используемый русским неопределенным народом (неопределенным, поскольку я не знаю, что такое русский народ, — это смесь, и смесь такая кривая, странная, нездоровая, но совершенно родная и замечательная, разных племен: каких-то марийцев, каких-то коми, какой-то чуди, каких-то славян — славян, может быть, в меньшей степени, ничего про это не знаю, а просто к ним принадлежу). Слово — это очень важный маркер. Мы сейчас еще какие-то называли.

И.Д.: Гений места.

Т.Т.: Гений места, да. Здесь неясно, что происходит, другими словами, неясно, где кончается тот мир, где эти маркеры расставлены. Вот у меня есть такая иллюстрация: существовали мирно два народа. Один — тихие славяне, первое упоминание в пятом веке. Вот они занимались каким-то там бортничеством, что-то сидели в своих лесах, что-то куда-то ходили в холщовых своих сарафанах. Умыкали невест у воды. Как-то у них тихо-мирно текла жизнь, раз про них никто ничего толком не знал. И были буйные варяги, у которых от агрессии глаза слепли. Краснорожие, страшные ебари, выпивохи, воины. Вот они ходили до Царьграда и назад, грабили, буйствовали. И как-то зашли на Русь. И завязли. Скрестились, переженились и завязли. (Точнее говоря, они зашли к славянам, и тогда началась Русь. Новый гений места.) Прошло небольшое время, и выходят какие-то три богатыря на распутье. Вроде ты варяг, а куда идти-то, и непонятно. «Давай на Царьград, как раньше ходили! — Да что-то как-то неясно. — А вот гроб стоит. Лягу в гроб. А вы, ребята, меня закройте в гроб. — А что будет? — А что будет? Плохо будет! Очень будет плохо. — А. Ну, значит, помирать».

Что, варяги, вы что, вы с кем связались? А вы, славяне или там чудь? Вы с кем связались?

Короче говоря, произошла нехорошая — по Льву Гумилеву — пассионарность. Антипассионарность. Скрестились эти несовместимые ребята в какой-то момент, и этот народ начал здесь существовать. Притом, что вскоре татары пришли, со страшной силой всех тут оттоптали, как могли, ужасное какое-то оставили по себе впечатление. Может быть, мы даже стали татарами. Но на самом деле мы — вот эта вот какая-то чудь варяжская. Вот это в нас гораздо сильнее. Клянусь — чувствую. Но за всех не скажу. Возможно, мы живем среди татар. Возможно, наши оккупанты — вот они: в ЖЭКе засел, в партии «ЕР» засел. Мент пришел.

А в основе мы сумасшедшие варяги, скрещенные с чудью и сверху татарами прихлопнутые. И вот все это, вместе намешавшееся, — оно же непонятное. Оно уходит куда-то внутрь, оно волнует, у него есть внутренняя какая-то жизнь, недодавленная тридцатыми годами, всей этой советской сволотой, которая прошлась по деревням и всех подавила. Все равно поездка в деревню и разговор с народом — не вот с этой сволочью, которая из города приехала, а еще там оставшимся народом... Они же удивительные. Они молчат-молчат, а потом заговорят — такое узнаешь! Совсем не то, что здесь узнаёшь, на лестничной площадке. И вообще, тихий какой-то шелест там стоит, не заглушенный еще. И постольку, поскольку там стоят эти самые маркеры.

У меня старшая сестра Катя была ведьма. Настоящая ведьма. Она этого не хотела, не заказывала. Это с ней случилось. У нее был дар. И у мамы моей тоже был дар, который она тоже не звала и не просила — ни сном ни духом. Это просто существовало в ней или через нее говорило, а она была ни при чем.

И это все шло через слово. Скажет неловкое слово — и оборвет путешествие, планы какие-нибудь. Мы ей запретили говорить «счастливого пути», потому что тут же либо поезд не придет, либо машина сломается, либо еще что. При прощании молча целовались, но напоминали: молчи, ни слова!

Как-то раз отец наш поехал за границу. И звонит оттуда: как вы там, все ли в порядке? Мать ему: «Да что же ты беспокоишься, деньги тратишь? Да если бы и случилось что-то, неужели я бы тебе сказала, ведь ты же оттуда ничем не помог бы!» Тут по коридору прошла сестра Ольга. «Вот, например, — продолжает мать, — случись у Ольги гнойный аппендицит. Неужели я бы тебе сказала?» Проходит час, вдруг у Ольги страшный приступ, приезжает «скорая» — гнойный аппендицит. Увозят ее в больницу, готовят срочно к операции... Потом смотрят: а что резать-то? Нет ничего. Подержали немного да и отпустили.

В чистом виде порча, морок, наведенная болезнь. Сама нечаянно навела, сама же, видимо, и сняла.

Или снится матери сон, что дом старшей сестры, Кати (а это была изба в деревне под Переяславлем), объят пожаром. Время глухое, советское, телефонов нет. Мать вообще-то десять лет никуда из Питера не выезжала, а тут схватила чемодан, на поезде в Москву, на автобусе до Переяславля, пять километров от города пешком в деревню — и видит картину: сестра и трое ее детей лежат с температурой сорок в беспамятстве. Их жар приснился ей пожаром. Приняла сигнал, от ведьмы к ведьме.

Что сама Катя вытворяла, по своей воле и без своей воли, — это вообще убиться. Лечила на расстоянии, делала всякие разные фокусы. Это отдельный разговор, не буду тут рассказывать. И все эти вещи делались через слово, без бубна и заячьей лапки. Я очень хотела тоже. По жадности, глупости, гордыне и тщеславию. Тоже хотела иметь такую интересную особенность, но мне это не было дано. То есть тот, кто все это распределяет, решает, — иначе как-то распорядился. Безусловно, мне выдано словесное какое-то умение, но другое. Не это.

И вот как же мне не считать, что слово у нас — одна из важных таких черепах?

А на Западе, когда там поживешь... вот одна из самых неприятных вещей — это когда они спрашивают: зачем ты едешь в Россию, Татьяна? Разве там есть такие хорошие товары, как у нас в магазинах? Убила бы. А здесь спрашивают: а чего ты приехала? Чего здесь хорошего? Тоже задушить.

Что там страшно? Там понимаешь, что ты — шаман на каком-нибудь корпоративе у финансистов. Каково ему? Примерно так чувствуешь себя на Западе. Милейшие люди, друзья, с самыми разными дружила, они самых разных национальностей и оттенков. И вот как только доходит до чего-то вот этого, до разговора вроде нашего с вами про маркеры, пассионарность и колдовство, — все. Как будто ты вот тут описался прям вот у них в гостиной. Они глаза так потупляют, отводят в сторону — неудобный разговор. А здесь удобно. Здесь ты легко в это погружаешься. Вот у нас тетка подъезд моет, убирает — с ней можно вести эти разговоры. Она кретинка полная, претендент на шапочку из алюминиевой фольги, но если я скажу ей что-то в этом плане — я получу от нее полное понимание. Я этого совсем не хочу: она возьмет меня за пуговицу и простоит со мной пятнадцать минут, но я знаю, что я получу. И в этом смысле она — она, которая, как только видит меня или другого человека, сразу: «Вот, за 500 рублей, думаете, интересно мне говно-то это ваше убирать?» Вот и все, что она говорит, — но если я спрошу ее о чем-нибудь духовном, я получу отклик. Я-то знаю.

И как я могу захотеть от этого уехать в вечную сушь западную? Хотя там удобно, прекрасно, дороги починены, сыр двести сортов, пешеходов давить не принято, права человека, уе-мое. А вот не в этом счастье, не в этом.

И.Д.: Я понимаю.

Т.Т.: Вот и мечешься. А поскольку здесь прав человека нет, то здесь возникают пыточные камеры в самых неожиданных местах, где вообще-то к человеку надо бы бережно относиться-то. Судебная палата, администрация кремлевская — ку-ку, ведь это же по проекту не застенок? здесь кандалы к стене каземата не прикованы? это же не музей Петропавловской крепости? Все здесь поменено местами.

И.Д.: Смотрите. Тут все время получаются какие-то парадоксальные штуки. С одной стороны, видимо, это нам сущностно необходимо — такого рода взаимоотношения со словом и с миром через слово. С другой стороны, все-таки мы начинали с того, что это разрушительно. Неоперационально. Видимо, как-то связано с отсутствием прав человека то, что мы так разговариваем.

Т.Т.: Сразу вопрос. А для чего операция? Чтобы что? Какова цель? Телеология в чем? Мы вообще позитивисты, прогрессисты и думаем, что впереди светлое будущее всего человечества? Так нет же.

И.Д.: Наверное, нет. Но при этом, когда вы в западную сушь приезжаете, вы испытываете...

Т.Т.: Облегчение временное? Да, конечно.

И.Д.: И может быть, тут скрыт ответ на вопрос, почему у нас не получаются эти, в общем-то, простые вещи типа соблюдения прав человека.

Т.Т.: Безусловно.

И.Д.: Ведь понятно, как это устроено, и вроде бы и делаем мы то же самое, а... Все-таки принято считать, что — и Владимир Владимирович Путин тому же нас учит — что люди должны жить комфортно и к этому стремиться.

Т.Т.: Он уже добежал.

466

И.Д.: Ну, он за нас переживает. Благосостояние граждан должно расти. И вот мы все время как-то хотим попасть в Европу. Видимо, и наши взаимоотношения с нашим языком мешают нам туда попасть. Сейчас, слушая вас, я подумал: ну может, и нормально, может, нам не надо в Европу, может, в этом приятном нам кошмаре нам и надо находиться.

Т.Т.: Ну, у меня на это такой не ответ, а соображение. Я об этом тысячу раз думала, конечно же. Когда нам открылась Европа, с 88—89 годов, то мы побежали в нее, уверенные, что она нас вот так с 1914 года и ждет. С выстрела Гаврилы Принципа. И что все так осталось чудесно, как тогда было. Курорты, университеты, дамы в белых кружевных шляпах. Маленькие мощеные площади, ратуша с золотыми часами с боем, господа с моноклем и с самоуважением. Да боже мой, да конный трамвай. Венские булочки, кофе честный, не паленый. Из китайских товаров — разве что какие-нибудь курьезы, шары бильбоке, резные вазочки из яшмы. А там все давно уже не так, и еще раз не так, и еще раз не так. И ничего так не будет — машина времени уехала вперед. И более того, там совершенно возмутительные происходят вещи: всяких там исламцев допустили, слова не скажи про противных нам, всем все можно, феминизм и трансвеститы. В общем, все те ужасы, которых русский народ спокойно перенести не может. «Сделайте все как было раньше», — думает русский народ. Чтоб все было как было раньше. А они даже не понимают, про что речь. Более того: они нас сначала любили и целовали, но уже десять лет, как, узнав, что тут русские, они быстро-быстро доедают и уходят. Особенно в Европе. А араб — он им дорог. А нам ревниво. Мы ж тоже такие же ужасные, как арабы, правда, почему ж не мы? Что такого есть у араба, чего у нас нет?

И.Д.: «Сделайте все как было раньше» — это ведь тоже мантра?

Т.Т.: Да, конечно. Но такая высохшая, она уже ничего не может.

Мы ползли к Европе, и даже отдельными людьми, институциями доползли до Европы, но не до той, которая сейчас на самом деле. У нас совершенно другая Европа. Если быстро вытащить карты и сличить — это совершенно другая страна. Поэтому мы, безусловно, во многом европейцы, и все мои друзья — по большей части европейцы. Немножечко варвары, но в основном европейцы. Но не те. «Но не тем холодным сном могилы». У нас еще вдобавок ко всему — мало того что у нас огромное пространство, можно двигаться, но нельзя понять куда, — у нас еще и со временем что-то случилось.

Потому что мы сейчас, слава тебе, Господи, заканчиваем девятнадцатый век европейский. Вот сейчас самое начало двадцатого. Сто лет ухнули в трещину, как и не бывало. А с другой стороны — это вот как бы передняя часть у нас — голова, плечи — вот они выползли куда-то в воображаемую Европу. А остальной-то хвост с перепонками — он где-то там волочится в каких-то самых глубинах. И слава Богу, что он там волочится, я вам скажу. Для европейца это неудобно, но. И сортиры у нас страшные.

По всей Руси — страшные сортиры. Это важная вещь. Мы совсем не воспринимаем тело как чистый сосуд, в который только Господь может влить божественную душу и потом забрать ее назад. Это совсем другое. И это непростой вопрос — почему так? Почему сортиры? Но вот мы сохраняем какую-то связь хтоническую. Это хтоническая сцепка. А в Европе нет никакой хтоники вообще. Да и в Америке хтоники нет. Ну, может, там, индейцы, я не знаю, а у остальных-то точно никакой хтоники. Поэтому у нас отвратительное, но полезное наследие. Почему наследие должно быть хорошим? Это гламур, не надо. Наследие может быть омерзительным. Его ценность в другом. Вот у нас — оно есть. У нас еще не отпали жабры, хвост, когти, что еще неприятное?

И.Д.: Рога?

Т.Т.: Рога, чешуя. Кстати, у динозавров был второй мозг в жопе. У больших. Если его кто-то кусал за хвост, до головы доходило бы слишком долго, если бы на полдороге еще мозг не стоял. Это же красиво.

И.Д.: Там дело ведь не только в укусах, а просто головной мозг слишком медленно отдавал команды задним ногам. Нужен был распределенный центр управления, типа интернета.

Т.Т.: Электрощит такой. Ведь это красиво. Господь Бог послал такого ангела фауны, и этот ангел интересно поработал. Кстати, у меня есть еще одна теория, она сюда, конечно, отношения мало имеет, ну только разве что как притча. Ведь предки человека тоже жили среди динозавров. Видимо, они все были маленькие лемурчики, как мыши. Они ж не могли не быть, они были. Но всем владел динозавр. Шумел, ломал леса, эти хвощи. Топнет ногой — гнезда семейства этих бедных лемурчиков вытаптывал. Вообще, бился, все крушил. Сверху еще какие-то археоптериксы летали. А этот маленький дрожал, дрожал где-то в уголочке, мышка такая. Шли годы. И вот лемур после всех стадий развития стал человеком, а динозавр выродился в курицу.

Отсюда вся Курочка Ряба — а нечего тут с яйцами экспериментировать. Неси простые, не золотые, как положено. Прошел твой золотой век! Гордый внук-то славян подмял под себя динозавра. Стоит только подождать несколько миллиончиков лет. Вот тебе и ко-ко-ко.

И.Д.: Европейцев мы уже подминали, не очень интересно вышло. Или мы, наоборот, динозавры. Я что-то запутался в вашей притче.

Т.Т.: Да, я тоже. Я даже думаю, что я не могу это применить ни к нам, ни к европейцам.

И.Д.: Ну, просто красивая история.

Т.Т.: Просто к судьбе. То есть все сохранится, все сохранилось. Ничто не уничтожилось. Вот люди, вот динозавры, вернее куры. Просто то у одного сила, то у другого сила. Не надо никому исчезать. Я бы очень не хотела, чтобы исчезла Европа. Почему мне не нравится исламизация Европы? Потому что их почти уже не осталось, европейцев. Более того, их даже меньше, чем мы думали, когда мы туда явились в девяностых.

Мы ж думали, что там все по-прежнему. Нет. Их так мало, они себя не берегут, и вот уже там хозяйничают люди, которые даже не понимают, с чем имеют дело. Мне жалко, жалко все вымирающее, я считаю, что европейцы вымирают.

И.Д.: Я почему-то в этом не уверен. Думаю, что мы недооцениваем их ассимиляционный потенциал и делаем очень серьезные выводы на коротких временны́х отрезках. Может быть, я не прав. Но это другой разговор, конечно. И их, и свой потенциал, кстати сказать, у нас ведь тоже что-то меняется, как нам кажется, и мы переживаем по этому поводу.

Т.Т.: Ну да, мы ж не можем видеть прямо, что происходит. Русский человек — за счет того что у него все слово и туман, и струна звенит в тумане, — он же ничего не изобрел. И блоху не подковали. Подковали, но не прыгает. Ничего не изобрел.

И.Д.: Я не знаю, читал ли Лесков, но это английская история XVII века. Это лондонские мастера подковали прыгающую механическую блоху, это действительно было. Я не знаю, придумал ли Лесков сам свою тульскую легенду или ему что-то попадалось, но это внутрианглийское дело, причем на самом деле случившееся.

Т.Т.: Наверняка читал.

И.Д.: Это было у Акройда в толстой книжке про Лондон, а Акройд наверняка читал Лескова и, понимая, что русские его книжку прочтут, хотел нас уязвить. Привет передать.

Т.Т.: Но мы ничего этого не сделали, ничего этого не сделали. Мы можем повторить, добежать, сделать в одном экземпляре... так было всегда. В материальном мире. А в словесном — можем. А то, что надо делать руками или изобрести головой, — нет. Ничего, ни пирамид, ни подковывания блохи, ничего. Патриоты так не любят это признавать. Глупые вы, патриоты.

И.Д.: Я просто думаю уже, что если этот кусок беседы будет напечатан, то будет много комментариев.

Т.Т.: Это ведь хорошо.

И.Д.: Вам подробно расскажут, что русские люди изобрели. Большими списками.

Т.Т.: Да-да-да. Поп Ерошка открыл электричество, когда наблюдал, как молния поразила стог сена. Знаем. Такая была книжка в 48 году, там поп Ерошка был.

Ну, это просто разные виды больных вспыхивают по-разному на разные ключевые слова. Мне кто-то что-то указывает на мои иностранные привычки и отсутствие патриотизма... А мы — Толстые — с XIII века здесь сидим! Так и сидим. Всех пересидели. Остальные неизвестно откуда взялись, а мы сидим, и ничего.

И.Д.: Да, кстати, это же нормально: зацикленность на слове и важность вербально создаваемого мира и порождаемых в нем преобразований, она отодвигает на второй план подковывание блох и строительство пирамид. Слишком невозвышенное занятие для нас.

Т.Т.: А вот в том-то и дело, что это вопрос телеологии. А зачем? Чтобы что? В чем смысл существования общества, кроме некоторых безумных предложений уйти всем назад в леса и там тачать сапоги. Что время от времени случается — весь этот руссоизм, Руссо, Лев Толстой, Солженицын, который потратил время на то, чтобы свои филиппики произнести про то, что надо чинить утюги и штопать носки. Я представляю: сидит Солженицын такой, грибок деревянный у него, у меня в детстве такой был, и чулок штопает. Ну я понимаю, да, это очень уютно. В Исландии. Гейзер шумит. Но человек, зараза такая, что-то его все время тянет вперед на пути неизвестно какого прогресса. Изобрел колесо, и все понеслось. Вектор такой. А чего? А куда?

А иначе пьянство бессмысленное, Чевенгур опять-таки, бессмысленное уничтожение всего вокруг.

И.Д.: С Чевенгуром сложнее. Там с постановкой цели вроде бы не было проблем. Наоборот, они были слишком ясны.

Т.Т.: Но вообще вот это вот желание отрицать материалистический мир — это очень интересная вещь. Что это? Луддиты тоже. Но у них хоть цель была, машины мешали им зарабатывать. А у нас не поэтому, а просто. Ведь русский человек не может видеть аккуратный предмет. Он аккуратного не выносит. Если скамейка стоит аккуратная — от вырезания каких-то слов (но это общечеловеческое, положим; все Помпеи в надписях) и до того, чтобы пнуть, перевернуть, обгадить. Это тоже очень символическая вещь. Почему европеец даже под тяжестью культуры — ведь, казалось бы, сколько веков культуры, две с половиной тысячи лет минимум! — почему он не испытывает желания хотя бы символически накакать на что-нибудь хорошее? Это же ясный символический жест. Почему русский человек легко отдается этому порыву — не нравится ему аккуратное, законченное, завершенное, материальное? А европеец терпит. У меня нет на этот вопрос ответа.

Слово, слово. Хорошо, слово. Неужели, если ты словоцентричен, тебе так невыносим материальный предмет, не переводимый в слово? Хорошо сделанный. Хорошо, приятно сделанный. А ведь «хорошо сделанный» — это вещь объективная, потому что уже были сделаны бесконечные расчеты, показавшие, что то, что человеку кажется гармоничным, красивым, аккуратным и так далее, весь этот ряд синонимов, все обсчеты этого, будь то музыка или предметы какие-то, — они сводятся к формулам простым. С кругами все понятно. С овалами тоже. Почему неприятно нечто между кругом и овалом? — потому что там нечистая формула. Испытывая эстетическое удовольствие, ты видишь математику, ты видишь красивую формулу, ты видишь четкость. И это и значит — хорошо, ладно сделано.

Но русский человек это видеть не может. А европеец может.

И.Д.: Мне кажется, что все еще путаней, в том плане что нет у русского человека неприязни и отторжения мира, я имею в виду материальный мир, как задачи. Если мы не берем всяких аскетов и так далее. Русскому человеку, как и любому другому человеку, нравится жить удобно. Что не отменяет при этом парадоксальным образом всего, что вы вот сейчас сказали.

Т.Т.: В желании набрать себе побольше и жить комфортно мы ничем не отличаемся. В этом смысле мы одинаковы. Да, комфорт — хорошо, лучше лежать, чем сидеть, красивые вещи — хорошо, брать себе, другому не давать. Это понятно. Но дальше, например, — а к чему все? А зачем это все? Следующая стадия — желание разрушить, и этот вопрос как-то предшествует. К чему все это нужно? Вот пнуть. Вот пойти потоптать. Это совсем не только русский человек. Какой-нибудь плебс английский, охлос — о, это страшное дело, если вы видели фотографии, как они гуляют.

И.Д.: Конечно.

Т.Т.: Но вот и мы тоже. А там кельтская эта вот штука очень близка к нам. Выпить, буянить, все заблевать. Мы не одиноки в этой Вселенной. Но все же нам это родное, привычное, мы не ждем другого. Мы знаем, что у нас обязательно плиточка будет недоложена, обязательно там будут дыры, сбоку будет свален мусор, будет лежать такое бетонное кольцо загадочное, а внутри будет накакано. Мы же знаем это. Так было всегда. Мы с этим выросли.

И.Д.: Вы сейчас очень живо описали ремонт в моем дворе, который сделали только что. Вплоть до кольца.

Т.Т.: Вижу сквозь километры.

И.Д.: Но если я правильно понял вашу мысль, эта тяга к разрушению — она тоже от вербального. От поиска смысла и ненахождения его.

Т.Т.: Это как-то связано. Я не могу сказать как. Но это в одном пакете.

И.Д.: Ты ищешь смысл, ты его не находишь, и это делает весь мир ненужным.

Т.Т.: Вот вы опять цепочку строите. Может быть, она есть, а может, и нет. Вот вы сели в поезд «Сапсан». Вам выдается пакетик полиэтиленовый. Или там целлофановый. В этом пакетике зубная щетка, салфетка для протирания рук и рожок для обуви, например. А может быть, еще сахар, соль и твердая копченая колбаса. Вот они связаны как-то причинно-следственно? Я не знаю. Но я знаю, что там.

И вот эта вот тоска, когда тебе это дадут, — она узнаваемая тоска. Железнодорожная. Вот сейчас сидели с Шурой Тимофеевским, говорили о том, что, когда подыскиваешь какую-то схожесть или параллель к той тоске, которая тебя сейчас одолевает, разом вспоминаешь какое-нибудь произведение классической русской литературы. Все было так же. Мы же не знаем, как там было. Только думаем, что знаем. А как только взвоешь — так тебе кто-то и руку подал оттуда. Да, друг, и мы воем. Чехов. Блок. Да и такой, моя Россия, ты всех краев дороже мне. Вот что я хочу сказать, наверное.

Волчок

Когда моя мама была маленькая, у нее был волчок (юла), толстенький такой, металлический, серебристого цвета. Он у меня и сейчас лежит на полочке.

Только он не вертится и не поет: мамины родители, внезапно осознав, что волчок напевает мелодию «Боже, царя храни», нарочно сломали его. От греха подальше. Год, наверно, был 1919-й? 1920-й? Стерженек выломали, а сам волчок, невероятно плотный, добротный, купленный в 1914 году для маминого старшего братика, а сработанный и того раньше, — сам волчок не сломаешь.

Так он и пролежал в ящике с игрушками, затаив свою внутреннюю сущность, свою крамолу; и два ареста деда моего Лозинского пережил, и полагающиеся обыски, и уплотнение квартиры, и высылки по кировскому делу, и большой террор, и блокаду — все пережил. Ничего ему не сделалось, даже не потускнел.

И если его починить — снова стерженек вставить, — он опять запоет.

Я про что? Наверно, про то, что все эти нынешние запреты, затыкание ртов, законодательные попытки борьбы с матом, с боржоми и с разговорами о суициде — вся эта советская власть плюс варваризация всей страны, — это все схлынет и пройдет.

Ничего нам не сделается.

Литературно-художественное издание

Толстая Татьяна Никитична

ЛЕГКИЕ МИРЫ

18+

Редакция Елены Шубиной:

Главный редактор *Елена Шубина*
Ответственный редактор *Алексей Портнов*
Технический редактор *Марина Курочкина*
Корректоры *Екатерина Комарова*, *Ирина Волохова*, *Надежда Власенко*
Компьютерная верстка *Елены Илюшиной*

Студия Артемия Лебедева:

Арт-директор *Артемий Лебедев*
Иллюстратор *Людмила Москвина*
Дизайнер *Филипп Лущевский*
Метранпаж *Искандер Мухамадеев*
Шрифтовик *Ярослав Бондаренко*
Редактор *Катерина Андреева*
Менеджеры *Маргарита Мухмадеева*, *Карина Ибрагимова*

Подписано в печать 16.10.17. Формат 84x108/32.
Усл. печ. л. 23,52. Доп. тираж 2000 экз. Заказ № 9815.

Общероссийский классификатор продукции
ОК-005-93, том 2; 953000 — книги, брошюры

 http://facebook.com/shubinabooks

 http://vk.com/shubinabooks

ООО «Издательство АСТ»
129085, г. Москва, Звездный бульвар, дом 21, строение 1, комната 39.
Наш электронный адрес: **www.ast.ru**
E-mail: **astpub@aha.ru**

«Баспа Аста» деген ООО
129085, г. Мәскеу, жұлдызды гүлзар, д. 21, 1 құрылым, 39 бөлме
Біздің электрондық мекенжайымыз: www.ast.ru
E-mail: astpub@aha.ru

Қазақстан Республикасында дистрибьютор
және өнім бойынша арыз-талаптарды қабылдаушының
өкілі «РДЦ-Алматы» ЖШС, Алматы қ., Домбровский көш., 3«а», литер Б, офис 1.
Тел.: 8(727) 2 51 59 89,90,91,92
Факс: 8 (727) 251 58 12, вн. 107; E-mail: RDC-Almaty@eksmo.kz
Өнімнің жарамдылық мерзімі шектелмеген.

Өндірген мемлекет: Ресей
Сертификация қарастырылмаған

Отпечатано в АО «Первая Образцовая типография»,
филиал «УЛЬЯНОВСКИЙ ДОМ ПЕЧАТИ». 432980, г. Ульяновск, ул. Гончарова, 14

Евгений Водолазкин

ЛАВР

Евгений Водолазкин — автор романа «Соловьев и Ларионов» (шорт-лист «Большой книги») и сборника эссе «Инструмент языка». Филолог, специалист по древнерусской литературе, он не любит исторических романов, «их навязчивого этнографизма — кокошников, повойников, портов, зипунов» и прочую унылую стилизацию. Используя интонации древнерусских текстов, Водолазкин причудливо смешивает разные эпохи и языковые стихии, даря читателю не гербарий, но живой букет.

Герой нового романа «Лавр» — средневековый врач. Обладая даром исцеления, он тем не менее не может спасти свою возлюбленную и принимает решение пройти земной путь вместо нее. Так жизнь превращается в житие. Он выхаживает чумных и раненых, убогих и немощных, и чем больше жертвует собой, тем очевиднее крепнет его дар.

Есть то, о чем легче говорить в древнерусском контексте. Например, о Боге. Мне кажется, связи с Ним раньше были прямее. Важно уже то, что они просто были. Сейчас вопрос этих связей занимает немногих, что озадачивает. Неужели со времен Средневековья мы узнали что-то радикально новое, что позволяет расслабиться?

Евгений Водолазкин